民國文化與文學研究文叢

二 編

李 怡 主編

第19冊

張恨水與民國文學的雅俗之辨

康 鑫 著

國家圖書館出版品預行編目資料

張恨水與民國文學的雅俗之辨／康鑫 著—初版—新北市：
花木蘭文化出版社，2013〔民102〕
目 4+206 面；19×26 公分
（民國文化與文學研究文叢 二編：第 19 冊）
ISBN：978-986-322-322-1（精裝）
1. 張恨水　2. 中國小說　3. 文學評論
541.26208　　　　　　　　　　　　　　　102012330

ISBN-978-986-322-322-1

9 789863 223221

民國文化與文學研究文叢
二 編　第十九冊　　　　　　　ISBN：978-986-322-322-1

張恨水與民國文學的雅俗之辨

作　　者　康鑫
主　　編　李怡
企　　劃　四川大學現代中國文化與文學研究中心
　　　　　民國文學與海外漢學研究中心（籌）
　　　　　北京師範大學民國歷史文化與文學研究中心
總 編 輯　杜潔祥
印　　刷　普羅文化出版廣告事業
出　　版　花木蘭文化出版社
發 行 人　高小娟
聯絡地址　235 新北市中和區中安街七二號十三樓
　　　　　電話：02-2923-1455 ／傳真：02-2923-1452
網　　址　http://www.huamulan.tw 信箱 sut81518@gmail.com
初　　版　2013 年 9 月
定　　價　二編 22 冊（精裝）新台幣 38,000 元

張恨水與民國文學的雅俗之辨

康　鑫　著

作者簡介

康鑫，1981 年生於河北省石家庄，畢業於四川大學，獲文學博士學位。現任教於河北師範大學文學院，主要從事中國現當代文學研究。近年來，致力於中國現當代文學與現代文化研究。目前，已在《文藝爭鳴》、《四川大學學報》等刊物發表學術論文二十餘篇，與人合著《喬忠延散文探討》。

提　　要

　　雅文化與俗文化長期並存而互動，雅文學與俗文學亦長期並存而互動，這是中國文化史和文學史的重要特色。雅俗觀念不是一成不變，而是與世變、文變相關聯，並生成複雜豐富的內涵。民國時期處於中國從傳統家國向現代國家過渡的歷史更迭、嬗變的轉折時期，是中國文化傳統和文學傳統變革最深刻的時期之一，而雅俗變遷又是其中重要一環。雅俗觀在民國文學階段的表現，既不同於晚清，亦不同於 1949 年之後的當代文學，尤其具有考察與研究的必要。民國文學雅俗變遷的特點在張恨水的創作實踐中得到尤為集中的表現，使他成為梳理和分析民國文學雅俗之辨必須打開的一個「結」。因此，本文採取以「個案」研究帶文學史「問題」的方式，以民國最具代表性的通俗小說家張恨水為考察對象，重新返顧民國這一特殊的歷史，清理出文學雅俗之辨複雜的歷史脈絡和思想線索，對民國時期不同歷史時段雅俗文學的形成、流變的過程做一立體的描述和勾勒。在梳理、辨析的過程中，參照對象不僅針對 20 ～ 40 年代的文學現象，也針對當代複雜的文化、文學語境。在多重歷史與現實的視野中，呈現出文學雅俗流變、互動較為豐富的歷史圖景，並在某種程度上與現實構成一定的對話關係。以期由此挖掘張恨水在民國文學雅俗變遷歷程中的作用和歷史地位，剖析民國文學雅俗觀的本質內涵以及現代文學雅俗建構的歷史必然性。

就「民國機制」與民國文學答問
——《民國文化與文學研究文叢》第二輯引言

李 怡

文學的「民國機制」是什麼

周維東：我注意到，最近有一些學者提出了「民國文學史」研究的問題，例如張福貴先生、丁帆先生、湯溢澤先生等等。而在這些「文學史」重新書寫的呼聲中，您似乎更專注於一個新的概念的闡述和運用，這就是文學的「民國機制」，您能否說明一下，究竟什麼是文學的「民國機制」呢？

李怡：「民國機制」是近年來我在中國現代文學史研究中逐漸感受到並努力提煉出來的一個概念。形成這一概念大約是在 2009 年，爲了參加北京大學召開的紀念五四新文化運動 90 周年研討會，我重新考察了「五四文化圈」的問題，我感到，五四文化圈之所以有力量，有創造性，根本原因就在於當時形成了一個砥礪切磋、在差異中相互包容又彼此促進的場域，而這樣的場域所以能夠形成，又與「民國」的出現關係甚大，中國現代文學之有後來的發展壯大，在很大程度上得力於當時能夠形成這個場域。在那時，我嘗試著用「民國機制」來概括這一場域所表現出來的影響文學發展的特點。〔註1〕我將五四時期視作文學的「民國機制」的初步形成期，因爲，就是從這個時期開始，推動中國現代文化與文學健康穩定發展的基本因素已經出現並構成了較爲穩定的「結構」。〔註2〕

〔註 1〕 李怡：《誰的五四：論五四文化圈》，見《中國現代文學研究叢刊》2009 年 3 期。

〔註 2〕 李怡：《「五四」與現代文學「民國機制」的形成》，《鄭州大學學報》2009 年

　　2010 年，在進一步的研究中，我對文學的「民國機制」做出了初步的總結。我提出：「民國機制」就是從清王朝覆滅開始在新的社會體制下逐步形成的推動社會文化與文學發展的諸種社會力量的綜合，這裏有社會政治的結構性因素，有民國經濟方式的保證與限制，也有民國社會的文化環境的圍合，甚至還包括與民國社會所形成的獨特的精神導向，它們共同作用，彼此配合，決定了中國現代文學的特徵，包括它的優長，也牽連著它的局限和問題。為什麼叫做「民國機制」呢？就是因為形成這些生長因素的力量醞釀於民國時期，後來又隨著 1949 年的政權更迭而告改變或者結束。新中國成立以後，眾所周知的事實是，政治制度、經濟形態及社會文化氛圍及人的精神風貌都發生了重大改變，「民國」作為一個被終結的歷史從大陸中國消失了，以「民國」為資源的機制自然也就不復存在了，新中國文學在新的「機制」中轉換發展，雖然我們不能斷言這些新「機制」完全與舊機制無關，或許其中依然包含著數十年新文化新文學發展無法割斷的因素，但是從總體上看，這些因素即便存在，也無法形成固有的「結構」，對於文化和文學的發展而言，往往就是這些不同的「結構」在發生著關鍵性的作用，所以我主張將所謂的「百年中國文學」、「二十世紀中國文學」分段處理，不要籠統觀察和描述，它們實在大不相同，二十世紀下半葉的中國文學應該在新的「機制」中加以認識。〔註3〕

　　周維東：「民國機制」與同時期出現的「民國文學史」、「民國史視角」有什麼差別？

　　李怡：「民國文學史」提出來自當代學人對諸多「現代文學」概念的不滿，據我的統計，最早提出以「民國文學史」取代「現代文學史」設想的是上海的陳福康先生，陳福康先生長期致力於現代文獻史料的發掘勘定工作，他所接觸和處理的歷史如此具體，實在與抽象的「現代」有距離，所以更願意認同「民國」這一稱謂，其實這裏有一個值得注意的現象：真正投入歷史的現場，你就很容易發現文學的歷史更多的是一些具體的「故事」，抽象的「現代」之辨並不都那麼激動人心，所以在近現代史學界，以「民國史」定位自己工作者先前就存在，遠比我們觀念性強的「文學史」界為早。繼陳福康先生之後，又先後有張福貴、魏朝勇、趙步陽、楊丹丹、湯溢澤、丁帆等人繼續闡

---

　　　　4 期。
〔註3〕　李怡：《民國機制：中國現代文學的一種闡釋框架》，《廣東社會科學》2010
　　　　年 6 期。

述和運用了「民國文學史」的概念，尤其是張福貴和丁帆先生，更以「國務院學位委員」特有的學科視野為我們論述和規劃了這一新概念的重要意義與現實可能，我覺得他們的論述十分重要，需要引起國內現代文學同行的高度重視和認真討論。在一開始，我也樂意在「民國文學史」的框架中討論現代文學的問題，因為這一框架顯然能夠把我們帶入更為具體更為寬闊的歷史場景，而不必陷入糾纏不清的概念圈套之中，例如借助「民國文學史」的框架，我們就能夠更好地解釋「大後方文學」的複雜格局，包括它與延安文學的互動關係。〔註4〕

不過，「民國文學史」主要還是一個歷史敘述的框架，而不是具體的認知視角和研究範式，或者說他更像是一個宏闊的學科命名，而不是「進入」問題的角度，我們也不僅僅為了「寫史」，在書寫整體的歷史進程之外，我們大量的工作還在對一個一個具體文學現象的理解和闡釋，而這就需要有更具體的解讀歷史的角度和方法，我們不僅要告訴人們這一段歷史「叫做」什麼，而且要回答它「為什麼」是這樣，其中都有哪些值得注意的東西，對後者的深入挖掘可以為我們的文學研究打開新的空間，「機制」的問題提出就來源於此。

周維東：我也意識到這一問題。「民國文學史」提出的學理依據和理論價值，在於它一時間化解了「中國現代文學史」框架中許多難以解決的難題，譬如中國現代文學的「起點」問題，中國現代文學的「包容度」問題，中國現代文學史寫作的價值立場問題等等。但「化解」並不等同於「解決」，當我們以「民國」的歷史來界分中國現代文學時，我們依舊需要追問「現代」的起源問題；當我們不在為中國現代文學的包容度而爭議時，如何將民國文學錯綜複雜的文學現象統攝在同一個學術平臺上，又成了新的問題；我們可以不為「現代」的本質而煩擾，但一代代中國現代知識份子的文化追求還是會引發我們思考：他們為什麼要這樣而不是那樣？

李怡：還有一個概念也很有意思，這就是秦弓先生提出的「民國史視角」，〔註5〕「視角」的思路與我們對其中「機制」的關注和考察有彼此溝通之處，

〔註4〕 李怡：《「民國文學史」框架與「大後方文學」》，《重慶師範大學學報》2009年1期。

〔註5〕 秦弓先後發表《從民國史的角度看魯迅》(《廣東社會科學》2006年4期)、《現代文學的歷史還原與民國史視角》(《湖南社會科學》2010年1期)。

我們都傾向於通過對特定歷史文化的具體分析為文學現象的解釋找到根據。在我們的研究中，有時也使用「視角」一詞，只是，我更願意用「機制」，因為，它指涉的歷史意義可能更豐富，研究文學現象不僅需要「觀察點」，需要「角度」，更需要有對文化和文學的內在「結構性」因素的總結，最終，讓二十世紀中國文學上下半葉各自區分的也不是「角度」而是一系列實在內涵。

周維東：「民國機制」的研究許多都涉及社會文化的制度問題，這與前些年出現的「中國現當代文學制度研究」有什麼差別呢？

李怡：最近一些年出現的「中國現當代文學制度研究」為中國文學的發生發展尋找到了豐富的來自社會體制的解釋，這對過去機械唯物主義的「社會反映論」研究具有根本的差異，我們今天對「民國機制」的思考，當然也包含著對這些成果的肯定，不過，我認為，在兩個大的方面上，我們的「機制」論與之有著不同。首先，這些「制度研究」的理論資源依然主要來自西方學術界，這固然不必指責，但顯然他們更願意將現代中國的各種「制度現象」納入到更普遍的「制度理論」中予以認識，「民國」歷史的特殊性和諸多細節還沒有成為更主動的和主要的關注對象，「民國視角」也不夠清晰和明確，而這恰恰是我們所要格外強調的；其次，我們所謂的「機制」並不僅是外在的社會體制，它同時也包括現代知識份子對各種體制包圍下的生存選擇與精神狀態。例如民國時期知識份子所具有的某種推動文學創造的個性、氣質與精神追求，這些人的精神特徵與國家社會的特定環境相關，與社會氛圍相關，但也不是來自後者的簡單「決定」與「反映」，有時它恰恰表現出對當時國家政治、社會制度、生存習俗的突破與抗擊，只是突破與抗擊本身也是源於這個國家社會文化的另外一些因素。特別是較之於後來極左年代的「殘酷鬥爭、無情打擊」，較之於「知識份子靈魂改造」後的精神扭曲，或者較之於中國式市場經濟時代的信仰淪喪與虛無主義，作為傳統文化式微、新興文明待建過程中的民國知識份子，的確是相對穩健地行走在這條歷史的過渡年代，其中的姿態值得我們認真總結。

周維東：經過您的闡述，我可不可以這樣理解：「民國機制」包含了一種全新的文學理解方式，「民國」是靜態的歷史時空，而「機制」則是文化參與者與歷史時空動態互動中形成的秩序，兩者結合在一起，強調的是在文學活動中「人」與「歷史時空」的豐富的聯繫，這種聯繫可以形成一種類似「場域」的空間，它既是外在的又是內在的。通過對「文學機制」的發現，文學

研究可以獲得更大的彈性空間，從而減少了因爲理論機械性而造成的文學阻隔。單純使用「民國」或「制度」等概念，往往會將文學置於「被決定」的地位，它值得警惕的地方在於，我們既無法窮盡對「民國」或「制度」全部內容的描述，也無法確定在一定的歷史時空下就必然出現一定的文學現象。

李怡：可以這樣理解。

爲什麼是「民國機制」

周維東：應該說，目前中國現代文學研究已經相當成熟了，各種研究模式、方法、框架都取得了引人注目的成就，在這個時候，爲什麼還要提出這個新的闡述方式呢？

李怡：很簡單，就是因爲目前的種種既有研究框架存在一些明顯的問題，對進一步的研究形成了相當的阻力。我們最早是有「新文學」的概念，這源於晚清「新學」，「新文學」也是「新」之一種，顯然這一術語感性色彩過強，我們必須追問：「新」旗幟的如何永遠打下去而內涵不變？「現代」一詞從移入中國之日起就內涵駁雜，有歐洲文明的「現代觀」，也有前蘇聯的十月革命「現代觀」，後者影響了中國，而中國又獨出心裁地劃出一「當代」，與前蘇聯有所區別，到了新時期，所謂「與世界接軌」也就是與歐美學術看齊，但是我們的「現代」概念卻與人家接不了軌！到 1990 年代，「現代性」知識登陸中國，一陣恍然大悟之後，我們「奮起直追」，「現代性」概念漫天飛舞，但是新的問題也來了：如何證明中國文學的「現代」就是歐美的「現代」？如果證明不了，那麼這個概念就是有問題的，如果眞的證明了，那麼中國文學的獨立性與獨創性還有沒有？我們的現代文學研究眞的很尷尬！提出「民國機制」其實就是努力返回到我們自己的歷史語境之中，發現中國人在特定歷史中的自主選擇，這才是中國文學在現代最值得闡述的內容，也是中國文學之所以成爲中國文學的理由，或者說是中國自己的眞正的「現代」。

周維東：我在想一個問題，「民國機制」的提出在很大程度上來自對目前「現代」概念的質疑和反思，這是不是意味著，我們從此就確立了與「現代」無關的概念，或者說應該把「現代」之說驅除出去呢？

李怡：當然不是。「現代」概念既然可以從其知識的來源上加以追問，借助「知識考古」的手段釐清其中的歐美意義，但是，在另外一方面，「現代」

從日本移入中國語彙的那一天起，就已經自然構成了中國人想像、調遣和自我感性表達的有機組成部分，也就是說，中國人已經逐步習慣於在自己理解的「現代」概念中完成自己和發展自己，今天，我們依然需要對這方面的經驗加以梳理和追蹤，我們需要重新摸索中國自己的「現代經驗」與「現代思想」，而這一切並不是 1990 年代以後自西方輸入的「現代性知識體系」能夠解釋的，怎麼解釋呢？我覺得還是需要我們的民國框架，在我們「民國機制」的格局中加以分析。

周維東：也就是說，只有在「民國機制」中，我們才可以真正發現什麼是自己的「現代」。

李怡：就是這個意思，「現代」並不是已經被我們闡述清楚了，恰恰相反，我覺得很多東西才剛剛開始。

周維東：「民國」一詞是中性的，這是不是更方便納入那些豐富的文學現象呢？例如舊體詩詞、通俗小說等等。提出「民國機制」是否更有利於現代文學史的「擴軍」？也就是說將民國時期的一切文化文學現象統統包括進去？

李怡：從字面上看似乎有這樣的可能，實際上已經有學者提出了這個問題。但是，對於這個問題，我卻有些不同的看法，實際上，一部文學史絕對不會不斷「擴容」的，不然，數千年歷史的中國古典文學今天就無法閱讀了，不斷「減縮」是文學史寫作的常態，文學經典化的過程就在減縮中完成。這就為我們提出了一個問題：一種新的文學闡釋模式的出現從根本上講是為了「照亮」他人所遮蔽的部分而不是簡單的範圍擴大，「民國」概念的強調是為了突出這一特定歷史情景下被人遺忘或扭曲的文學現象，舊體詩詞、通俗小說等等直到今天也依然存在，不能說是民國文學的獨有現象，而且能夠進入文學史研究的一定是那些在歷史上產生了獨立作用和創造性貢獻的現象，舊體詩詞與通俗小說等等能不能成為這樣的現象大可質疑，與唐宋詩詞比較，我們現代的舊體詩詞成就幾何？與新文學對現代人生的揭示和追求比較，通俗小說的深度怎樣？這都是可以探討的。實際上，一直都由學者提出舊體詩詞與通俗小說進入「現代文學史」，與新文學並駕齊驅的問題，呼籲了很多年，文學史著作也越出越多，但仍然沒有發現有這麼一種新舊雜糅、並駕齊驅的著作問世，為什麼呢？因為兩者實在很難放在同一個平臺上討論，基礎不一樣，判斷標準不一樣。我認為，提出文學的「民國機制」還是為了更好地解

釋那些富有獨創性的文學現象，而不是爲了擴大我們的敘述範圍。

周維東：文學史研究從根本上講，就不可能是「中性」的。

李怡：當然，任何一種闡述本身就包含了判斷。

「民國機制」何爲

周維東：在文學的「民國機制」論述中，有哪些內容可以加以考察？或者說，我們可以爲現代中國文學研究開拓哪些新空間呢？

李怡：大體上可以區分爲兩大類：一是對「民國」各種社會文化制度、生存方式之於文學的「結構性力量」的考察、分析，二是對現代作家之於種種社會格局的精神互動現象的挖掘。前者可以展開的論題相當豐富，例如民國經濟形態所造就的文學機制。從 1913 年張謇擔任農商務部總長起，在大多數情形下，鼓勵民營經濟的發展已經成了民國的基本國策，中國近現代的出版傳播業就是在這樣的格局中發展起來的，這賦予了文學發展較大的空間；至少在法制的表面形態上，民國政府表現出了一系列「法治」的努力，以「三民主義」和西方法治思想爲基礎民國法律同樣也建構著保障民權的最後一道防線，雖然它本身充滿動搖和脆弱。這表層的「法治」形式無疑給了知識份子莫大的鼓勵，鼓勵他們以法律爲武器，對抗獨裁、捍衛言論自由；多種形態的教育模式營造了較大的精神空間，對國民黨試圖推進的「黨化」教育形成抵制。後者則可以深入挖掘現代知識份子如何通過自己的努力、抗爭調整社會文化格局，使之有利於自己的精神創造。

周維東：這些研究表面上看屬於社會體制的考察，其實卻是「體制考察與人的精神剖析」相互結合，最終是爲了闡發現代文學的創造機能而展開的研究。

李怡：對，尋找外在的社會文化體制與人的內部精神追求的歷史作用，就是我所謂的「機制」的研究。

周維東：這樣看來，民國機制的研究也就帶有鮮明的立場：爲中國現代文學的創造力尋求解釋，深入展示我們文學曾經有過的歷史貢獻，當然，也爲未來中國文學的發展挖掘出某些啓示。所以說，「民國機制」不是重新劃範圍的研究，不是「標籤」與「牌照」的更迭，更不是貌似客觀中性的研究，它無比明確地承擔著回答現代文學創造性奧秘的使命。

　　李怡：這樣的研究一開始就建立在「提問」的基礎上，是未來回答現代文學的諸多問題我們才引入了「民國機制」這樣的概念，因為「提問」，我想我們的研究無論是在文學思潮運動還是在具體的作家作品現象方面都會有一系列新的思維、新的結論。例如一般認為 1930 年代左翼作家的現實揭弊都來源於他們生活的困窘，其實認真的民國生活史考察可以告訴我們，但凡在上海等地略有名氣的作家（包括左翼作家）都逐步走上了較為穩定的生活，他們之所以堅持抗爭在很大程度上還是來自理想與信念。再如目前的文學史認為茅盾的《子夜》揭示了民族資產階級在現代中國沒有前途，但問題是民國的制度設計並非如此，其實民營經濟是有自己的生存空間的，尤其 1927～1937 被稱作民國經濟的黃金時代，這怎麼理解？顯然，在這個時候，茅盾作為左翼作家的批判性佔據了主導地位，而引導他如此寫作的也不是什麼「按照生活本來面目加以反映」的 19 世紀歐洲的「現實主義」原則，而是新進引入的馬克思主義的階級觀念。民國體制與作家實際追求的兩相對照，我們看到的恰恰是民國文學的獨特景象：這裏不是什麼遵循現實主義原則的問題，而是作家努力尋找精神資源，完成對社會的反抗和拒斥的問題，在這裏，文學創作本身的「思潮屬性」是次要的，構建更大的精神反抗的要求是第一位的。在這方面，是不是存在一種「民國氣質」呢？

　　周維東：根據您的闡述，我理解到「民國機制」所要研究的問題。過去我們研究文學史，也注重了歷史語境的問題，但從某個單一視角出發，就可能出現「臆斷」和「失度」的現象，這也就是俗話中的「只知其一不知其二」。「民國機制」研究民國「社會文化制度、生存方式之於文學的『結構性力量』」，實際還強調了歷史現場的全景考察。其次，「現代作家之於種種社會格局的精神互動現象」在過去常常被認為作家的個體想像，您在這裏特別強調這種互動的集體性和有序性，並試圖將之作為結構文學史的重要基礎。

　　李怡：是這樣的。過去我們都習慣用階級對抗在解釋民國時代的「左」、「中」、「右」，好像現代文學就是在不同階級的作家的屬性衝突中發展起來的，其實，就這些作家本身而言，分歧和衝突是一方面，而彼此的包容和配合也是不容忽視的一面，更重要的是，他們意見和趣味的分歧往往又在對抗國家專制統治方面統一了，在面對獨裁壓制的時候，都能夠同仇敵愾，共同捍衛自己的利益。當整個知識份子階層形成共同形成精神的對抗之時，即便是專制統治者也不得不有所忌憚，例如擔任國民黨中宣部部長的張道藩就在

1940 年代的「文學政策」論爭中無法施展壓制之術。民國文學創作的自由空間就是不同思想取向的知識份子共同造成的。

周維東：這樣看來，「民國機制」還有很多課題值得挖掘。譬如民國時期知識份子與大眾傳媒關係問題，過去我們基本從「稿費」和「經濟」的角度理解這一現象，不過如果我們注意到這一時期的「零稿費」現象、「虧本經營」現象，以及稿件類型與稿酬水平的關係問題等等，就可以從單純的經濟問題擴展到民國文人、民國傳媒的趣味和風尚問題，進而還能擴展到民國知識份子生存空間的細枝末節。這樣研究文學史，眞可謂「別有洞天」呀！

作爲方法的「民國機制」

周維東：我覺得，提出文學的「民國機制」不僅可以爲我們的學術研究開闢空間，同時它也具有方法論的價值。

李怡：我以爲這種方法論的意義至少有三個方面：一是倡導我們的現代文學學術研究應該進一步回到民國歷史的現場，而不是抽象空洞的「現代」，即便是中國作家的「現代」理念，也有必要在我們自己的歷史語境中獲得具體的內容；二是史料考證與思想研究相互深入結合，近年來，對現代文學史料的重視漸成共識，不過，究竟如何認識「史料」卻已然存在不同的思路，有人認爲提倡史料價值，就是從根本上排除思想研究，努力做到「客觀」和「中性」，其實，沒有一種研究可以是「客觀」的，從來也不存在絕對的「中性」，最有意義的研究還是能夠回答問題，是具有強烈的問題意識的研究。如何將史料的考證和辨析與解答民國時期文學創造的奧秘相互結合，這在當前還亟待大家努力。第三，正如前面我們所強調的那樣，我們也努力將外部研究（體制考察）與內部研究（精神闡釋）結合起來，以「機制」的框架深入把握推動文學發展的「綜合性力量」，這對過去「內外分裂」的研究模式也是一種突破。

周維東：最近幾年，中國出現了「民國熱」，談論民國，想像民國，出版民國讀物，蔚爲大觀，有人擔心是否過於美化了那一段歷史？

李怡：這個問題也要分兩重意義來說，首先是爲什麼會出現這樣的「熱」？顯然是我們的歷史存在某種需要反省的東西，或者將那個時候的一切統統斥之爲「萬惡的舊社會」，從來沒有正視過歷史的應有經驗，或者是對我們今天——市場經濟下虛無主義盛行，知識份子喪失理想和信仰的某種比照，在這

樣兩種背景上開掘「民國資源」，我覺得都有明顯的積極意義，因爲它主要代表了我們的不滿足，求反思，重批判，至於是否「美化」那要具體分析，不過，在「民國」永遠不會「復辟」的前提下，某些美好的想像和誇張也無需過分擔憂，因爲，「民國」資源本身包含「多元」性，左翼批判精神也是民國精神之一，換句話說，眞正進入和理解「民國」，就會引發對民國的批判，何況今天分明還具有太多的從新體制出發抨擊民國的思想資源，學術思想的整體健康來自不同思想的相互抵消，而不是每一種思想傾向都四平八穩。

周維東：的確是這樣。所謂「美化」的背後其實是缺失和批判。學術史上又太多類似的「美化」，屈原、陶淵明、李白、杜甫等文化名人形成的光輝形象，不正是研究者「美化」的結果嗎？魯迅也曾經「美化」過魏晉。在研究者「美化」歷史人物和歷史時期時，我想他（她）不是諂媚也不是褒貶，而是在更大的文化空間上，揭示我們還缺少什麼，我們如何可以過的更好。

李怡：還有，也是更主要的一點，我們的「民國機制」研究與目前的「民國熱」在本質上沒有關係。我們要回答的是民國時期現代文學的創造秘密，這與是否「美化」民國統治者完全是兩回事，我們從來嚴重關切民國歷史的黑暗面，無意爲它塗脂抹粉，恰恰相反，我們是要在正視這些黑暗的基礎上解答一個問題：現代知識份子如何通過自己的抗爭和奮鬥突破了思想的牢籠，贏得了民國時期的文學輝煌，我們把其中的創生力量歸結爲「民國機制」，但是顯而易見，民國機制並不屬於那些專制獨裁者，而是根植於近代以來成長起來的現代知識份子群體，根植於這一群體對共和國文化環境與國家體制的種種開創和建設，根植於孫中山等民主革命先賢的現代理想。

周維東：「民國機制」不是民國統治者的慈善，不是政治家的恩賜，而是以知識份子爲主體的社會力量主動爭取和奮鬥的結果，在這裏，需要自我反省的是知識份子自己。

李怡：「民國機制」的提出歸根結底是現代文學學術長期發展的結果，絕非當前的「風潮」鼓動（中國是一個充滿「風潮」的社會，實在值得警惕），近三十年來，中國現代文學研究一直在尋找一種更恰當的自我表達方式，從1980 年代「二十世紀中國文學」在「走向世界」中抵消政治意識形態的干預到 1990 年代「現代性」旗幟的先廢後存，尷尷尬尬，我們的文學研究框架始終依靠外來文化賜予，那麼，我們研究的主體性何在？思想的主體性何在？我曾經倡導過文學研究的「生命體驗」，又集中梳理過中國現代文學批評的術

語演變，這一切的努力都不斷將我們牽引回中國歷史的本身，我們越來越真切地感受到更完整地返回我們的歷史情境才有可能對文學的發展作進一步的追問。對於現代的中國文學而言，這一歷史情境就是「民國」，一個無所謂「美化」也無所謂「醜化」的實實在在的民國，回到民國，才是回到了現代中國作家的棲息之地，也才回到了中國文學自身。

周維東：最後一個問題，我們研究民國時期的文學，是否也應該考慮當時歷史狀況的複雜性，比如是不是民國時代的所有文學都從屬於「民國機制」？比如解放區文學、淪陷區文學？除了「民國機制」，當時還存在另外的文學機制沒有？

李怡：這樣的提問就將我們的問題引向深入了！我一向反對以本質主義的思維來概括歷史，社會文化的內在結構不會是一個而是多個，當然，在一定的歷史時期，肯定有主導性的也有非主導性的，有全局性的也有非全局性的。在「民國」的大框架中，也在特定條件下發展起了一些新的「機制」，但是民國沒有瓦解，這些「機制」的作用也還是局部的。延安文學機制是在蘇區文學機制的基礎上發展起來的，軍事性、鬥爭性和一元性是其主要特徵，但這一機制全面發揮作用是在「民國」瓦解之後，在民國當時，延安文學能夠在大的國家文化體系中存在，也與民國政治的特殊架構有關，在這個意義上，也可以說是民國機制在特殊的局部滋生了新的延安機制，並最終爲發展後的延安機制所取代。至於淪陷區則還應該仔細區分完全殖民地化的臺灣以及置身中國本土的東北淪陷區、華北淪陷區和上海孤島等，對於完全殖民地化的尚未光復的臺灣，可能基本置於「民國機制」之外，而對其他幾個地區，則可能是多種機制的摻雜，雖然摻雜的程度各不相同。但是，從總體上看，我並不主張抽象地籠統地地議論這些「機制」比例問題，我們提出「民國機制」最終還是爲了解決現代中國文學發生發展的若干具體問題，只有回到具體的文學現象當中，在分析解決具體的文學問題之時，「民國機制」才更能發揮「方法論」的作用，啓發我們如何在「體制與人」的交互聯繫中發掘創造的秘密。我們無需完成一部抽象的「民國機制發展史」，可能也完成不了，更迫切的任務是針對文學具體現象的新的符合中國歷史情境的闡述和分析。

周維東：對，我們的任務是進入具體的文學問題，將關注「民國機制」作爲內在的思想方法，引導對實際現象的感受和分析。

目次

緒　論

一

　　文學的雅俗之辨在中國文學發展過程中是一個古老又彌新的話題。「雅」與「俗」兩個範疇不僅僅是簡單的對立關係，它們之間存在相互轉化、相互矛盾、相互作用的貫通性與互滲性，因此，在中國古代文藝美學範疇中雅俗之辨由來已久。曹順慶、李天道兩位先生曾在《雅論與雅俗之辨》一書中，系統考察了中國美學雅論與雅俗之辨的文化淵源，對我國先秦到清代雅俗審美意識的歷史軌迹進行了系統而深入的探討，充分展示了雅俗審美意識的立體面貌。〔註1〕「雅」與「俗」之間的複雜關係在文學發展的歷史進程中不斷催生出新的文學質素，文學研究的新問題也隨之而來。

　　眾所周知，中國現代通俗文學曾經並未受到應有的重視。在現代文學語境中重新提出文學的雅俗問題是在上世紀80年代。1980年代，在「重寫文學史」的呼聲中，一批學者率先探討如何彌合30年來大陸都市通俗文學的斷層問題，繼而通俗文學在中國現代文學領域中的生存權的問題引起學界關注，圍繞現代文學的雅俗之辨展開的諸多問題重新進入學術界的視野。許多學者肯定了近現代通俗文學在整個現代文學發展進程中所起的作用。其中，影響最大、最具突破性的觀點是范伯群先生提出的現代雅俗文學兩翼說：「事實是，文學的母體應分為『純』、『俗』兩大子系，那麼，我們曾將『俗』文學這一子系排斥在文學大門之外」。進而，他以「借鑒革新派」和「繼承改良派」

〔註1〕參見曹順慶、李天道《雅論與雅俗之辨》，百花洲文藝出版社，2005年。

估價了純文學和通俗文學的歷史貢獻。在這些研討中，值得注意的是，「通俗文學」這樣一個研究對象波及面寬、參與者眾的學術研究和論爭，卻是在概念模糊、語義不清、內涵滑動的基礎上進行的。這也是文學雅俗之辨這一論題之所以莫衷一是，熱鬧有餘而學理建設不足的一個重要原因。儘管目前學界在研究著述中頻繁地使用「通俗文學」這個概念，但由於它內涵駁雜，觸及的範圍頗廣，至今沒有一個公認的、具有統攝性的定義。范伯群先生在《〈中國近現代通俗作家評傳叢書〉總序》中將「通俗文學」定義為：

> 中國近現代通俗文學是指以清末民初大都市工商經濟發展為基礎得以滋長繁榮的，在內容上以傳統心理機制為核心的，在形式上繼承中國古代小說傳統為模式的文人創作或經文人加工再創造的作品；在功能上側重於趣味性、娛樂性，知識性和可讀性，但也顧及「寓教於樂」的懲惡勸善效應；基於符合民族欣賞習慣的優勢，形成了以廣大市民層為主的讀者群，是一種被他們視為精神消費品的，也必然會反映他們的社會價值觀的商品性文學。〔註2〕

上述是目前學術界對「通俗文學」應用最廣泛、最權威的定義。但是即便是一個概括最精確的理論概念，在落實到具體的作家個體上也會顯得生硬、片面。這是由文學這種豐富的精神活動所決定的。一些作家身上的歷史細節需要在概念之外的，更為生動的文學現象中得以呈現。翻檢現代通俗文學研究的歷史，中國近現代以來的都市通俗文學得到了較為系統的正視和清理，出現了大量關於通俗文學研究的論著。關於通俗文學研究及其合法性問題的討論在學術界逐步展開：雅、俗兩類文學在文學史中處於怎樣的位置？它們的互動、流變是怎樣呈現的？文學雅俗得以確立的「自性」與「他性」是什麼？它們在納入現有文學史敘述框架時遭遇了怎樣的問題，這種納入是否合理？

今天的學術界對通俗文學的正視及其存在價值的肯定已經成為共識。但是共識達成的邏輯起點卻不盡相同，因此，在文學史大框架內看待通俗文學的角度和立場也存在差異。「通俗文學的生態如何，有著怎樣的社會文化內涵與藝術價值，在現代文學史上處於何種地位？這些問題關係到現代文學史的構架與中國文學傳統的發展，值得深入探討」。〔註3〕近幾年，許多中國現代

〔註2〕范伯群《中國近現代通俗作家評傳叢書・總序》，選自《中國近現代通俗作家評傳叢書》（1～12卷），南京出版社，1994年，第1～2頁。

〔註3〕秦弓《現代通俗文學的生態、價值及評價問題》，載《南都學壇》，2010年第3期。

文學研究思路和文學史闡釋框架都不約而同的提到了雅俗文學在文學史格局中的位置和作用，特別提到了通俗文學入史這一問題。但是，通俗文學數量龐大，文學史擴容帶來了新的問題。王富仁先生提出的「新國學」在對「國學」概念重新界定時提到，「這裏還有一個中國雅文化與俗文化的關係問題。章太炎等民國學人在建構『國學』這個概念之初，是將俗文化排斥在外的，『新國學』應當將古今俗文化及其研究成果視爲中國學術的一個有機構成成分，既不無限誇大它的作用，也不能無視它在中國文化發展中的作用和意義」。〔註4〕在通俗文學研究愈來愈熱的今天，不偏不倚的研究態度極爲重要。李怡先生在提到「民國文學史」時說道：「對於我們來說，『民國文學史』之所以有出現的必要，並不是它可以通過排除主觀思想傾向來容納一切，而是它本身就代表了一種文學的新規範」。「至於舊體詩、通俗文學、漢奸文學等等能否進入『民國文學史』，也主要是看它們能否在新的文學規範向度上找到自己的位置，而不是因爲過去文學史的『放逐』就一定要被今天所『收容』」。〔註5〕顯然，在通俗文學得到正視之後，仍有許多具體的問題懸而未決。

　　回顧文學雅俗之辨的研究歷程，我們仍然被一些最基本的問題所「困惑」：究竟什麼是「雅」，什麼是「俗」？高雅文學與通俗文學究竟在哪些層面上呈現出不同於彼此的鮮明特徵？通俗文學研究作爲一個學科，它的特質是什麼？從中國古代到近現代文學的流變、傳承中，雅、俗的劃定受到哪些相同或相異因素的影響和制約？更值得深思的是文學的雅俗是與文化的雅俗密切聯繫在一起的，但是文化傳統本身就是一個不斷變動、更新的過程，由此作用於文學，也必然使在文化傳統變遷的過程附加於不同歷史語境下的文學雅俗之分以異質性。正是這些同中有異的因子，才推動著文化傳統的不斷更新。雅俗文學在這樣一個動態過程中，呈現出一些尚未被發現的或者面貌尚且模糊的地帶，對這一問題的挖掘值得繼續下去。當然，此番評價並非想否定目前通俗文學研究所取得的成果，而是在肯定和贊同眾多學者的豐碩成果對現代中國文學研究產生巨大影響的前提下，反思雅俗文學研究現狀，從而在新的問題意識下對「民國」，這樣一個中國歷史上尤爲特殊的歷史時期中文學的雅俗流變和互動作出新的思考。

〔註4〕王富仁《新國學‧文化的華文文學‧漢語新文學》，載《學術研究》2010 年第8 期。

〔註5〕李怡《從歷史命名的辯證到文化機制的發掘——我們怎樣討論中國現代文學的「民國」意義》，載《文藝爭鳴》2011 年 13 期。

　　探討民國文學的雅俗之辨，民國通俗小說大家張恨水的創作歷程與時代的關聯無疑是個合適的切口。張恨水的創作生涯主要集中於民國時期。回顧張恨水的一生，可以發現，他生命中的特殊時刻幾乎翻卷於歷史的浪潮，與民國特定的歷史刻度重疊在了一起。張恨水出生於 1895 年，這一年在中國歷史和思想史上具有特殊的意義，甲午戰敗，徹底改革成爲朝野上下的共識；雖然 1913 年，張恨水就完成了第一部章回體白話小說《青衫淚》，但他正式大量發表作品則是從 1919 年開始的。1919 年，張恨水任《皖江報》總編輯並在該報上連載小說《紫玉成煙》和《南國相思譜》。小說《眞假寶玉》也於 1919 年開始在上海《民國日報》連載，之後於同年陸續中篇小說《小說迷魂遊地府記》、長篇小說《皖江潮》，標誌著他正式走上文學創作道路。五四運動爆發後，張恨水來到新文化運動的中心北京，身兼數家報刊編輯之職並繼續創作小說。1931 年，張恨水小說進入轉變期，影響這一轉變的重要時代動因是「九・一八」事變的爆發。1937 年，抗戰開始，次年，張恨水轉戰重慶。張恨水研究專家趙孝萱認爲這一階段「是他文本表現最成熟精緻的階段。若與前期相比，這應該又是一個更高的巔峰」。〔註6〕張恨水這一階段的代表作多爲表現抗戰、痛斥社會腐敗的作品，如《八十一夢》、《魍魎世界》、《五子登科》等。趙孝萱根據張恨水作品的整體面貌將他的創作歷程分爲四個階段：第一階段，1919 年～1930 年；第二階段，1931 年～1937 年；第三階段，1937 年～1949 年；第四階段，1949 年～1967 年。在她看來，「張恨水所有小說作品大致可分爲四大階段，而這四大階段『恰巧』與現代史上的大事相關。」〔註7〕

　　以作家個案研究帶文學史命題的方法僅僅是處理民國文學雅俗之辨的開端。關鍵和重要的研究步驟是：選擇哪些代表性作家，處理怎樣的問題序列。這兩個問題實際上是是而二合一的問題：選擇哪些作家作爲分析對象，是基於文學雅俗之辨基本問題的判斷；而對基本問題的判斷，反過來也決定了什麼樣的作家成爲典型。在以往的研究中，學術界習慣於一種方式對張恨水前後創作轉型作出評價：張恨水是通俗小說家，章回小說大家，由於其堅持用中國傳統章回體小說形式進行創作而被歸爲「舊派」，受到新文學陣營的批判。

〔註 6〕趙孝萱《世情小說傳統的繼承與轉化：張恨水小說新論》，臺灣學生書局，2002 年，第 51 頁。

〔註 7〕趙孝萱《世情小說傳統的繼承與轉化：張恨水小說新論》，前引書，第 46 頁。

抗戰爆發後，張恨水改變前期創作社會言情小說的路向，將筆端指向在戰火中顛沛流離的普通百姓，或是以犀利、幽默的語言揭露國民黨政府的腐敗。隨著左翼思潮逐漸成爲主流意識形態，張恨水的創作調整正好契合了這種話語方式，因此又受到新文學陣營的讚譽，也被後來的文學史描述爲「向新文學靠攏」。民國時期的作家注定要與那個風雲激蕩的時代有著無法隔斷的密切聯繫，但事實上，促成一個作家文化選擇的因素是極爲複雜的，大的創作分期劃分往往也容易遺漏或遮掩作爲一種精神活動的文學創作的豐富性。爲了更爲立體地呈現一個作家豐富的精神走向，本文的設想是，在兼顧社會、政治變化造成的巨大影響的同時，更爲關注作家內在的思想脈絡，作家基於自身的認知方式、情感結構而作出的反應，以及這種反應與外界的碰撞對文學雅俗的走向所產生的後果。本文力圖剖析在文學的新舊、雅俗之間，究竟是什麼文化機制決定著這種判定？從雅俗之辨出發，重新回到張恨水的文學世界，我們又該如何重新看待那些引起過爭論的文學史問題？

　　當然，張恨水只是在這一論題研究中筆者選取的典型個案。民國二十五年（1936年）《文藝界同人爲團結禦侮與言論自由宣言》上，除魯迅、郭沫若等新文學的旗手參與簽名外，通俗文學的代表作家包天笑、周瘦鵑也參與簽名，這不僅是新文學陣營對舊派通俗文學作家的容納，而且表明這些通俗文學作家創作立場的一次集體轉型。《宣言》寫道：

　　……我們是文學者，因此亦主張，會同文學界同人應不分新舊派別，爲抗日救國而聯合。文學是生活的反映，而生活是複雜多方面的，各階層的，其在作家個人或集團，平時對文學之見解、趣味與作風，新派與舊派不同，左派與右派亦各異，然而無論新舊左右，其爲中國人則一，其不願爲亡國奴則一，同爲抗日的力量則一。〔註8〕

其實，在《宣言》發表之前，通俗文學作家已經開始創作涉及嚴肅題材的小說。范煙橋在《民國舊派小說史略》概說中寫道：「應該指出，舊派小說中有自尊心與要求進步的老作者，還是堅持原來的風格，不肯同流合污的。他們雖然有時會受到排擠，但仍努力支撐著。他們代表有正義感的舊派小說作者群，……盡了愛國人民的一分力量。」〔註9〕在時代的感召下，通俗作家創作轉型的例子

〔註8〕　《文藝界同人爲團結禦侮與言論自由宣言》，轉引自張明明《回憶我的父親張恨水》，選自《寫作生涯回憶》，第259頁。

〔註9〕　范煙橋《民國舊派小說史略》，選自魏紹昌編《鴛鴦蝴蝶派研究資料》（上卷），上海文藝出版社，1984年，第270頁。

比比皆是。劉雲若後期創作的小說《粉墨箏琶》是這種創作轉變的代表作。張恨水後期的很多作品以「抗戰+言情」的小說模式，敘寫抗戰時期民眾真實的生活境況。上海「孤島」時期，秦瘦鷗《秋海棠》不論在表達方式還是寫作技巧上，與其前期創作也都有明顯的變化。文公直的歷史武俠小說《碧血丹心》關注大時代背景下，中國面臨的內憂外患以及社會生活的民不聊生。這些作品無論是主旨思想還是創作手法都顯示出「由俗趨雅」的走向。通俗文學創作的這一走向，是現代文學雅俗流變的一個重要特點。為了豐富對該問題的思考，本文將屬於同一問題序列的其他作家納入討論之中。例如，包天笑、劉雲若這些被稱為「舊派」的通俗文學作家；無名氏、徐訏這些被稱為「新市民小說」的作家。張恨水與這些作家的對比研究中，提升出關於民國文學雅俗之辨的核心問題，包括：時代動因與文學的雅俗融通、雅俗文學典律建構的社會文化機制。另外，選取審美品格上幡然有別的魯迅與張恨水和審美品格上存在某些層面重疊又同中存異的張愛玲與張恨水進行對比研究，為的是回到文本本身，探討文學審美品格超越性與世俗性的辯證統一關係。

　　此外，文學的任何歷史研究和重新評價都是為了尋求對象的當代意義，通過當代人的闡釋而使其價值重新定位。任何歷史評價不僅都是從當代人的價值觀出發，而且都是以當代人的生存和發展為目的的。重新梳理與思考研究成果已頗多的張恨水，在新的「問題框架」中發現以往被遮蔽或是闡述不夠全面、深入的張恨水的文學史價值和意義，目的是為當代文化與文學的健康發展提供有益的經驗。王一川先生在給朱周斌先生的論著《懷疑中的接受——張恨水小說中的現代日常生活》所作的序言《張恨水與當代》中重提了研究張恨水的當代意義：

> 我們今天應當如何重溫張恨水的小說遺產？當我寫此短文時，正是張藝謀執導的影片《三槍拍案驚奇》在全國上映並引發巨大爭議之時。看了這部被多數觀眾質疑和指責的改編自美國故事片《血迷宮》的影片，我禁不住想到了張恨水和他的故事模式與今天的關係。他的小說在當時受到讀者喜愛的原因固然很多，但有一點不容置疑：在通俗易懂的故事下面總有中國人喜歡琢磨的來自道義、情義、俠義等價值系統的興味在，正是這些來自古代而又在現代獨具生命力的人生價值觀念，在牢牢地吸引著現代觀眾的興趣，讓他們興奮不已。而張藝謀此次改編之所以受到責難，重要原因之一恰恰不在於

他自己千方百計爲之辯解開脱的俗字上面，而在於沒有爲這俗故事
匹配出豐厚有味的傳統價值蘊藉來，所以導致中國觀眾失望。美國
的「黑色幽默」劇及「反英雄」故事被改編到中國，就必須眞正的
中國化，這其中的關鍵就是要按中國觀眾的鑒賞慣例設計出體現中
國傳統價值蘊藉的故事情節來。而張藝謀團隊的電影創作以及當代
小説創作和電視劇創作等，如果都能認眞記取張恨水的小説遺產，
那該多好！當人們急切地在愈益全球化的漩渦中暈眩時，切莫遺忘
張恨水的小説美學遺產。〔註10〕

張恨水的創作經驗分明還在爲今天的文學創作和文化發展提供著有益的經
驗，這需要我們更細緻、深入的研究，「以便讓張恨水在當代活起來，因爲這
個時代仍然需要他」。〔註11〕因此，本文在梳理、辨析的過程中，參照對象不
僅針對 20～40 年代的文學現象，也針對 90 年代以來當代複雜的文化、文學
語境。在 90 年代之後大眾消費語境中，整個時代的文學的呈現狀態也是回顧
民國歷史重要的參照維度。

二

　　目前，對於張恨水的研究已殊爲可觀，但將張恨水與民國文學雅俗之間
的關係作爲獨立的研究對象進行系統研究的較少。張恨水與文學雅俗關係的
相關研究學術界主要從以下四個角度展開：

　　第一，從文化研究的角度剖析張恨水特殊的文化心態以及由此形成的作
品基本格調。陳國城在《一個具有深刻矛盾性的靈魂——張恨水文化心態略
論》一文認爲，張恨水新舊矛盾的文化心態，決定了他走上改良的文學取向，
在新舊之間調和折中。〔註12〕簫笛《論張恨水小説創作的文化價值取向》指
出張恨水作品內涵顯示出的強烈的士大夫文化價值取向，具體地體現在：中
國傳統倫理道德；憂生、憂世、憂國的文人憂患意識；人生宇宙的佛空意識

〔註10〕王一川《張恨水與當代》，選自朱周斌《懷疑中的接受——張恨水小説中的現
　　　　代日常生活》，廣西師範大學出版社，2010 年，第 4 頁。

〔註11〕王一川《張恨水與當代》，選自朱周斌《懷疑中的接受——張恨水小説中的現
　　　　代日常生活》，前引書，第 5 頁。

〔註12〕陳國城《一個具有深刻矛盾性的靈魂——張恨水文化心態略論》，載《安慶師
　　　　院社會科學學報》，1995 年第 1 期。

三個方面。〔註 13〕張濤甫《試論張恨水的名士才情與市民趣味》探析了張恨水文化心態中的「名士才情」與「市民趣味」。文章認爲，名士才情不至於使張恨水被世俗逼壓失去靈性，同時提高了作品的文化品位；市民趣味體現了張恨水務實重俗的人生態度。〔註 14〕侯賽因‧伊卜拉欣的論文《張恨水小說的俗與雅》從市民情致與傳統文化、美學思想和文化價值、憂世憂國的情懷三方面論述了張恨水小說俗中見雅，雅中含俗的特點。〔註 15〕袁瑾《矛盾中崛起——張恨水「兩重人格」論》同樣認爲，張恨水作品的雅俗同構、新舊互滲是他的兩重人格的充分體現。〔註 16〕李曉潔的《消閒與責任——論張恨水創作的文化心態》一文認爲張恨水消閒與責任相交織的文化心態，使他的小說在故事性、趣味性背後對世俗人生的體悟，呈現出高雅化的通俗的藝術品貌。〔註 17〕之後，李曉潔又在另一篇文章《高雅化的通俗——論張恨水小說的藝術品貌》〔註 18〕中重提這一觀點。焦玉蓮《論張恨水小說文體形態蘊含的文化意味》認爲民間文化是張恨水小說的文化價值所在，並由此形成以他爲代表的，與精英文化相對的小傳統文化。〔註 19〕宋偉傑《老靈魂／新青年，與張恨水的北京羅曼史》同樣認爲，張恨水「革命青年」與「才子崇拜者」的雙重人格，決定了他作品中常常刻畫的「後五四」青年形象，由此描述了這批青年體現出的複雜深廣的時代症候。〔註 20〕侯賽因‧伊卜拉欣《張恨水小說的話語世界與傳統因緣》認爲張恨水的成功正是在於對中國傳統小說

〔註 13〕 簫笛《論張恨水小說創作的文化價值取向》，載《學術界》，1995 年第 1 期。

〔註 14〕 張濤甫《試論張恨水的名士才情與市民趣味》，載《蘇州大學學報》，1997 年第 3 期。

〔註 15〕 （埃及）侯賽因‧伊卜拉欣《張恨水小說的俗與雅》，載《東北師範大學學報》，2000 年第 5 期。

〔註 16〕 袁瑾《矛盾中崛起——張恨水「兩重人格」論》，載《河西學院學報》，2008 年第 6 期。

〔註 17〕 李曉潔《消閒與責任——論張恨水創作的文化心態》，載《齊齊哈爾大學學報》，2001 年第 6 期。

〔註 18〕 李曉潔《高雅化的通俗——論張恨水小說的藝術品貌》，載《哈爾濱學院學報》，2003 年第 12 期。

〔註 19〕 焦玉蓮《論張恨水小說文體形態蘊含的文化意味》，載《太原大學學報》，2009 年第 2 期。

〔註 20〕 宋偉傑《老靈魂／新青年，與張恨水的北京羅曼史》，載《中國現代文學研究叢刊》，2010 年第 3 期。

資源的把握上。〔註 21〕溫奉橋《張恨水與中國文化現代化》指出張恨水對中國文化現代化的價值取向及其路徑更加注重傳統文化對現代化生成的合理性意義和支撐作用，構成了中國文化現代化進程中富有意味的「典型」。〔註 22〕劉玉芳《傳統與現代的交融──論張恨水及張恨水小說》認爲張恨水對傳統與現代、消閒與責任的清醒認識使他的小說呈現出新舊合璧、雅俗共構的美學特質。〔註 23〕張楠《佇足傳統，靜觀現代──張恨水小說悲劇主題論》認爲張恨水對民族傳統文化無限眷戀，通過描寫個體的悲劇命運，傳達出個體所處的傳統文化日暮西山的悲劇。〔註 24〕劉明坤、羅釗《簡論清末初世情小說作家的文化心理轉型》認爲張恨水是世情小說作家文化心理轉型的典型代表。〔註 25〕羅常群《民主・人格・超脫》從文化分析入手，認爲張恨水的通俗文學創作對五四新文學具有反撥與補充的意義。〔註 26〕謝昭新《在中國傳統文化規約下的生命「追尋」主題──論張恨水小說的文化思想價值》認爲張恨水的文化心理結構是以傳統儒家文化打底，佛道文化鑲邊的。以此文化心理進行的創作使得他的作品新舊合璧、雅俗和諧。〔註 27〕梅向東《張恨水的「四不像」與其通俗文藝範式》分析了張恨水商業心理、自娛心理、社會心理和審美心理四者等量互扯互動的心理運作影響了其小說的通俗文藝範式。〔註 28〕另外，一些研究從單篇作品入手深入分析了張恨水的文化認同。陸山花、謝家順《從〈北雁南飛〉看張恨水的文化認同與批判》一文以《北雁南飛》爲個案考察張恨水在現實主

〔註 21〕　（埃及）侯賽因・伊卜拉欣《張恨水小說的話語世界與傳統因緣》，載《北華大學學報》，2001 年第 2 期。

〔註 22〕　溫奉橋《張恨水與中國文化現代化》，載《山東師範大學》，2003 年第 2 期。

〔註 23〕　劉玉芳《傳統與現代的交融──論張恨水及張恨水小說》，載《船山學刊》，2010 年第 2 期。

〔註 24〕　張楠《佇足傳統，靜觀現代──張恨水小說悲劇主題論》，載《洛陽理工學院學報》，2012 年第 1 期。

〔註 25〕　劉明坤、羅釗《簡論清末民初世情小說作家的文化心理轉型》，載《廣西社會科學》，2011 年第 4 期。

〔註 26〕　羅常群《民主・人格・超脫──張恨水早期通俗小說文化意蘊評析》，載《遼寧教育學院學報》，1991 年第 3 期。

〔註 27〕　謝昭新《在中國傳統文化規約下的生命「追尋」主題──論張恨水小說的文化思想價值》，載《中國現代文學研究叢刊》，2009 年第 5 期。

〔註 28〕　梅向東《張恨水的「四不像」與其通俗文藝範式》，載《安慶師範學院學報》，2001 年第 3 期。

義精神繼承、才子情調、佛教思想、俠義精神對新舊文化的認同與批判。〔註
29〕朱周斌《「新中之舊」與「舊中之新」——張恨水〈落霞孤鶩〉解讀》認為
《落霞孤鶩》用脫胎又超出章回小說的形式，在年輕的革命者同兩個底層少女
戀愛的外衣下，講述了一個現代才子佳人故事，這些無不是其小說「新舊雜陳」
的表現。〔註30〕這一研究視角的一個共識即張恨水新舊雜糅的文化心態是其作
品雅俗格調形成、轉型的主要原因。

　　第二，認為世俗之「俗」與風俗之「俗」是張恨水小說通俗品格的重要
體現。此觀點一個主要的研究方法是從民俗學角度對張恨水小說中的市民文
化與地域色彩的探討。彭靜《張恨水小說的民俗學意義研究》一文論述了張
恨水小說民俗表現的幾個特點：西風東漸影響下的民俗沿革新景觀；地域色
彩濃厚；注重描寫日常生活習俗。〔註31〕首先，張恨水的小說被認為是市民
小說，因此從市民文化角度剖析其作品的通俗格調是目前一個重要的研究方
向。如周斌《張恨水與市民文化》一文將市民文化視為影響張恨水審美趣味
最重要的原因。〔註32〕袁瑾《試論張恨水筆下的市民社會》，認為張恨水對市
民社會的認同使他難以徹底擺脫封建文化傳統的枷鎖，影響了其作品的深度
與價值。〔註33〕湯哲聲《論現代北派市民小說的文學史價值》一文對該問題
也有所涉及。〔註34〕其次，從張恨水小說中不同的地域文化描寫可以看出其
前後創作風貌的差異。魏宏瑞《「世」說秦淮——地域文化視角下張恨水小說
中的江南呈現》從張恨水小說江南地域文化描寫出發探討其創作的得失。〔註
35〕李永東《論陪都語境下張恨水的重慶書寫》以張恨水抗戰時期的小說為研

〔註29〕陸山花、謝家順《從〈北雁南飛〉看張恨水的文化認同與批判》，載《中國現
　　　　代文學研究叢刊》，2011 年第 11 期。
〔註30〕朱周斌《「新中有舊」與「舊中之新」——張恨水〈落霞孤鶩〉解讀》，載《池
　　　　州學院學報》，2008 年第 6 期。
〔註31〕彭靜《張恨水小說的民俗學意義研究》，載《理論界》，2010 年第 10 期。
〔註32〕周斌《張恨水與市民文化》，載《復旦學報》，1995 年第 2 期。
〔註33〕袁瑾《試論張恨水筆下的市民社會》，載《西安石油大學學報》，第 19 卷第 1
　　　　期。
〔註34〕湯哲聲《論現代北派市民小說的文學史價值》，載《中國現代文學研究叢刊》，
　　　　2010 年第 4 期。
〔註35〕魏宏瑞《「世」說秦淮——地域文化視角下張恨水小說中的江南呈現》，載《名
　　　　作欣賞》，2011 年第 34 期。

究對象，探討陪都語境與張恨水重慶題材小說的內在聯繫。〔註36〕陳永萬《張
恨水筆下的重慶形象》認爲正是張恨水客渝的生活體驗不僅塑造出生動的重
慶形象，而且對其後期創作藝術風格產生了深刻影響。〔註37〕尹瑩《抗戰時
期文學中的重慶書寫——以巴金、張恨水、路翎的小說爲例》也論及張恨水
筆下重慶的魍魎鬼怪世界。〔註38〕

　　第三，從張恨水整體創作歷程的前後轉變探討其雅俗走向。湯哲聲《從
「趣味主義」走向「寫實主義」——談張恨水言情悲劇小說的轉變》將張
恨水言情小說創作的總趨勢歸納爲從「趣味主義」走向「寫實主義」，並由
此認爲張恨水身上新文學的巨大威力。〔註39〕鄭炎貴《揚棄、蛻變與崛起
——析張恨水的通俗小說創作》考察張恨水前後創作蛻變、融合的過程認
爲他前後期作品的人民性是一個不斷增大值，而趣味性恰好是一個遞減
值。〔註40〕秦弓《張恨水的「國難小說」》認爲張恨水早期的膚淺傷感在「九
一八」之後被深沉與犀利取代，他已從新文學的後衛進到前鋒的位置。〔註
41〕胡安定《一個故事的兩種講法——從〈過渡時代〉、〈藝術之宮〉看張恨
水的轉型》通過比較《過渡時代》、《藝術之宮》敘事結構的差異，探討張
恨水前後期創作的延續與轉換。〔註42〕石娟《疏離與對話——張恨水小說
與新文學的關係》認爲張恨水的小說與新文學存在疏離與對話的關係。疏
離是對話的前提，疏離的目的是爲了和新文學平等對話。〔註43〕湯哲聲《趨
新：中國現代通俗小說文體的再改造——以張恨水「以新入俗」的小說分
析爲中心》一文指出張恨水小說接受「新」元素的核心是寫人，其小說的

〔註36〕李永東《論陪都語境下張恨水的重慶書寫》，載《中國文學研究》，2009年第
　　　　4期。
〔註37〕陳永萬《張恨水筆下的重慶形象》，載《重慶三峽學院學報》，2010年第1期。
〔註38〕尹瑩《抗戰時期文學中的重慶書寫——以巴金、張恨水、路翎的小說爲例》，
　　　　載《福建論壇》，2008年第12期。
〔註39〕湯哲聲《從「趣味主義」走向「寫實主義」——談張恨水言情悲劇小說的轉
　　　　變》，載《江淮論壇》，1982年第6期。
〔註40〕鄭炎貴《揚棄、蛻變與崛起——析張恨水的通俗小說創作》，載《安慶師範學
　　　　院學報》，1990年第3期。
〔註41〕秦弓《張恨水的「國難小說」》，載《涪陵師專學報》，2000年第2期。
〔註42〕胡安定《一個故事的兩種講法——從〈過渡時代〉、〈藝術之宮〉看張恨水的
　　　　轉型》，載《蘇州教育學院學報》，2009年第2期。
〔註43〕石娟《疏離與對話——張恨水小說與新文學的關係》，載《南京師範大學文學
　　　　院學報》，2005年第1期。

「引新入俗」實際上完成了現代通俗小說創作文體的又一次改造。〔註 44〕王鍾陵《20 世紀 40 年代中國小說理論中雅與俗的懸隔與彙通》一文認為，張恨水對章回體的翻舊出新不期然地將中國現代小說發展過程中存在的俗攀緣雅、雅提高俗的歷史情狀生動地表達出來，但是在雅俗的彙通中，兩者間的冷漠、懸隔依然存在。〔註 45〕此外，孫曉輝《以俗為雅，由舊求新——張恨水作品的藝術特色》〔註 46〕。

第四，在與其他作家的對比中，呈現張恨水在文學雅俗格局中的位置和特點。首先，將雅俗文學的兩位代表魯迅與張恨水做對比的研究成果較多。當代著名作家鄧友梅認為魯迅是純文學大師，張恨水是通俗文學大師，兩者是「雙峰並峙，二水分流」。徐傳禮先生對這一觀點做了更進一步的區分。他認為，雖然魯迅與張恨水代表了純文學和通俗文學的兩大高峰，但這兩座高峰海拔差距大，無論是作品思想深度，還是藝術特色，張恨水都不足以與魯迅並峙。針對雅俗文學發展歷史，他強調了兩者分中有合、合中有分的辯證觀點並由此認為，魯迅與張恨水各有千秋又互有長短，他們是「雙峰高下相望，二水分合長流」。欒梅健先生在《豐贍的文學之河與研究缺位——兩組不對稱的比較》〔註47〕一文中，從文學史中複雜的文學現象比較了張恨水與魯迅。他認為，張恨水一生創作頗豐，在當時的社會上具有極大的影響，但文學史中並沒有這類通俗文學的位置，原因就是因為它們沒有思想性和革命性。當我們回顧中國古代文學史時，會發現通俗文學在特定歷史條件下，可以成為文壇主流，那麼，對張恨水與魯迅為代表的兩類文學應該採取一種什麼樣的態度和評價標準是需要重新思考的問題。范伯群先生在其文學「雙翼」框架中，重提魯迅與張恨水。他認為，應該把魯迅、張恨水所代表的純文學、通俗文學兩大「高峰」，納入不同文學領域中的「雙翼」這一框架來理解，雅俗文學是並存、互補關係，因此，兩者是「雙峰並秀」的關係。其次，將張愛玲與張恨水做比較研究。燕世超《敘述的魅力——張愛玲與張恨

〔註44〕湯哲聲《趨新：中國現代通俗小說文體的再改造——以張恨水「以新入俗」的小說分析為中心》，載《蘇州教育學院學報》，2009 年第 3 期。

〔註45〕王鍾陵《20 世紀 40 年代中國小說理論中雅與俗的懸隔與彙通》，載《社會科學輯刊》，2008 年第 2 期。

〔註46〕孫曉輝《以俗為雅，由舊求新——張恨水作品的藝術特色》，載《文史博覽》，2008 年 5 月。

〔註47〕欒梅健《豐贍的文學之河與研究缺位——兩組不對稱的比較》，載《文藝爭鳴》，2007 年第 3 期。

水言情小說敘述者形象之比較》一文從話語方式、敘述節奏、文本內部能指與所指的關係三方面的差異，從而導致了大相徑庭的審美趣味。〔註48〕劉霞《張恨水與張愛玲小說創作的同質性》則從相同的文學追求、對傳統的竭力提升、通俗小說的現代化三方面論述認爲兩人推進了通俗小說現代化進程在三十、四十年代出現的兩次質上的飛躍。〔註49〕再次，將沈從文與張恨水這兩位同時代但具有不同風格的作家做對比，但研究成果較少。另外，將劉半農與張恨水這兩位有著深厚情誼，但走上不同文學道路的摯友做對比研究。宋海東《三度同舟共濟：劉半農與張恨水》將五四新文化運動的主將之一劉半農與一度被視爲舊派文學代表的張恨水兩人從青少年開始的情誼，共同的生活經歷及其之後不同的人生道路做了敘述和比較。〔註50〕最後，有學者將張恨水與金庸、包天笑也做過比較，但研究成果很少。論文有《從〈紅樓夢〉到張恨水小說：中國小說藝術一條永永不竭的長河——兼論張恨水與金庸之比較》〔註51〕、《通俗作家包天笑與張恨水的人格心理》〔註52〕。

　　上述研究爲本文深入張恨水與民國文學的雅俗之辨這一論題提供了很多有益的啟發，然而這些研究在整體態勢上尚存有以下幾處遺憾：第一，關於張恨水與文學雅俗之間的關係多見於單篇論文或散見於一些專著當中，缺乏對這一問題進行系統的、全面的探討。第二，通過回顧當前研究現狀發現，關於張恨水的一些「老問題」在不斷重複中並未得到真正的推進，其中可能存在的「新問題」則未被關注，從而難以勾勒出張恨水與民國雅俗文學關係的真正意義所在。例如，對張恨水文化心態的宏觀剖析，缺乏進入其深層的生命體驗來呈現這一心態形成的過程，使作家更爲複雜的精神動態被遮蔽。第三，作爲「民國第一寫手」的張恨水的「民國」意義並未得到充分的發掘。在「民國文學」這一新的闡釋框架下探討文學雅俗流變中的張恨水，無疑能爲張恨水研究拓展新的空間。

〔註48〕燕世超《敘述的魅力——張愛玲與張恨水言情小說敘述者形象之比較》，載《海南師範大學學報》，2010 年第 4 期。

〔註49〕劉霞《張恨水與張愛玲小說創作的同質性》，載《山東文學》，2006 年第 2 期。

〔註50〕宋海東《三度同舟共濟：劉半農與張恨水》，載《名人傳記》，2011 年第 10 期。

〔註51〕陳金泉《從〈紅樓夢〉到張恨水小說：中國小說藝術一條永永不竭的長河》，載《南昌教育學院學報》，2004 年第 4 期。

〔註52〕陳子平《通俗作家包天笑與張恨水的人格心理》，載《文學評論》，1992 年第 6 期。

三

在處理民國文學的雅俗之辨這一總論題時，本文採取是的以張恨水個案研究帶「問題」的方式，試圖通過對「張恨水現象」的辨析和把握，重新反顧民國雅俗文學流變、互動的過程，從文學、文化、思想層次作一立體的描述和勾勒。

本論文分爲緒論、主體、餘論三個部分，其中主體部分又分爲五章：

緒論是本文的總綱，該部分就本論文選題的緣由、選題意義、研究現狀、研究思路及設計構架做出整體呈現。

第一章，張恨水：中國文學雅俗之辨無法繞開的話題。文學的「雅俗之辨」是文化「雅俗之變」作用的結果，只有明辨中國文化傳統的歷史過程和文化運作機制下的雅俗之分，才能更有效的把握文學雅俗之辨背後所包含的複雜內涵，從而有效地界定通俗文學與高雅文學，更好地理解現代通俗文學在整個中國文化傳統中的位置和作用。在中國傳統社會中，文學的雅俗之分受到政統、道統、學統三位一體的文化運作機制的共同作用。首先，文學主體的等級差異，造成了文化權力的等級差異。「雅」與「俗」包含著濃重的褒貶意味，顯示著社會群體及其價值體系的差別。但是文化權力的等級分層並不是凝固不變的，因此，在實際的歷史、文化語境中雅俗觀具有相當的複雜性和流變性。這種複雜性和流變性可以在通俗小說觀從古代到近現代「使俗通」與「通於俗」兩個層面的演變中窺見一斑。在百年中國現代歷史的發展歷程中，民國歷史是一段值得不斷回味的歷史。「過渡時代」不僅精準地概括了張恨水自身所處的歷史位置，它也是對民國時期文化人所透射出的特殊精神氣質的一個概括。新舊雜陳、中西融彙，構成了中國社會現代化進程矛盾、衝突的複雜性和艱巨性。「過渡時代」的作家面對中國與西方、傳統與現代的文化交融與碰撞作出的文化選擇及其他們的文化姿態無不帶有那個時代的印記。張恨水一生的創作歷程及其前後創作的走向、轉變都是探究民國時期文學雅俗之辨的典型個案。

第二章，張恨水雅俗文學觀的生命體認。任何文學創作都是作家生命體驗的凝結。其實，這種「體驗」不僅僅表現在作家創作的文學文本中，如果我們將一個作家作爲一個研究「文本」，那麼他的作品以及圍繞這個作家展開的所有的文學活動均可以看作是研究對象的組成部分。張恨水作爲讀者的閱讀、學者的治學、作家的創作都源自其對特定生命狀態的反思。本章嘗試分

析張恨水在閱讀、治學、創作三種不同生命狀態下，對雅俗兩類文學的理解與感悟。散文《讀書百宜錄》集中反映了作爲讀者的張恨水在不同生命狀態下的閱讀體驗。其次，寫一部中國小說史是張恨水一直懷揣的願望，儘管他不是嚴格意義上的學院派學者。通過著述文學史這一具有學術傾向的心願，亦可以透視出其背後凝聚的特殊的生命體驗。另外，張恨水對文學、小說的理論性論述多散見於他的隨感、序跋當中。張恨水從自身創作體驗出發，生成與此相應的文學思想和批評方式。閱讀、治學、創作三方面生命狀態的呈現，在互相滲透中形成彼此相通的意義指向，共同展示著張恨水的文學觀，爲他的文學史定位提供了史料和理論上的支撐。

第三章，張恨水與其他作家比較研究（一）——時代動因與文學的雅俗融通。文學的「雅化」與「俗化」關涉面頗廣，本章將考察兩者與特定歷史事件之間的關係。「由俗趨雅」和「化雅從俗」兩種創作轉向是當時雅俗互動中值得關注的兩種文學現象。無論張恨水還是民國時期其他通俗文學作家，如包天笑、劉雲若、秦瘦鷗、徐訏、無名氏等人的創作，都與重大歷史事件有著密切的聯繫。在「九‧一八」事變以及抗戰爆發後，面臨國家危亡的緊要關頭，這批作家都將小說創作由娛樂大眾的消遣文學轉向了具有「民族意識」的嚴肅文學。他們將注意力轉向社會問題，更加注重整體的民族需要使作品，具有了批判、追問、反思的思想力度。如果說，「雅」、「俗」之間並沒有明晰的界限，那麼在什麼情況下，兩者有進一步彌合的可能？在特殊歷史語境中，面對民族、國家的需要，通俗文學作家怎樣以創作轉型回應了歷史？主導這種轉變的精神動態是怎樣的？事實上，回過頭來重新看待這段歷史，那一大時代的作家並不是在單方面作用力下或主動或被動地甄別時事而做出創作轉向的。張恨水由俗趨雅的創作走向在《太平花》的兩次修改、從民間到民族的武俠小說「俠義觀」的嬗變中得以體現。

第四章，張恨水與其他作家比較研究（二）——文學審美品格世俗性與超越性的辯證關係。世俗性與超越性是文學審美品格的兩個方面。它們存在文學歷史發展的過程當中，也常常矛盾地體現在同一個作家的文化品格中。本章將選取在審美品格上幡然有別的魯迅與張恨水和審美品格上存在某些層面重疊又同中存異的張愛玲與張恨水進行對比研究，爲的是回到文本本身，探討文學雅俗審美品格的辯證統一關係。對魯迅與張恨水兩位作家的比較研究，其實是對高雅文學與通俗文學的比較研究。用文學指向「人生」的趨同

性與「人生」繁複層面間的張力，在魯迅與張恨水的文學世界中彰顯出雅俗兩類文學之於「人生」所關注的不同焦點。「我們需要魯迅，還是需要張恨水」的論爭，事實上可以看做中國文學從近現代以來就一直存在的雅俗文學之辨這一問題在當代的延續和具體化，其當代意義體現在對我國當代文化價值建構的追問與反思。其次，「雅俗共賞」一詞常常被用來描述文學的審美品格在雅俗之間達到的理想狀態。但是，通過查閱資料，筆者發現學術界對這一詞語的理解存在含義上的偏差。在概念模糊、語義不清的基礎上進行的討論和研究，是導致文學雅俗之辨諸多問題莫衷一是的重要原因。從張愛玲與張恨水的創作及其當代命運的比較出發，重新審視「雅俗共賞」釋義中存在的問題，進而為當代消費語境中文學經典的「俗化」現象提供了有益思考。

第五章，「張恨水現象」：雅俗文學典律建構的社會文化機制。雅俗文學典律建構的尺度仍是懸而未解的問題，其中存在的分歧與尺度仍需探討。通俗文學的「經典」確認的尺度，是通俗文學研究的一個重要問題。通俗文學是否有「經典」？如何衡定通俗文學「經典」的標準？通俗文學經典作為群選經典，讀者接受心理與社會文化歸屬感的契合在這類經典的確立中起著關鍵作用。張恨水無疑是民國時期屹立於大眾文化潮頭的驕子。張恨水所取得的成功既屬於個別的、具體的、可直接觀察的文學個案，又是具有經驗型和典型性的文化現象。本章嘗試從「張恨水現象」入手，考察民國大眾文化發展的社會理路以及大眾文化如何參與了文學雅俗典律的建構。

餘論。「張恨水現象」作為民國雅俗文學流變歷程中的一個特殊的文化現象，在中國近現代文學史以及文化史上都具有重要的價值。對民國文化語境中張恨水及其創作的重新審視，對當代文化的價值建構與協調發展具有重要的借鑒意義。

第一章 張恨水：中國文學雅俗之辨
無法繞開的話題

　　從古至今，關於文學雅俗之辨的討論持續不斷，恰恰說明在一些最基本的問題上我們還沒有達成共識。如果追根溯源，會發現關於雅俗之辨最主要的方面涉及到整個中國社會文化的運作基點。這是一個龐大、複雜的運作方式，其中有許多值得我們進一步仔細辨析的問題。

第一節 「三統」文化與雅俗文學流變

　　如果關注當下學術界對文學雅俗問題的討論，便會發現這些討論主要圍繞「雅」與「俗」的範疇界定、雅俗文學的流變及其互動等問題。這些討論固然不斷豐富著雅俗文學諸方面的歷史信息，但是某些基本問題和概念的模糊，往往會自覺不自覺地導致探討陷入相互矛盾、對峙的局面。聚訟紛紜之中，如果加以仔細辨析會發現，首先要說明的一個問題便是雅俗的對立、融合導致了文學的互通、互融？還是文學的互動造成了雅俗的融通？對這個根本問題沒有明辨之前，匆忙地對概念、範疇、特徵等問題的討論很容易使結論陷入悖謬之中。事實上，正是因為後者，「雅」與「俗」的觀念才得以確立。在這對因果關係中，如果延著這對因果關係繼續追問下去：是什麼因素導致了文學的互融？回答這個問題，有必要回到中國文學傳統的內在運作機制中尋找答案。

一、中國文學的內在運作基點：道統、政統、學統

胡適先生曾說：「中國文學可以分爲上下兩層」，「上層文學是古文的，下層文學是老百姓的，多半是白話的」。〔註 1〕胡適先生從語體的角度將文學分爲雅與俗，「雅」是「雅正」的文學，「白話」的文學則是來自民間的俗文學。趙毅衡先生在談到文化、文本分層與雅俗問題時說：「俗文學，是一些共有某些性質的書面文本的集合稱呼，這個集合，由批評共識歷史地確定。由於批評共識會改變，某文類是否應劃爲俗文學，不同時期會有變化。俗文學這稱呼是就一定文類而言，屬於該文類的某些文本，甚至同一作品的異文，其文化地位可能差異極大。」〔註 2〕也就是說，文學的「雅俗之辨」是文化「雅俗之變」作用的結果，只有明確地說明中國文化傳統的歷史過程和文化運作機制下的雅俗之分，才能更有效的把握文學雅俗演變背後包含的複雜內涵，從而有效地界定通俗文學與高雅文學，更好地理解現代通俗文學在整個中國文化傳統中的位置和作用。那麼，中國文學特有的內在運作基點是什麼呢？它們具體體現爲什麼呢？

在長達兩千年的中國歷史中，文化基本被三種傳統所統攝：政統、道統、學統。這三個傳統聯繫密切並且互相影響、滲透，形成制動中國文化運作的內在機制，以至中國社會運作的許多方面都可以從這三種傳統中找到邏輯演進的軌迹。

中國傳統社會的主流文化——儒家文化在長達兩千年的中國文化傳統中佔據著絕對的主導地位。儒家文化的因子滲透至中國文化、中國人的集體無意識的方方面面，形成了中國特有的社會意識形態，即道統。作爲儒家文化的代言者——士大夫階層，由於掌握文化權力，居於社會價值體系的主導位置，成爲中國學統的代表。由於傳統社會中特殊的人才晉升機制，政統的行使者其實也只能是士大夫階層出身的知識分子。因此，儒家文化、士大夫階層、政權三方面有著最爲直接和堅固的聯繫，是道統、學統、政統在社會中的具體體現。它們共同作用並從根本上影響著文化、文學的雅俗流變。

深受儒家文化影響的中國士大夫階層形成了以「內在修爲」爲核心的價

〔註 1〕 胡適《白話文運動》，選自《胡適文集》第 12 卷，北京大學出版社，1998 年，第 45 頁。
〔註 2〕 趙毅衡《禮教下延之後：中國文化批判諸問題》，上海文藝出版社，2001 年，第 22 頁。

值系統。這一具有中華民族特色的價值系統具體體現在，諸如：「生生不息的本體哲學，民胞物與的仁愛情操，禮樂教化的社會道德，天人合一的修養功夫，以及天下爲公的大同思想。這也就凝聚成爲一套完整的『道』的體系和傳統……所謂『道統』就是儒家對『道』的體認和認知的傳承」。〔註3〕道統是士大夫階層最高的人生標準，多少代知識分子所孜孜以求的就是那個天地萬物無所能逃避於其間的「道」。在傳統知識分子所謂的誠意正心、格物致知、齊家治國平天下的人生追求中，誠意正心強調修煉自我，屬於道統範疇。「修身」不僅是「齊家治國平天下」的前提，而且作爲學統的「格物致知」也是爲了達到「修身」的目的而存在的。實際上，「三統」分別體現了「體」（道統）、「用」（政統）、「文」（學統）的權力等級關係。

從「三統」文化相互關聯、相互作用這一角度來看，中國歷史上既很難發展出具有倫理責任精神的獨立的政統，也難於形成西方學術界那樣爲求知而求知，具有獨立批判精神的學統。因此，以「三統」文化運作機制爲視點考察中國文學的「雅」、「俗」之分時，會發現其中的紛繁複雜。

二、「三統」文化影響下的「雅」、「俗」之分

冷成金先生認爲：「在一定意義上說，雅文學主要屬於道統和政統的範疇，而俗文學主要屬於學統的範疇。只有這樣劃分中國文學之雅俗，才有意義。」〔註4〕筆者認爲這一觀點有待於進一步商榷。如果說學統代表了以知識分子爲主體的思想文化，那麼俗文學如何能歸入秉持儒家思想爲立身、處世之道的知識分子的學統範疇呢？事實上，在中國傳統社會中，文學的雅俗之分受到政統、道統、學統三位一體的文化運作機制的共同作用。在文學雅與俗範疇的劃分和界定上，不能孤立的、靜止的去「一刀切」或「切一刀」。

由於古代社會雅俗兩類文學運作機制界限分明，因此兩類文學形成了不同的文學意義和文學傳統。鄭振鐸是這樣看待俗文學的：「他們表現著另一個社會，另一種人生，另一方面的中國，和正統文學、貴族文學，爲帝王所養活著的許多文人學士，寫作的東西所表現的不同。只有在這裏，才能看出眞

〔註3〕 王貞華《沈尹默致潘伯鷹的一件手箚》，載《中國書法》2005 年第 2 期，第63～64 頁。
〔註4〕 冷成金《武俠小說與文學雅俗之分的文化機制》，載《西南師範大學學報》，2005 年 1 月，第 149 頁。

正的中國人民的發展、生活和情緒。」〔註5〕朱忠元、劉朝霞的《世俗化與中國文學的演進》一書認為,「俗文學通俗易懂,淡化意識形態即狂歡化和重視娛樂性的特徵正是人民群眾所喜歡的……因為它有廣大的民眾的需求作為支持。」〔註6〕事實上,偏重體現世俗精神的俗文學在「三統」文化機制的運作下,不可能完全地擺脫「道統」、「政統」的影響,只可能「淡化」這些影響。很多時候,雅與俗的區分併非那麼界線分明、其範疇輪廓也並非那麼清晰可辨。孔慶東先生在《超越雅俗——抗戰時期的通俗小說》中詳細分析過處於雅俗「過渡地帶」的一類文學作品。〔註7〕之所以產生這類「過渡地帶」的作品正是由於社會政治、意識形態等因素所生成的合力作用於文學的結果。

「在一個文化中的這些文本『地位不同,相互對峙。有的控制,有的從屬,排列成一個文化權力的等級』。文本等級在中國傳統文化中表現為文類等級,文本的意義權力不取決於文本本身的優劣,而幾乎全由它在這『縱向排列』等級中所處的位置。」〔註8〕在中國古代文學語境中討論雅俗之分,除了文體(詩歌、小說、散文、戲劇)、語體(文言與白話)的區別外,更主要的體現在以下兩個方面:首先是文學主體的身份等級差別;其次是文學所反映的內容、體現風格的差異,即文學作品主旨趣味的雅俗之別。

文學主體的等級差異,造成了文化權力的等級差異。「雅」與「俗」包含著濃重的褒貶意味,顯示著社會群體及其價值體系的差別。「雅」即陽春白雪,屬於富有修養、學識的知識分子階層,關涉社稷大事、國家政務、超凡的精神生活,是正統的、雅正的;「俗」即下里巴人,屬於普通平民百姓,關乎生活中的日常瑣事與世俗欲望,是淺俗的、俚俗的。「就價值體系的差異而言,『雅』與『俗』的區別首先表現為主流文化與精英審美意識和大眾審美意識之間的疏離與對抗。就文藝思想來看,『雅』『俗』之別與『雅』『俗』分野主要源於儒家美學思想的作用,並由此而使『雅』『俗』之間的疏離與對抗表現出強烈的倫理與政治教化傾向。」〔註9〕文學的形成與傳統社會中知識分子的

〔註5〕 鄭振鐸《中國俗文學史》(上卷),東方出版社,1996年,第21頁。

〔註6〕 朱忠元、劉朝霞《世俗化與中國文學的演進》,內蒙古人民出版社,2008年,第171頁。

〔註7〕 參見孔慶東《超越雅俗——抗戰時期的通俗小說》,重慶出版社,2008年,第17頁。

〔註8〕 趙毅衡《禮教下延之後:中國文化批判諸問題》,前引書,第23頁。

〔註9〕 曹順慶、李天道《雅論與雅俗之辨》,前引書,第156頁。

社會地位密不可分，作爲士大夫階層的知識分子實質上充當著中國古代社會文學與文化的創造主體。很長時期內，與文雅之士人相對的是粗陋流俗之人，就是所謂的「雅俗異材，舉措殊操」。「漢語文化中這種褒雅抑俗傾向，是與中國知識分子在中國特殊的身份具有極爲密切的關係的。他們建立了一個名字叫做『雅』的獨特的精神世界，以與那個叫做『俗』的現實世界抗衡。」〔註10〕如果詳細辨析「俗」字的含義，其內涵也可以細分爲「風俗」之「俗」；「世俗」之「俗」；「雅俗」之「俗」；「通俗」之「俗」。〔註11〕

　　儒家文化中「借思想以解決問題」的思想模式和「天人合一」、「奉天命而治世」的思想在中國意識中是根深蒂固的。〔註12〕王富仁先生認爲：「中國古代的社會在上主要是一條單純的上下等級式的政治鏈條，在下主要是一個自滿自足式的家庭。政治之外、家庭之外的橫向社會聯繫是極少極少的。在這樣的一個社會中，中國傳統儒家文化起到了維繫其正常社會秩序的作用，成了中國傳統社會文化的主要命脈。」〔註13〕中華民族重「內聖修爲」的特質決定了士大夫們不僅關注道德自律的內在超越，而且具有「以天下爲己任」的憂患意識和使命感。同時，「道統」又隸屬於「政統」，成爲政治體系的附庸者，這體現在「士」階層積極出仕的「外王事功」方面。在中國傳統社會中，士大夫階層作爲溝通「政統」與「學統」的介質，他們的自我定位不僅僅是社會文化的啓蒙者，而且是社會實踐的主要策劃者。李怡先生在論述中國專制制度下失去「痛感」的中國知識分子時說：「在這樣的體制當中，文化教育首先不是爲了對『道』的維護（雖然這個詞語依然被人們頻繁地掛在嘴上），更不是以自身智慧的增長爲目的，它已經成爲國家選拔官吏的過程，知識本身失去了價值，知識淪爲了通向仕途的『敲門磚』。」〔註14〕士大夫階層渴望重建的不僅僅是社會的文化秩序，更重要的是社會政治秩序，希望以一種統攝社會的道統來治國安邦，而「格物致知」不過是求「道」的工具而已。這樣的道統是知識分子的專有權力，由此形成了精英意識的心理基礎和文化基礎，即雅文化的文化基礎。

〔註10〕朱忠元、劉朝霞《世俗化與中國文學的演進》，前引書，第 169 頁。

〔註11〕參見譚帆《中國雅俗文學思想論集》，中華書局，2006 年，第 4～9 頁。

〔註12〕參見（美）林毓生《中國意識的危機：「五四」時期激烈的反傳統主義》，穆善培譯，貴州人民出版社，1986 年。

〔註13〕王富仁《影響 21 世紀中國文化的幾個現實因素》，載《戰略與管理》，1997 年第 2 期。

〔註14〕李怡《痛感：魯迅現代思想的催化劑》，載《武漢大學學報》，2011 年第 5 期。

　　事實上，雅文化並非是知識分子建立的。在中國傳統社會中，政治具有統合其他領域的功能。因而，在政治一體化的社會結構中「道統」與「學統」都從屬於「政統」的實現。作爲道統代表的知識分子階層只是溝通政統與道統的中間渠道。在中國古代文學中，作爲文學結構主體的雅文學，原本並不是處於社會審美的需求才產生的，而是源於統治階級強化專制意識形態的目的，選拔、培養封建官吏的需要。

　　因此，在中國傳統的禮樂制度之下，「雅」、「俗」之分從形成之始就不僅僅是單純的審美意識的差別，而是帶著深深的政治烙印。實際上，統治階級通過教育制度、官吏選拔制度，極力引導士大夫階層的審美趣味不斷向儒家意識形態靠攏，從而決定了中國古典文學重雅去俗的傾向。「中國古典文學有一個特點，就是重思想而輕藝術，多貴族氣息而少世俗精神。它以一種政治使命的崇高和自尊，蔑視世俗文化、世俗精神和世俗文學。」〔註15〕鍾嶸《詩品‧序》在評論張華時寫道：「恨其風雲氣少，兒女情長耳」，表露出對兒女情長這類世俗情感的輕蔑態度。在儒家文學經典中很多篇幅都涉及到對世俗情欲的禁忌。「《六經》皆以情教也，《易》尊夫婦，《詩》首『關雎』，《書》序嬪虞之文，《禮》謹聘奔之別，《春秋》於姬姜之際詳然言之，豈非以情始於男女？與『情』有關的一切，都是控制。」〔註16〕趙毅衡先生論及中國文化的分層、逆反機制時曾說：「在中國通俗小說中，大部分英雄人物不近女色。性要求低（而不是剋制能力強）不僅是英雄本色而且是成功之原因。只有反面人物才落入女色陷阱，例如曹操敗於張繡，西門慶死於非命。甚至有色情意味的政治笑話，例如曹操下江東乃爲取二喬之類，也必落在反面人物頭上。」〔註17〕中國古代文學的這一特點與西方古典文學中常見的以贏得愛情爲至高榮耀的騎士精神；希臘神話中脫去神性、崇高的光環，經常下到凡間與不同的女人偷情的諸神形象形成了鮮明的對比。

　　此外，儒家文化作爲「道統」在人格、價值觀、審美等諸多方面影響著中國傳統知識分子。「儒家意識鑄合了中國作家的美學人格。它是人生境界的顯示，善的極致，充滿了捨虛務實的實踐精神和道德性的理想色彩，支撐著中國

〔註15〕朱忠元、劉朝霞《世俗化與中國文學的演進》，前引書，第170頁。
〔註16〕趙毅衡《禮教下延之後：中國文化批判諸問題》，前引書，第4頁。
〔註17〕趙毅衡《禮教下延之後：中國文化批判諸問題》，前引書，第9頁。

古典作家的內心意識。」〔註18〕「中國古代社會精神氣質的形成是多元原因造就的。但以中國古代人對道德理想人格的普遍追求來看，則深受儒家倫理政治觀念的影響。得以造成這種影響，又與早期儒家以神人揖別塑造人、建構社會政治體系相聯繫。而世俗化的所謂實用理性，也多與此連結。」〔註19〕余冠英先生在《說雅》一書中，認爲中國古代文學中的「雅」包含以下幾層含義，比如「雅正」、「精緻」、「雅量」、「含蓄」、「莊重」、「閑雅」、「中和」。他認爲這幾層含義中最重要的一層意義是「中和」，即「適當的配合」，「節制」。「詩文如果要合於雅的條件，除了感情的節制外，辭藻的節制也是要緊的」。他特別強調適中、適當配合的重要性，認爲如果配合不好就不免造成「雅得這樣俗」之感。〔註20〕余冠英先生所說的文學上的「中和」之美，其實是儒家「中庸之道」的文化觀念在文學審美意識上的體現。由此可以看出，在中國傳統文化中，契合儒家本質思想的文學才擁有美之至境，才是高雅品格的最高體現。

但是，「雅」與「俗」兩個範疇也並不像它們標示的權力階層那麼等級分明，而是處於既有區別又有聯繫的關係格局中。

第二節　近現代通俗文學觀及其轉型

通俗文學包括豐富的創作形式與文體，其中通俗小說作爲通俗文學的大宗一直以來是學界探討的重點。陳平原先生認爲：「通俗小說與嚴肅小說（或稱探索小說、文人小說、高雅小說）的對峙與調適，無疑是二十世紀中國小說發展的一種頗爲重要的動力」。〔註21〕本節擬梳理通俗文學觀影響下的通俗小說觀由古代到近現代的演變，以及在這一演變、更新過程中所包含的同質與異質因子，以此呈現「通俗」概念在不同歷史語境中的走向與轉型。

一、古代通俗文學觀的兩個層面：「使俗通」與「通於俗」

中國古代社會中「士」與「民」的等級界限從唐朝開始逐漸弱化。至宋

〔註18〕吳功正《中國文學美學》（上卷），江蘇教育出版社，1990年，第306頁。
〔註19〕任劍濤《倫理政治研究：從早期儒學視角的理論透視》，中山大學出版社，1999年，第197頁。
〔註20〕參見余冠英《說雅》，中華書局，1987年。
〔註21〕陳平原《二十世紀中國小說史》（第一卷），北京大學出版社，1989年，第95頁。

代,「雅俗共賞」開始用來形容文學的審美格調。以宋代最具代表性的文學樣式宋詞爲例,柳永的詞即突出體現了「雅俗共賞」這一文學審美趣味。五四文學革命時期,嚴既澄在致鄭振鐸的一封信中曾論證道:「南宋詞家之做白話詞都是受了柳永的影響」,「柳永的詞在當時最是流行,教坊曲院,傳歌都遍,因此,當時的作家都不免多少受到他的影響」,這些作家亦無非想如柳永一樣「通俗化而大受民眾歡迎」〔註22〕宋元以後,「通俗」一詞與小說產生了直接聯繫。「宋人以後,論次多實,而彩豔殊乏。蓋唐以前出文人才士之手,而宋以後率俚儒野老之談故也。」〔註23〕「通俗論」與「崇雅論」是宋元後文學思潮中兩個主要的理論主張。張贛生先生指出:通曉風俗、與世俗溝通是「通俗」內涵的兩個主要方面。在他看來,「中國的小說一直是通俗的,沒有不通俗的小說」。〔註24〕張贛生先生的觀點不無道理,但是作爲複雜的文學文類通俗小說的「通俗」內涵是否包含其他更爲豐富的歷史信息呢?

「使俗通」是「通俗」最原初的意義,即通過簡單、賦予娛樂性的方式使沒有文化的普通百姓通曉文化知識。「明清兩代的講史小說,兼負有一個較獨特的作用,那就是系統地向廣大讀者傳授歷史知識。」〔註25〕可觀道人在《新列國志敍》中寫道:「自羅貫中氏《三國志》一書,以國史演爲通俗,汪洋百餘回,爲世所尚。嗣是倣纂日眾,因而有《夏書》、《尚書》、《列國》、《兩漢》、《唐書》、《殘唐》、《南北宋》諸刻,其浩瀚幾與正史分簽並架」。〔註26〕「通俗」在這一層面上主要著眼於文學接受層面。酉陽野史的《新刻續編三國志引》寫道:「夫小說者,乃坊間通俗之說,固非國史正綱,無過消遣於長夜永晝,或解悶於煩劇憂愁,以豁一時之情懷耳。」〔註27〕當時,大多數普通百姓接觸小說的一種方式是通過觀看演義這種將小說表演、敘述出來的娛樂方式。「『通俗小說』這概念的另一重要內涵,是指它所採用的符合廣大群

〔註22〕參見嚴既澄致鄭振鐸,1923年5月16日,《小說月報》14卷6號,通信欄1 ～2頁。

〔註23〕胡應麟《少室山房筆叢》,選自黃霖、韓同文選注《中國歷代小說論著選》(上),江西人民出版社,2000年,第149頁。

〔註24〕參見張贛生《民國通俗小說論稿》,重慶出版社,1991年,第5～6頁。

〔註25〕陳大康《通俗小說的歷史軌跡》,湖南出版社,1993年,第12頁。

〔註26〕可觀道人《新列國志敍》,選自黃霖、韓同文選注《中國歷代小說論著選》(上),前引書,第239頁。

〔註27〕酉陽野史《新刻續編三國志引》,選自黃霖、韓同文選注《中國歷代小說論著選》(上),前引書,第171頁。

眾欣賞習慣的藝術形式。早在通俗小說出現之前，說書就已在我國城鄉流行」，「說書在它悠久的發展過程中，使得廣大群眾養成了特定的審美習慣，通俗小說的作家也不得不尊重與適應廣大群眾的審美習慣來從事自己的創作」。〔註28〕目前，學術界公認的中國通俗小說的開山之作《三國志通俗演義》最初也是以這種方式為民眾所接受的。〔註29〕陳大康認為，「這是歷史上第一部以『通俗』為名的小說，今日通俗小說一詞實際上也是由該書名演化而來的。」〔註30〕

　　到了明代，「使俗通」的文學觀被許多文學家倡導，與此同時，他們亦強調文學的教化功能。袁宏道說道：「文不能通而俗可通，則又通俗演義之所由名也。」〔註31〕陳繼儒在《唐書演義序》中說：「演義，以通俗為義也者。故今流俗節目不掛司馬班陳一字，然皆能道赤帝，詫銅馬，悲伏龍，憑曹瞞者，則演義為耳。演義固喻俗書哉，意義遠矣。」〔註32〕馮夢龍將小說演義這種形式逐步推廣，認為「如今說書之流，其文必通俗」。〔註33〕在「導愚」、「醒世」、「感發人心」、「觸里耳而振恒心」、「適俗」〔註34〕等馮夢龍關於「俗」的相關論述中的「俗」，也主要指小說接受主體的大眾化、平民化。同時，「振恒心」、「導愚」又將小說的娛樂、休閒功能納入到教化範疇，其最終目是為政教服務的。明代甄偉在《西漢通俗演義序》中說，「俗不可通，則義不必演矣；義不必演則此書亦不必作矣」，〔註35〕同樣表達了文學觀的政教目的。〔註36〕

〔註28〕陳大康《通俗小說的歷史軌迹》，前引書，第7頁。
〔註29〕參見拙作《傳承與異質：中國大陸與臺灣通俗文學觀辨析》，載《四川大學學報》，2011年第5期。
〔註30〕陳大康《通俗小說的歷史軌迹》，前引書，第6頁。
〔註31〕袁宏道《東西漢通俗演義序》，選自黃霖、韓同文選注《中國歷代小說論著選》（上），前引書，第176頁。
〔註32〕陳繼儒《唐書演義序》，選自黃霖、韓同文選注《中國歷代小說論著選》（上），前引書，第135頁。
〔註33〕馮夢龍《古今小說序》，選自黃霖、韓同文選注《中國歷代小說論著選》（上），前引書，第184頁。
〔註34〕馮夢龍《醒世恒言序》，選自黃霖、韓同文選注《中國歷代小說論著選》（上），前引書，第225頁。
〔註35〕甄偉《西漢通俗演義序》，選自黃霖、韓同文選注《中國歷代小說論著選》（上），前引書，第233頁。
〔註36〕本段參見拙作《傳承與異質：中國大陸與臺灣通俗文學觀辨析》，載《四川大學學報》，2011年第5期。

　　晚明時期，新興市民階層開始從思想觀念上肯定世俗生活、世俗人情，這是影響文學走向「俗化」的又一重要因素。長期被壓抑的「俗世」逐漸進入「士」階層的視野。他們在文學中，不僅正視、展示了平民百姓的世俗欲望並且肯定了世俗情感的人生價值。由此導致通俗文學觀發生了相應變化，從此前著眼於「使俗通」，偏重小說的接受層面，逐漸走向「通於俗」。「通於俗」即關注小說所反映內容的世俗化，倡導小說與普通百姓的緊密聯繫。世俗情感、物質欲望在小說中得到了充分描寫。〔註37〕其中，凌濛初的創作鮮明地反映了當時的這一歷史變遷。作為文人作家凌濛初適應書商需求創作了大量描寫市民階層世俗生活的擬話本小說。他創作的「二拍」中的大部分內容涉及市民生活以及以市民生活為藍本虛構的故事，其趣味也迎合著市民階層所感興趣的詭譎幻怪之事。高小康先生認為，「凌濛初作為一名士人的地位畢竟與通俗小說作家的身份不大相符。這毫不足怪，因為這同我們所知道的傳統價值觀念是吻合的。然而有趣的是，這種不相符並沒有妨礙他大量地寫作通俗小說以迎合書商的要求，與此同時，他卻仍然保持著正人君子的聲望和節操」。〔註38〕凌濛初的創作是晚明「世俗」進入文人階層視野的典型代表。此外，晚明文人批評家對小說的評改提高了通俗小說的歷史地位，也提升了其文人化的程度。馮夢龍認為通俗小說「恨乏唐人風致」的偏見，主張小說創作應該迎合廣大群眾的審美趣味。袁宏道充分肯定《水滸》「語語家常，使我捧玩不能釋手者也。」〔註39〕總之，晚明「士」、「民」階層在文化上開始雜糅起來，雅俗兩種文化因子頻繁地出現在當時的文學創作中。

　　陳大康先生在梳理了明清通俗小說的發展史後認為：「若以定義的形式表述，那就是：通俗小說是以淺顯的語言，用符合廣大群眾欣賞習慣與審美趣味的形式，描述人們喜聞樂見的故事的小說。縱觀從明初到清末近六百年的通俗小說發展史，儘管各部作品的思想傾向與藝術成就各有差別，但總的來說它們基本上都沒有偏離這一軌道」。〔註40〕淺顯易懂的形式與符合大眾

〔註37〕本段參見拙作《傳承與異質：中國大陸與臺灣通俗文學觀辨析》，載《四川大學學報》，2011年第5期。
〔註38〕高小康《市民文學中的士人趣味——凌濛初「二拍」的藝術精神闡釋》，載《文藝研究》，1997年第3期。
〔註39〕袁宏道《東西漢通俗演義序》，選自黃霖、韓同文選注《中國歷代小說論著選》（上），前引書，第176頁。
〔註40〕陳大康《通俗小說的歷史軌迹》，前引書，第11頁。

的審美趣味是「通俗」的兩個基本質素。孔慶東先生在談及通俗小說的含義時則更為明確地強調：「必須從『與世俗溝通』和『淺顯易懂』兩方面來理解，才能把握通俗小說的本質。『與世俗溝通』強調的是創作精神，『淺顯易懂』強調的是審美品位。兩方面既相區別又相依存，『溝通』才能『易懂』，『易懂』才能『溝通』。人們的理解多偏重於某一面，才導致圍繞『通俗小說』這一概念，產生了那麼多『頗不通俗』的闡釋。」〔註41〕進而他將通俗小說分為「廣義」、「狹義」、「過渡地帶」三個方面來界定。「在廣義層次上，凡是具有『與世俗溝通』或『淺顯易懂』兩類特性之一的，便是通俗小說。即是說，只要思想性或藝術性二者中任一方面不具備作品產生時代的公認的高雅品位，便是通俗小說。例如《金瓶梅》、《紅樓夢》，在思想性上顯然高於同期的文言小說，但其白話和章回體在當時屬於『淺顯易懂』的標誌，所以它們是通俗小說。再如趙樹理的小說，在思想上具有當時最進步的先鋒性，但它出於『與世俗溝通』的文學策略，有意採用最為『淺顯易懂』的民間故事形式，所以也算廣義上的通俗小說。而鴛——禮派早期的駢文小說及後期吸收了許多歐化技巧的小說，儘管文本的『形式』不那麼『淺顯易懂』，但其思想風貌的趨時媚俗性質決定了它們是通俗小說」。「廣義上的通俗小說覆蓋面很大，但並不能消除『過渡地帶』。作品實際的複雜性決定了任何理論界定都難於天衣無縫。」「廣義上的通俗小說，其中的一部分很可能同時也是廣義上的高雅小說，這一部分，便是『過渡地帶』。過渡地帶的小說，必定是具有娛樂消遣的一面的」。「從狹義層次來看，則必須是『與世俗溝通』和『淺顯易懂』兩人特徵兼備的小說，才是通俗小說。即是說，這些作品無論思想性或藝術性都不具備其產生時代的公認的高雅品位，它們的存在意義主要是以其娛樂性和模式化為讀者提供精神消費，有的學者因此稱之為『市場文學』。這裏包括那些可以批量生產和包裝的類型化小說：武俠、言情、涉案、科幻、紀實等。狹義的通俗小說與所謂先鋒小說，探索小說，恰好各據一端，中間則是廣義的高雅小說和廣義的通俗小說。」〔註42〕孔慶東先生對於通俗文學的劃定可謂合理而細緻。正如他所說，通俗小說的複雜性決定了不可能有一個天衣無縫的理論界定。陳平原先生也認為：「每個民族每代人都有自己的雅俗觀，想要制定一個永恒的放之四海而皆準的雅俗小說劃分

〔註41〕孔慶東《超越雅俗——抗戰時期的通俗小說》，前引書，第5～6頁。
〔註42〕孔慶東《超越雅俗——抗戰時期的通俗小說》，前引書，第17～18頁。

標準，既徒勞又無益」〔註43〕，因此，梳理「通俗」含義的歷史流變就顯得更爲重要。

通過上文考察「通俗」含義在古典語境中的流變，可以知道「使俗通」與「通於俗」兩個方面是通俗小說內涵的兩個側面。在通俗小說發展過程中，這兩個側面呈現出彼此消長的狀態，特別是進入近現代歷史語境後，它們的傳承與流變變得更加複雜而有意味。中國現代文學既傳承了古代雅俗文學觀的特質，又有著自己的特點。此時，「雅」、「俗」文學的分化更多受到社會政治環境變化以及由此帶來的文學觀變化的影響。

二、被置換的釋義：現代文學中的「通俗」、「平民化」、「大眾化」

中國古代傳統通俗文學觀到晚清時開啓了向現代的演進。「使俗通」的文學功用觀在近現代大陸文學的發展進程中得以延續，並在現代文學的文藝思潮中投射出斑斕的面貌。大陸文學理論中的「俗化」從一開始就承擔了雅文學批判、啓蒙的任務，在「與世俗溝通」的創作精神下，文學家們用創作來闡發其革命思想，始終有些居高臨下的「化大眾」的姿態。〔註44〕

鄭振鐸先生曾對俗文學如此定義：「何謂『俗文學』？『俗文學』就是通俗文學，就是民間文學，也就是大眾文學。換一句話說，所謂俗文學就是不登大雅之堂，不爲學士大夫所重視，而流行於民間，稱爲大眾所嗜好，所喜悅的東西。」〔註45〕作爲俗文學研究大家鄭振鐸先生的這個定義具有權威性。但是，任何一個概念的界定都不可能做到範疇嚴密與無限精準，因此，我們暫且不討論鄭振鐸先生如此定義的前提和他的合理之處。在這個定義中，「通俗」、「大眾」、「民間」同時出現，它們共同指向「俗文學」這一範疇。但是，當我們進入中國現代文學思潮的發展脈絡中去考察其中的高頻詞彙「通俗」、「平民」、「大眾」時，它們的面貌並不如鄭先生的定義那樣具有同一的指向性，實際情況顯得極爲複雜。正如有學者指出的那樣：「20世紀中國俗文學研究主要是從『五四』以後開始的，她深深打上了『五四』新文化運動這一思想文化背景的烙印，『俗文學』之取義大多不從傳統文獻中尋找，而是從英語

〔註43〕陳平原《小說史：理論與實踐》，北京大學出版社，1993年，第120～121頁。
〔註44〕參見拙作《傳承與異質：中國大陸與臺灣通俗文學觀辨析》，載《四川大學學報》，2011年第5期。
〔註45〕鄭振鐸《中國俗文學史》，東方出版社，1996年，第1頁。

『popular literature』、『folk literature』、『masses literature』翻譯過來，致使『俗文學』歧義叢生、概念模糊，與『民間文學』、『民俗文學』和『大眾文學』等概念相互糾纏在一起。」〔註 46〕陳平原先生也說：「對於 20 世紀中國知識分子來說，『平民』、『大眾』、『民間』等詞彙，代表的不僅僅是文化資源，更是生活經驗與思想立場。」〔註 47〕

19 世紀與 20 世紀之交，中國文學開始了由古代向近代的變革進程。梁啓超曾說：「19 世紀與 20 世紀交點之一剎那頃，實中國兩異性之大動力相搏相射，短兵緊接，而新陳嬗代之時也。」〔註 48〕在晚清，中國的小說處於重大的轉折階段。「有一個觀念，從紀元前後起一直到十九世紀，差不多二千年來不曾改變的是：小說者，乃是對於正經的大著作而稱，是不正經的淺陋的通俗的讀物。」〔註 49〕從 1897 年開始，康有爲、夏曾佑、夏穗卿等一批維新改革派人士發起了重新審視中國傳統小說功能觀的輿論攻勢，倡導將歷來被視爲茶餘飯後消遣娛樂的小說改造爲啓蒙群治的工具。李歐梵先生認爲：「清末文學刊物的一個顯著特點在於給『小說』以主導地位。無論是雜誌的命名還是作爲一種重要的文學的體裁，小說都佔據首要位置。」〔註 50〕晚清小說之所以取得如此重要的地位，不在於小說文體取得了多麼大的成績，而是由於小說可以成爲革命家思想啓蒙和社會變革的工具。

1897 年，幾道（嚴復）、別士（夏穗卿）發表《本館附印說部緣起》成爲小說變革第一篇標誌性文章，文中明確提出：「且聞歐、美、東瀛，其開化之時，往往得小說之助」；指出該刊附印小說的緣由是「在乎使民心開化」。他們認爲小說對開化民智具有極爲重要的作用，「有人身所作之史，有人心所構之史，而今日人心之營構，即爲他日人身之所作，則小說者又爲正史之根矣」。〔註 51〕同時，梁啓超在《變法通議》（1896 年）、《蒙學報演義報合敘》（1897年）、《譯印政治小說序》（1898 年）等文中談及小說的作用，將小說作爲幼學

〔註 46〕 參見施蟄存《「俗文學」及其它》，選自陳子善等編《施蟄存七十年文選》，上海文藝出版社，1996 年。
〔註 47〕 陳平原主編《現代學術史上的俗文學》，湖北教育出版社，2004 年，第 3 頁。
〔註 48〕 梁啓超《本館第 100 冊祝辭並論報館之責任及本館之經歷》，載《清議報》，第 100 期。
〔註 49〕 浦江清《說小說》，載《當代評論》4 卷 8～9 期，1944 年。
〔註 50〕 李歐梵《現代性的追求》，三聯書店，2000 年，第 181 頁。
〔註 51〕 幾道、別士《本館附印說部緣起》，載天津《國聞報》，1897 年 10 月 16 日至 11 月 18 日。

教育的工具。他認爲：「彼美、英、德、法、奧、意、日本各國政界之日進，則政治小說爲功最高焉」。〔註52〕1902 年，梁啓超開始倡導「小說界革命」，〔註53〕發表《論小說與群治之關係》，將「小道中的小道」的小說推爲「文學之最上乘」。在梁啓超之前，康有爲、夏曾佑、嚴復等人對小說變革的議論遠不如梁啓超論述的細緻系統。他強烈鼓吹小說功用觀：「欲新一國之民，不可不先新一國之小說」；「故今日欲改良群治，必自小說界革命始；欲新民，必自新小說始」。〔註54〕他說道：「你看從前法國路易十四的時候，那人心風俗不是和中國今日一樣嗎？幸虧有一個文人叫做福祿特爾，做了許多小說戲本，竟把一國的人從睡夢中喚起來了。」〔註55〕繼梁啓超之後，王鍾麟、黃伯耀、黃小配等人稱小說爲「文壇盟主」。〔註56〕一些報紙更是刊載言辭誇張的文章倡導小說的功用觀。《新世界小說社報》發表諸如「有釋奴小說之作，而後美洲大陸開創一新天地。有革命小說之作，而後歐洲政治特闢一新紀元」；「有新小說乃有新世界」；「小說勢力之偉大，幾幾乎能造成世界矣」〔註57〕之類言論大力推崇小說功用的文章。《小說林之趣旨》稱：「其足以喚醒國魂開通民智，誠莫小說若」；〔註58〕《小說之支配於世界上純以情理之情趣之眞趣爲觀感》認爲「今之支配於世界上者，捨小說其又誰從哉」。〔註59〕

　　1902 年，梁啓超在日本橫濱創辦《新小說》雜誌，之後「新小說」成爲概括在小說界革命中產生的一批小說的專有名詞。「新小說」是相對於「舊小說」而言的。兩者區別在於「舊小說，文學的也；新小說，以文學的而兼科學的。舊小說，常理的也；新小說，以常理的而兼哲理的。」〔註60〕新小說家之所以提倡新小說是因爲新小說不僅僅是文學，而是包含了治國救民的道理。蔡奮曾批評中國小說「其立意則在消閒，故含政治之思想者稀如麟角，

〔註52〕任公《譯印政治小說序》，載《清議報》第 1 冊，1898 年。

〔註53〕「小說界革命」口號始見於 1902 年載於《新小說》1 號上的《論小說與群治之關係》一文。

〔註54〕飲冰《論小說與群治之關係》，載《新小說》1 號，1902 年。

〔註55〕梁啓超《劫灰夢傳奇·楔子》，選自阿英主編《晚清文學叢鈔·傳奇雜劇卷（下）》，中華書局，1962 年，第 688 頁。

〔註56〕老棣《文風之變遷與小說將來之位置》，載《中外小說林》第 6 期，1907 年。

〔註57〕佚名《〈新世界小說社報〉發刊辭》，載《新世界小說社報》第 1 期，1906 年。

〔註58〕《小說林之趣旨》，載《中外小說林》第 1 期，1907 年。

〔註59〕《小說之支配於世界上純以情理之眞趣爲觀感》，載《中外小說林》第 15 期，1907 年。

〔註60〕佚名《讀新小說法》，載《新世界小說社報》第 7 期，1907 年。

甚至遍卷淫詞羅列，視之刺目者。蓋著者多係市井無賴輩，固無足怪焉耳」。
〔註61〕梁啓超稱讚日本小說道：「不得專以小說目之」，因爲它「寄託書中之
人物，以寫自己之政見」。〔註62〕爲了確立新小說開啓民智的功用觀，在倡導
小說界革命的同時，以梁啓超爲代表的新小說家對「小說乃無關世道人心的
閒書」這一傳統觀念展開了批判。梁啓超對舊小說批判道：「誨淫誨盜」，「中
國群治腐敗之總根原」。〔註63〕梁啓超認爲：「西國教科之書最盛，而出於遊
戲小說者尤夥，故日本之變法，賴俚歌與小說之力，蓋以悅童子，以導愚氓，
未有善於是者也。」〔註64〕「小說爲文學之最上乘」成爲這一時代文壇的主
流思潮，把小說從文學結構的邊緣推向中心，無疑給小說的高雅化提供了條
件。這一時期的小說以「譴責小說」和「寫情小說」爲主流，它們思想上均
具有啓蒙、變革精神。〔註65〕當時發表的代表性著作有梁啓超《新中國未來
記》（1902年）；羽衣女士《東歐女豪傑》（1902年）；陳天華《警世鐘》（1903
年）、《獅子吼》（1904 年）；黃小配《廿載繁華夢》（1905）、《大馬扁》（1908
年）、《洪秀全演義》（1908 年）等。這批小說家身兼政治家的身份，他們創作
小說的根本目的是在文學中表達自己的政治見解和政治理想。黃小配說：小
說乃「淪導社會之靈符」。〔註66〕林紓在《黑奴籲天錄・跋》中宣佈自己翻譯
小說的宗旨是「今當變政之始，而吾書適成，人人既蠲棄故紙，勤求新學，
則吾書雖俚淺，亦足爲振作志氣，愛國保種之一助」。〔註67〕吳趼人在《〈兩
晉演義〉序》中表達自己的創作立場：「余向以滑稽自喜，年來更從事小說，
蓋改良社會之心，無一息敢自己焉」。〔註68〕梁啓超的《新中國未來記・緒言》
寫道：「茲編之作，專欲發表區區政見，以就正於愛國達識之君子」。〔註69〕
總之，晚清的小說家從各自的立場出發，其目的確無不指向「改良群治」。

〔註61〕衡南劫火仙《小說之勢力》，載《清議報》第 68 冊，1901 年。
〔註62〕梁啓超《飲冰室自由書》，載《清議報》第 26 冊，1899 年。
〔註63〕飲冰《論小說與群治之關係》，載《新小說》1 號，1902 年。
〔註64〕梁啓超《蒙學報演義報合敘》，載《時務報》第 44 期，1897 年 10 月。
〔註65〕參見拙作《傳承與異質：中國大陸與臺灣通俗文學觀辨析》，載《四川大學學
　　　　報》，2011 年第 5 期。
〔註66〕轉引自方志強編著《黃世仲大傳》，夏菲爾國際出版公司，1999 年，第 105
　　　　頁。
〔註67〕陳平原、夏曉紅主編《二十世紀中國小說理論資料》（第一卷），北京大學出
　　　　版社，1989 年，第 28 頁。
〔註68〕吳趼人《兩晉演義・序》，載《月月小說》，1906 年，第一卷（1）。
〔註69〕飲冰室主人《新中國未來記・緒言》，載《新小說》，1902 年（1）。

　　新小說家提倡小說形式通俗的目的在於便於向大眾灌輸新文化，即啓蒙。「今値學界展寬，士夫正日不暇接之時，不必再以小說耗其目力。惟婦女與粗人，無書可讀，欲求輸入文化，除小說更無他途。」「故中國之小說，亦分二派：一以應學士大夫之用，一以應婦女與粗人之用。體裁各異，而原理則同。」〔註70〕事實上，這一時期「藉以吐露其所懷抱之政治理想」〔註71〕的政治小說在文學方面的成就平平，但在故事敘述中發表政論見解的創作模式，影響到「譴責小說」針砭時弊、「言情小說」通過愛情故事反映社會變革的敘述方式。1903 年，《老殘遊記》、《官場現形記》、《文明小史》、《二十年目?之怪現狀》等一批譴責小說開始陸續在報刊上連載。這批作者在作品中宣揚開通民智、富強國家的立場，以「吐露其所懷抱之政治理想」。

　　簡而言之，這一階段「應婦女與粗人之用」的小說仍然屬於雅小說，它們是將「雅」的思想與「俗」的形式強行扭和在一起，在於借「俗」之「名」而行政治與文化功利之「實」，實現「新小說」以圖「新民」之用的本質目的。趙毅衡先生曾說：這一時期，「表面上把俗文學擡得很高，實際上比歷史上任何時候更把俗文學降爲教化之附庸。政治宣傳使俗文學地位進一步複雜化。消閒式俗文學雖擺脫不了教化，卻是俗文學本色，武俠與言情爲其正宗。宣傳功能把懸在城牆上的俗文學『拔高』了，其文化地位卻更成問題」。〔註72〕

　　之後，在五四文學運動及現代文學思潮中，「通俗文學」這一概念不斷地被「平民文學」、「大眾文藝」所置換。五四新文學是以對傳統舊文學的批判來自我定位的。1932 年，北平人文書局印行周作人在輔仁大學幾次演講稿整理而成的論著《中國新文學的源流》，書中把中國新文學的淵源推及至晚明李贄、公安派三袁的文學主張。可以說，他提出的「平民文學」、「人的文學」思想與晚明「使俗通」的文學觀有共通之處，同樣強調小說創作平民化外表下的教化目的。〔註73〕周作人寫道：「平民文學決不單是通俗文學。因爲平民文學，不是專做給平民看的，乃是研究平民生活的文學。它的目的，並非將人類的思想趣味竭力按下同平民一樣，乃是將平民的生活提高，得到適當的一個地位……凡是先知或引路人的生活，本非全數的人盡能懂得，所以平民

〔註70〕別士《小說原理》，載《繡像小說》，1903 年（3）。
〔註71〕梁啓超《中國唯一之文學報〈新小說〉》，載《新民叢報》，1902 年（14）。
〔註72〕趙毅衡《禮教下延之後：中國文化批判諸問題》，前引書，第 52 頁。
〔註73〕本段參見拙作《傳承與異質：中國大陸與臺灣通俗文學觀辨析》，載《四川大學學報》，2011 年第 5 期。

的文學，現在也不必個個田夫野老都可領會。」〔註74〕這種既要「俗」又「不必個個田夫野老都可領會」的緣由何在呢？魯迅的一段話似乎可以看做對這一疑問的回答：這種創作是爲了寫出「在我眼裏所經過的中國的人生」，是爲了「在將來，圍在高牆裏面的一切人眾，該會自己覺醒，走出，都來開口罷」。〔註75〕朱自清也說：「我們應該做的，是建設爲民眾的文學」「這樣，民眾的覺醒才有些希望」。〔註76〕事實上，五四時期的文學最鮮明的時代特徵是思想啓蒙色彩，文學飽含著精英知識分子表達獨立個性、倡導人生價值的意識。

　　1927 年到 1928 年之際，新文學陣營開始由文學革命轉向革命文學。在 1930 年至 1932 年的「文藝大眾化」討論中，五四老一代作家的言論依舊延續著啓蒙思想。只不過，宣傳性的通俗文學有了一個新的名字──「大眾文藝」。他們認爲，大眾文藝首先是對無產階級的啓蒙和教化。〔註77〕郭沫若認爲：「你不是大眾的文藝，你也不是爲大眾的文藝，你是教導大眾的文藝！……大眾文藝的標語應該是無產文藝的通俗化，通俗到不成文藝都可以。」〔註78〕即便是馮乃超、沈端先等新進作家在「文藝大眾化」討論初期，也是從「爲民眾」的啓蒙主義思想來思考文藝大眾化問題的，關注點集中在知識分子的創作如何俯就大眾的接受水平，如何調適二者之間的關係，以求得更好的啓蒙效果。此後，瞿秋白在《「我們」是誰？》一文中，針對 1920 年代的啓蒙文學和 1930 年代早期的文藝大眾化討論中流露出的啓蒙文學觀念，做出了尖銳批評，認爲「這使我們發見『大眾化』的深刻障礙──這就是革命的文學家和『文學青年』大半還站在大眾之外，企圖站在大眾之上去教訓大眾」。〔註79〕在反思五四文學大眾化的姿態上，爲了眞正實現當時政治需要下的文藝大眾化，他進一步要求作家「即使不能夠自己去做工人、農民，至少要去做工

〔註74〕周作人《平民文學》，選自鍾叔河編訂《周作人散文全集》（3），廣西師範大學出版社，2009 年，第 104 頁。

〔註75〕魯迅《俄文譯本〈阿Q正傳〉序及著者自敘傳略》，載《語絲》第 31 期，1925 年 6 月 15 日。

〔註76〕朱自清《民眾文學的討論》，載《時事新報・文學旬刊》，第 26 期，1922 年 2 月。

〔註77〕參見拙作《傳承與異質：中國大陸與臺灣通俗文學觀辨析》，載《四川大學學報》，2011 年第 5 期。

〔註78〕郭沫若《新興大眾文藝的認識》，載《大眾文藝》，1930 年，2（3）。

〔註79〕瞿秋白《「我們」是誰？》，選自《瞿秋白文集・文學編（1）》，人民文學出版社，1985 年，第 487 頁。

農所豢養的文丐。不是群眾應該給文學家服務，而是文學家應當給群眾服務。」
〔註80〕這裏所謂的「大眾化」，並非單純的指文學形式的通俗易懂，而是爲當
時的作家指明了應有的創作立場和方向，即站在大眾立場上發言，爲大眾服
務。這與五四文學家對「平民文學」內涵的延續已完全不同了。例如，茅盾
站在精英知識分子的立場上，思考文學創作如何俯就大眾，從而達到文學啓
蒙的目的；瞿秋白則強調文學創作權力的大眾化，強調大眾與知識分子地位
平等，消除知識分子自上而下的啓蒙姿態。

　　1942 年，毛澤東的《在延安文藝座談會上的講話》發表，文中指出了當
前黨的文藝政策，瞿秋白所主張的文藝創作權大眾化的思想在文中得到成
熟、集中體現。《講話》寫道：「什麼叫做大眾化呢？就是我們的文藝工作者
的思想感情和工農兵大眾的思想感情打成一片」。在文章中毛澤東特別將文藝
「大眾化」與言情、武俠等通俗文學的內涵做了區分。〔註81〕《講話》的實
質並非是要延續自晚清以來梁啓超等人的通俗文學教化論，而是要求以大眾
文藝爲創作的主流。無產階級政治因素對文學最大限度的參與，徹底改變了
中國傳統文化以等級制度爲基礎建立起來的、以知識分子爲創作主體的雅文
學。正像朱自清先生所說：「通俗化還分別雅俗，還是雅俗共賞的路，大眾化
卻更進一步要達到那沒有雅俗之分，只有共賞的局面。這大概也會是所謂由
量變到質變罷。」〔註82〕通過思想改造使知識分子「工農兵化」，從而眞正徹
底地實現「文藝大眾化」，這意味著中國古典形態的雅俗對峙被無產階級文藝
政策所取締。與此同時，一種新形態的雅俗對立又出現了，這就是政治化的、
宏大敘事的「雅」與日常生活化、世俗化的「俗」之間的對立。

　　從晚清到民初，從民初到五四，從 1930 年代的「文藝大眾化」到 1940
年代關於民族形式的論爭，中國現代文學在不同時段的文學主張無不滲透
著通過「通俗」達到某種社會政治目的的文學功利主義。透過上述種種文
學現象不難發現，「與世俗溝通」這一口號本身便是一句「雅話語」，其潛
在的主語以高高在上的姿態創作出的文學，顯然無法具備通俗文學的實在
品質。此時的「俗化」論爭與社會政治變革、思想變革等時代問題更加緊

〔註80〕瞿秋白《普洛大眾文藝的現實問題》，選自《瞿秋白文集·文學編（1）》，人
　　　　民文學出版社，1985 年，第 475 頁。
〔註81〕毛澤東《在延安文藝座談會上的講話》，選自《毛澤東選集（第三卷）》，人民
　　　　出版社，1991 年，第 851 頁。
〔註82〕朱自清《論雅俗共賞》，生活·讀書·新知三聯書店，1983 年，第 9 頁。

密地糾纏在一起，因此其內涵也變得更加複雜而別有意味。〔註 83〕

三、流變中的異質：「通於俗」與臺灣現代通俗文學觀〔註 84〕

　　王富仁先生指出：「中華文化更是一種現象性的存在，是在時間上有著連續性、在空間上有著關聯性的大量文化現象。」〔註 85〕雅俗文學的分化更多受到社會政治環境變化以及由此帶來的文學觀變化的影響。以大陸與臺灣爲例，「使俗通」與「通於俗」兩個層面的通俗文學觀在兩岸的文藝思潮及創作實踐中得到了不同程度的傳承，又在不同的文化、歷史背景下，流變、生成了各異的分野與偏向。爲了更好的說明通俗觀的現代轉換，本節將對比臺灣與大陸通俗文學觀的異同。

　　中國大陸通俗文學的發展與臺灣通俗文學有許多密切聯繫。1980 年代初，大陸讀者接觸、瞭解臺灣文學主要是從大量通俗文學開始的。當時，大陸對臺灣文學的關注出現了一個頗耐人尋味的現象：爲數眾多的普通讀者對於臺灣文學的認識停留在以言情、武俠小說爲代表的通俗文學，而學界對此類通俗文學的研究卻相對滯後。大陸通俗文學研究熱潮肇始於 1980 年代中後期，當時大陸出版界以引進港臺言情、武俠小說爲契機，重新印刷出版了一批近現代通俗文學著作。隨之，港臺當代通俗文學、大陸近現代通俗文學開始進入學界研究視野。可以說，大陸通俗文學出版、研究熱潮的興起，在很大程度上是由港臺通俗文學的引進催生的。

　　與大陸從啓蒙、革命的角度專注於文學的教化功能，在表面倡導「通俗」實則具有「雅化」傾向的狀態迥異，臺灣現代通俗文學由於所處的不同的歷史語境，決定了它自身獨特的發展走向。這種異質性成爲觀察大陸通俗文學觀的重要參照。

　　縱觀臺灣現代文學格局，一端是在現代都市催生下的具有現代精神的文學，另外一端是隨著現代都市出現，爲一大批市民階層讀者服務的通俗文學。這兩端構成了臺灣現代文學的基本風貌，而通俗文學在臺灣現代文學中

〔註 83〕參見拙作《傳承與異質：中國大陸與臺灣通俗文學觀辨析》，載《四川大學學報》，2011 年第 5 期。

〔註 84〕本節參見拙作《傳承與異質：中國大陸與臺灣通俗文學觀辨析》，載《四川大學學報》，2011 年第 5 期。

〔註 85〕王富仁《新國學·文化的華文文學·漢語新文學》，載《學術研究》，2010 年第 8 期。

佔有半壁江山。自 1920 年代開始，臺灣小說始終以休閒、娛樂爲主調，追求輕鬆活潑，風趣幽默。到 1950 年代，臺灣通俗文學形成了以言情、武俠小說爲主幹，旁及歷史、科幻小說的基本格局。臺灣學者黃美娥認爲，臺灣現代文學尤其不同於晚清中國梁啓超等人「小說救國」的論述。大陸學者陳美霞同樣認爲，「與晚清精英知識分子企圖以小說救國的抱負不同，臺灣小說與晚清通俗小說遙相呼應，而不是繼承梁啓超等人倡導的民族國家大義」。〔註86〕

臺灣現代通俗文學繁榮局面的形成有其歷史機緣。自1920 年「新民會」成立和《臺灣青年》創刊，到 1949 年大陸解放，臺灣現代文學跨越了日劇時期和光復初期兩個歷史階段。在這 29 年的臺灣現代文學運動中，有 25 年處於殖民地的社會環境中，因此在考察臺灣文學的歷史時，日劇時期的臺灣現代文學具有非同尋常的意義。可以說，臺灣現代通俗文學的發展也是與臺灣殖民地的歷史有緊密關係的。抗拒、批判「皇民文學」是臺灣新文學發展極爲重要的主題，臺灣現代通俗文學同樣是在反抗殖民統治文化同化的主題下得到發展的。隨著殖民統治的深入，在「皇民化」運動下一度遭到禁絕的新文學幾乎沒有了生存的空間。在這種情況下，沒有批判色彩、以休閒、娛樂大眾爲目的的通俗文學得以保存和發展，成了保持漢文斯文的媒介。

根據臺灣作家對抗日本的「化俗」政策採用的不同策略和歷史時間先後的不同，日劇時期臺灣通俗文學出現過兩個繁榮階段：一是 1905～1911 年，以傳統文人創作爲主的文言通俗小說；二是 1930 年代後，圍繞《風月報》和《三六九小報》的傳統文人、新文學家企圖以「漢文」、「通俗」爲抵抗殖民的策略而創作的作品。這兩個階段中的通俗文學觀呈現出與大陸現代通俗文學觀迥然不同的內在質地，主要表現在以下兩個方面：

首先，在第一個階段中，臺灣傳統文人的文言書寫本質上是對中國古典傳統倫理的堅守，這是他們與大陸新文學家激烈地反傳統倫理態度顯著的區別。以連橫、林幼春、胡南溟爲代表的「遺民」式古典寫作，通過繼承傳統文學的寫作，間接抵抗日本的同化政策。「在本以娛樂消費爲基調的通俗小說場域內，巧妙移植了自我的文化傳統價值，透過傳統文言漢文的中介形式，在面臨歐風美雨思潮的『現代』臺灣島內，進行了一場鞏固傳統倫理道德的

〔註86〕陳美霞《現代性與臺灣日據時期通俗文學論述》，載《華文文學》，2009 年第 2 期。

大敘事書寫」。〔註87〕在對待西方文化的態度上臺灣文人表現出了另一種「姿態」。他們透過傳統道德之眼，去打量、擇取西方現代文學形式，最終建構其具有明顯傳統倫理道德的文學敘事。搖擺於東西、古今之間的臺灣傳統文人在書寫「現代」的同時，立足並堅守的是中國古典文化傳統。以此爲邏輯起點，臺灣通俗文學呈現出與大陸通俗文學截然不同的質地。

　　其次，雖然 1930 年代，倡導「通俗」成了臺灣文人傳承自我文化的策略，只有以「通俗」的名義，漢文才有延續下去的空間和可能，但是漢文通俗文藝所謂的「通俗」多是指其文本的娛樂性、消遣性，而非讀者層面上的普及度。這也是與大陸「使俗通」的文學觀著眼於大眾的通俗文藝政策明顯不同的一點。「通過雜誌、書局、閱讀、創作、評論的一種聯動，本土文化界零散的通俗文化資源漸漸獲得整合，並與中國地區的文藝資源聯結，讀書市場中出現了一個本土通俗的讀／寫場域，促進了臺灣通俗文學場域的誕生。」〔註88〕其中具有消費性的《風月報》在日劇末期，曾成爲風行臺灣的唯一的漢文雜誌。1930 年 9 月，臺南南社和春鶯吟社成員創辦中文刊物《三六九小報》，該報以情欲、詼諧、日常瑣事爲刊物主要的書寫視界，全面而充分地體現了市民讀者的各種精神需求——浪漫情懷、冒險欲、英雄夢，在這些通俗文學中保留了大量的中國傳統文化思想。在保持漢文斯文的目的下，該刊物辦刊策略並不在「大眾化」，而是針對閱讀古典漢字的「小眾」，「《三六九小報》書寫／閱讀／流通局限於古典漢字階層及其衍生世代，而非一般市民大眾」。〔註 89〕由此不難看出，該報從辦刊宗旨到作品的徵集、篩選再到閱讀、流通都沒有越出那批回歸中國傳統文化精神的文人之手。

　　臺灣現代通俗文學從發軔起，在創作理念層面就少了大陸新文學的「政教」、「啓蒙」色彩，更傾向古代通俗文學觀中「通於俗」的層面，它不單包括語言和體式，也包括思想和題旨，多專注表現平常百姓的物質欲望與世俗情感，因此，其文學具有了更多的通俗文學的根本特性。

〔註87〕黃美娥《二十世紀初期的「西洋」：〈漢文臺灣日日新報〉通俗小說中的文化地景、敘事倫理與知識想像》，選自《臺灣文學現代性學術研討會論文集》，廈門大學出版社，2008 年，第 412 頁。

〔註88〕柳書琴《通俗作爲一種位置：〈三六九小報〉與 1930 年代臺灣的讀書市場》，載《中外文學》，2004 年第 12 期。

〔註89〕柳書琴《通俗作爲一種位置：〈三六九小報〉與 1930 年代臺灣的讀書市場》，載《中外文學》，2004 年第 12 期。

四、小結〔註90〕

通過前文的梳理、對照可以看出，所謂的通俗文學觀隨著歷史境遇的不同包含著不同的走向。這些不同的走向各自從屬於歷史發展的某個時期，各自有不可替代的特殊性，但又都有一些共同的文化內涵與取向。上文對中國由古代到現代通俗文學觀流變、轉化的簡短論述，總體上可以歸結爲關於文學「俗化」與「化俗」的問題，它事實上已成爲評判百年中國文學歷程無法繞開的話題。

縱觀中國文學的發展歷程，在作家的創作姿態與讀者接受之間始終糾纏著「俗化」與「化俗」的問題，並由此衍生出文學與意識形態、文學創作與讀者接受、文學的傳播路徑等一系列文學史的重要關節點，以及文學與政治、經濟、文化之間關係的諸多「問題」。以至於在當代，「俗化」與「化俗」依然構成了市場經濟中文化的兩極。孔慶東先生認爲：「通俗小說與其他文學體裁相比，具有最強烈的物質形式的依賴性。它的起源、發展、傳播、演變，都絕對離不開大眾。在作品與大眾之間，有一個關鍵的中介，那就是印刷和發售，這便決定了通俗小說除了制約於一般的藝術規律以外，還要制約於商品經濟規律。」〔註91〕隨著傳媒時代來臨，大眾傳播手段日趨多樣化，當代通俗文學對社會生活的影響不斷深入。通俗文化歷來是與消費文化聯繫在一起的，在當今消費文化異常繁榮的境況下，通俗文化強勢佔領了市場和讀者的接受空間，客觀上使文化的一元格局難以爲繼，甚至高雅文學乃至整個高雅文化已然被「邊緣化」。面對通俗文學的強勢趨逼，高雅文化何去何從；如何看待電子傳媒影響下的文化的負面問題；作爲文學創作主體的作家如何適度調和雅、俗兩種審美因素；當代文化格局中，高雅文化與通俗文化如何才能形成良性的互動、互補的關係，一度成爲駐守精英文化陣地的知識分子頗爲關注的話題。從另一方面看，中國古代文學的發展離不開「雅」與「俗」的互相融彙、轉化，當代文學的發展亦是如此。文學、文化的雅俗問題關乎當下文化的現狀與發展，因此，學界對「雅」、「俗」文化對峙、互動問題的持續關注、不斷追問，擊中了某些文學史「問題」的關鍵點，爲文學研究注入了介入當下、展開文化思考與批判的精神動力。

〔註90〕本節參見拙作《傳承與異質：中國大陸與臺灣通俗文學觀辨析》，載《四川大學學報》，2011 年第 5 期。

〔註91〕孔慶東《超越雅俗——抗戰時期的通俗小說》，前引書，第 11 頁。

　　梳理並反思百年中國現代文學走過的「俗化」與「化俗」之路是相當必要的，但是，面對當代新的歷史語境，中國文學在這條路上欲將何爲，則更值得我們關注。重新回顧中國通俗文學觀從古代到現代傳承、流變、異質的脈絡，在文學史發展的諸多細節中分辨不同層面「通俗」涵義的走向，爲的是能對當代文學乃至文化的「雅」、「俗」發展之路提供歷史的與理性的參照。重新考察不同歷史語境下文學與政治、文化、經濟等諸多因素的相互作用與影響，無疑會爲遊走於「俗化」和「化俗」之間的當代文學發展提供歷史參考與有益的經驗。

第三節　張恨水：民國雅俗文學論辨之「結」

　　在現代中國發展歷程中，二十世紀的民國時期是一段值得不斷回味的歷史。這是一段積極、焦慮地尋找答案，卻找不到答案的歷史。或者說，這是一個大家各自找到不同的答案，彼此衝突激蕩，誰也說服不了誰，誰也整合不了誰的年代。這樣的一種時代氛圍，這種氛圍帶來的自由，這種自由帶來的多元多樣是最重要的「民國遺產」。剛剛過去的 2011 年，是辛亥革命的百年紀念，在這個特殊的時刻，回首歷史，總結民國所留下的「文化遺產」，具有重要的意義。

　　近代開啓的民國文學史是民國歷史的一個側面，但包羅萬象、濃縮社會百態的文學足以稱得上是民國歷史的一個精微縮影。在進入大眾消費時代的今天，文學被邊緣化的同時，也以各種不同樣貌、不同形式參與著當代文化建構。回顧民國文學的歷程，崛起於市場並在市場翻滾的商業浪潮中屹立不倒的民國通俗小說大家張恨水的創作實踐便具有了特殊的意義，他成爲探討中國文學雅俗之辨無法繞開的話題。文學雅俗流變、持續的特徵，矛盾統一地集結於張恨水的身上，使他成了明瞭民國雅俗文學論辨必須打開的一個「結」。本章前兩節通過對中國雅俗文學傳統由古代到近現代的流變歷程的透視與解讀，也許有助於接下來我們更好地思考在張恨水身上所發生的一切。

一、歷史與個人：「民國第一寫手」

　　長期以來，精英知識階層往往將張恨水的通俗小說歸爲不登大雅之堂的一類。在通俗文學不再受輕視的今天，張恨水已擺脫了「被邊緣化」的命運，

他的小說越來越多地被翻拍成電視劇、電影。學術界也已有一批學者致力於張恨水研究，使這個被稱爲「民國第一寫手」的價值和意義逐步得以彰顯，其作品呈現出經典化的趨勢。

張恨水的創作生涯主要集中於民國時期。回顧張恨水的一生，可以發現，他生命的特殊時刻似乎翻卷於歷史的浪潮中，與民國特定的歷史刻度重疊在了一起。張恨水出生於 1895 年，這一年在中國歷史和思想史上具有特殊的意義，甲午戰敗，孫中山在廣州發動武裝起義；雖然 1913 年，張恨水就完成了第一部章回體白話小說《青衫淚》，但他正式大量發表作品則是從 1919 年開始的。1919 年，張恨水任《皖江報》總編輯並在該報上連載小說《紫玉成煙》和《南國相思譜》。小說《眞假寶玉》也於 1919 年開始在上海《民國日報》連載，之後於同年陸續中篇小說《小說迷魂遊地府記》、長篇小說《皖江潮》，標誌著他正式走上文學創作道路。五四運動爆發後，張恨水來到新文化運動的中心北京，身兼數家報刊編輯之職並繼續創作小說。1931 年，張恨水小說進入轉變期，影響這一轉變的重要時代動因是「九・一八」事變的爆發。1937 年，抗戰開始，次年，張恨水轉戰重慶。張恨水研究專家趙孝萱認爲這一階段「是他文本表現最成熟精緻的階段。若與前期相比，這應該又是一個更高的巓峰」。〔註92〕張恨水這一階段的代表作多爲表現抗戰、痛斥社會腐敗的作品，如《八十一夢》、《魍魎世界》、《五子登科》等。趙孝萱根據張恨水作品的整體面貌將他的創作歷程分爲四個階段：第一階段，1919 年～1930 年；第二階段，1931 年～1937 年；第三階段，1937 年～1949 年；第四階段，1949 年～1967 年。在她看來，「張恨水所有小說作品大致可分爲四大階段，而這四大階段『恰巧』與中國現代史上的大事相關。」〔註93〕民國時期的作家注定要與那個風雲激蕩的時代有著無法隔斷的密切聯繫，但是促成一個作家文化選擇的因素是極爲複雜的，大的創作分期劃分往往遺漏或遮掩了作爲一種精神活動的文學創作的豐富性。日本學者丸山昇在《從蕭乾看中國知識分子的選擇》一文中寫道：

> 除了大狀況外，人還有無數小狀況，小至個人的日常生活。把在小
> 狀況下的一次次選擇累積起來，就會具有從某方面來決定大狀況的

〔註92〕趙孝萱《世情小說傳統的繼承與轉化：張恨水小說新論》，臺灣學生書局，2002 年，第 51 頁。

〔註93〕趙孝萱《世情小說傳統的繼承與轉化：張恨水小說新論》，前引書，第 46 頁。

選擇的力量。最低限度也需用小狀況下的選擇來充分鋪墊大狀況：
倘若單是論述大狀況，而忽視小狀況，作為文學，就會變得粗糙。
這一點，我自然曉得。但是另一方面，在大狀況下所做的選擇，有
時可以使作家的氣質和性格特徵越發鮮明地彰顯出來。而在小狀況
的選擇方面，這種氣質和性格特徵很容易悄然地隱蔽到瑣事中去。
研究中國現代文學，一向是動輒就把作家在大狀況下所做的選擇密
封在『歷史的必然』中，而不大談論個人內心中所做的選擇的契機
及其情況。如果能夠更深更廣地予以闡明，將有助於弄清小狀況所
具有的意義。把這些累積起來後，中國現代文學史恐怕才會明確地
呈現出立體的構造；而不再是中國革命史的文學版，或者反過來，
不再是僅只作為現象的作品和流派的羅列。〔註94〕

因此，在嘗試對張恨水與民國的雅俗文學之辨這一問題作出描述時，本文不
希望從純粹的民國政治、歷史的描述來解釋張恨水的文化選擇或創作轉變，
而是結合民國這一特殊的國家社會情態，多層次地對張恨水的思想、精神狀
態作出描述並將其中有關文學雅俗流變的思想碎片提煉、總結出來，以體現
歷史與個人之間關係的複雜性以及個人身上所呈現出的歷史性。

二、「過渡時代」與張恨水的雙重文化心態

　　張恨水立足民國市民社會，以生動的筆觸為我們還原了那個時代的社會
風貌。想到張恨水，筆者總是會不由自主的將他與那個特殊的時代聯繫起來。
無論是他本人的個人形象、文化姿態，還是他的小說風貌無不投射出民國的
身影，這種感覺非常奇妙。張恨水的人生歷程和歷史命運究竟在哪些層面能
夠折射出民國文人特有的精神氣質以及他們在歷史長河中所處的特殊位置
呢？

　　1943 年，在郭沫若五十壽辰之際，張恨水在重慶《新民報》發表祝賀文
章《郭沫若、洪深都五十了》，在文中張恨水寫道：

我們這部分中年文藝人，度著中國一個遙遠的過渡時代，不客氣的
說，我們所學，未達到我們的企望。我們無疑的肩負兩份重擔，一份
是承接先人的遺產，固有文化，一份是接受西洋文明。而這兩份重擔，

〔註94〕　（日）丸山昇《從蕭乾看中國知識分子的選擇》，李黎譯，載《中國現代文學
　　　　研究叢刊》，1990 年第 3 期。

必須使它交流，以產生合乎我祖國翻身中的新「產品」。〔註95〕
張恨水談及應以怎樣的心態對待中國文化遺產與西洋文明，在上文簡短的文字中，有三個關鍵字眼值得注意：第一，「過渡時代」；第二，「承接先人的遺產」、「接受西洋文明」；第三，產生「新『產品』」，這三方面分別涉及張恨水所處的特殊歷史時代、面臨的歷史任務、要完成的歷史使命。當然，所有這些都是由文學來承擔的。需要進一步探究的是，這種多重文化心態是如何在張恨水那裏組織起來的？這種心態如何投射在他的文學創作上？這樣的文化心態對張恨水或文學的雅俗流變、互動的啓示在哪裏？

「過渡時代」不僅精準地概括了張恨水自身所處的歷史位置，它也是對民國時期文化人所透射出的特殊精神氣質的一個概括。新舊雜陳、中西融彙，構成了中國社會現代化進程矛盾、衝突的複雜性和艱巨性。「過渡時代」的作家面對中國與西方、傳統與現代的文化交融與碰撞作出的文化選擇及其他們的文化姿態無不帶有那個時代的印記。張恨水一生的創作歷程及其前後創作的走向、轉變都是民國時期作家中的典型個案。

「過渡時代」作家的雙重文化選擇是張恨水的文化心態。正因爲交錯、變化，處於不斷自我調整中的文化選擇，使張恨水的派別歸屬成了學術界長期以來爭論的焦點。歷來關於張恨水的派別歸屬有大致三種觀點：第一，夏志清、范煙橋認爲張恨水是鴛鴦蝴蝶派的代表作家；第二，張友鸞認爲張恨水不屬於任何派別，而是自成一派〔註96〕；第三，也是多數學者的觀點，認爲張恨水前期屬於鴛鴦蝴蝶派，後期走向現實主義，向新文學靠攏，持此觀點者如范伯群、楊義、袁進等。關於這一問題之所以眾說紛紜，在筆者看來，正是「過渡時代」這一大的歷史背景在個體身上投射的斑斕色彩。論爭中顯見的是雅俗之別成爲上述各家對張恨水進行派別歸類時的主要依據，也正是在對其文學品格雅俗的判定中，張恨水的文學史形象才得以逐步確立。

同時，作家自身文化素養的複雜性，也決定了他們在文化選擇中具有多種延伸的可能。從晚清到民國，中國社會經歷著由傳統向現代的過渡和嬗變。傳統教育模式的逐步瓦解和現代教育體系的建立是一個重要的方面。新文學家通常擁有留學背景和新式教育背景，他們的社會身份常常是學者、大學教

〔註95〕張恨水《郭沫若、洪深都五十了》，載重慶《新民報》，1943 年 1 月 5 日。
〔註96〕張友鸞《章回小說大家張恨水》，選自張占國、魏守忠編《張恨水研究資料》，知識產權出版社，2009 年，第 118 頁。

授，具有鮮明的精英文化心態。而像張恨水這樣一批作家自幼接受古典傳統
文化的浸染，在職業道路上多是報人、文人，他們的生活環境和人生境遇決
定了他們觀察世界、描摹生活的角度、方式、立場與新文學作家迥然有別。
當然，這兩方面並非涇渭分明、能夠截然對立的劃分為新與舊，複雜、多元
的文化影響常常內含於同一個人身上。雙重文化心態是這種複雜性在張恨水
身上的體現。他曾談到青年時代的自己：「這個階段，我是雙重人格。由學校
和新書給予我的啟發，我是個革命青年，我已剪了辮子。由於我所讀的小說
和詞曲，引我成了個才子的崇拜者。」這樣鑄就了他「禮拜六的胚子」。〔註
97〕但是，張恨水提出的肩負中西文化交流的兩份重擔，表明了其鮮明的開放、
多元的文學交流、接受心態。因此，簡單地以「眷戀傳統」或是「向新文學
靠攏」概括張恨水文學創作的一些問題使我們失去了將問題深入下去的可
能。朱周斌先生指出：「以往籠統地談論張恨水的守舊、傳統時，忽略了在張
恨水寫作的時代，維新思想已經是既存的傳統的一部分了，它們的存在是張
恨水及其小說文本中的人物和它們的讀者必須同時面對的。」〔註 98〕拋開以
往現代化範式的文學史觀，將張恨水還原至民國文學的歷史框架中，以往一
些被遮蔽的問題會重新浮現出來。

　　另外，張恨水所強調的「這兩份重擔，必須使它交流，以產生合乎我祖
國翻身中的新『產品』」，〔註 99〕尤為值得注意。也就是說，單純地在中西文
化的框架中理解張恨水的文學顯然是不夠的。這不禁讓筆者想到王富仁先生
曾針對學術界「中西文化闡述模式」提出的質疑：

> 這個我們過去常用的研究模式有一個最不可原諒的缺點，就是對文
> 化主體——人——的嚴重漠視。在這個研究模式當中，似乎在文化
> 發展中起作用的只有中國的和外國的固有文化，而作為接受這兩種
> 文化的人自身是沒有任何作用的，他們只是這兩種文化的運輸器
> 械，有的把西方文化運到中國，有的把中國古代的文化從古代運到
> 現在，有的則既運中國的也運外國的，他們爭論的只是要到哪裏去
> 裝運。但是，人卻不是這樣一部裝載機，文化經過中國近、現、當

〔註97〕 張恨水《寫作生涯回憶》，選自《寫作生涯回憶》，北嶽文藝出版社，1993 年，
　　　　 第 16 頁。
〔註98〕 朱周斌《懷疑中的接受：張恨水小說中的現代日常生活》，前引書，第 90 頁。
〔註99〕 張恨水《郭沫若、洪深都五十了》，載重慶《新民報》，1943 年 1 月 5 日。

代知識分子的頭腦之後不是像經過傳送帶傳送過來的一堆煤一樣沒有發生任何變化。他們也不是裝配工，只是把中國文化和西方文化的不同部件裝配成了一架新型的機器，零件全是固有的。人是有創造性的，任何文化都是一種人的創造物，中國近、現、當代文化的性質和作用不能僅僅從它的來源上予以確定，因而只在中國固有的文化傳統和西方文化的二元對立的模式中無法對它自身的獨立性做出卓有成效的研究。與此同時，這個模式在文化與人的關係上表現爲文化目的論，似乎中國近、現、當代的知識分子的存在只是爲文化服務的，有的是爲中國的老祖宗服務的，有的是爲外國洋鬼子服務的。實際上，在文化與人的關係上，文化永遠是服務於人的，是中國近、現、當代知識分子爲了自己的生存和發展吸取中國古代的文化或西方的文化，而不是相反，因而他們在人類全部的文化成果面前是完全自由的，我們不能漠視他們的這種自由性。〔註 100〕

張恨水所謂產生「新的產品」實際上也是在強調文學創作主體——人的創造作用。我們的研究得以繼續下去的理由即在於「過渡時代」作家的創造轉換。溫奉橋先生認爲，張恨水的小說「眞正呈現了過渡時代中國現代市民精神、心理狀態和文化風俗畫面」。〔註 101〕可見，從「過渡時代」這一視點出發，張恨水身上的時代特徵、張恨水的主體性、張恨水文學的內質精神即時代、作家、作品三維一體地統攝在了一起。在這個三維一體的文化空間中，張恨水及其文學有多維闡釋的可能，但萬變不離其蹤。

三、文學雅俗之辨與「張恨水現象」

張恨水的一生及其文學創作呈現出的既堅守傳統又不斷革新的複雜面貌，集中顯示了現代中國文化傳統變化與持續性並存這一重要的歷史現象。其中的許多問題還有待於進一步思考，而張恨水與中國雅俗文學傳統間的複雜考量無疑是洞見這一重要歷史現象的一個有效視點。

文化傳統變化與持續並存的現象，表現在文學史發展鏈條中的諸多方面，現代雅俗文學持久的論爭、激辯便是其中的一個方面，文學的主旨思想、

〔註 100〕王富仁《對一種研究模式的置疑》，載《佛山大學學報》，1996 年第 14 卷第 1 期。
〔註 101〕溫奉橋《張恨水新論》，濟南齊魯書社，2009 年，第 93 頁。

文本的語體、文體等問題都包含其中。正如有學者指出的那樣：「古典文學傳統也好，百年中國新文學傳統也好，都離不開作家生命個體的創造，傳統與作家構成了一種互為存在的辯證關係。一方面，生命個體離不開傳統，在一個作家接觸文學之前，文學傳統不但已經得到認可與延傳，而且力圖全面影響乃至控製作家個性，彷彿如來佛祖的手掌一樣是翻不過去了。另一方面，作為一種隱性的文化規範，傳統需要不斷生成、延伸，自然離不開生命個體的創造。」〔註102〕在張恨水及其文學創作中，我們能很容易地發現傳統更迭的這一特點。當然，在民國這樣一個「過渡時代」，許多作家的精神氣質及其文學創作都或多或少的體現了雅俗流變、轉型、延續的特徵，張恨水不過是其中具有典型意義的一個作家，這些特徵在他身上體現地更全面、更突出。通過典型文學現象的透視，文學雅俗之辨的許多問題得以呈現，許多現象得以承接。因此，張恨水的這些文學特徵可以看做文學史中的一個「現象」來解析。

在中國文學的現代進程中，新文學家是以對舊文學的批判來實現自我定位的。事實上，這類舊文學在當時指的是一批舊派通俗文學家的創作，在這一過程中「新=雅」、「舊=俗」，新舊、雅俗相互糾纏在一起。新文學家批判的「舊」指向文學的文體、語體等方面，並由此推動了文學現代進程中關於文學語言、文學體式的變革。文言與白話、章回體與現代文體，成為新與舊對立的具體指向。張恨水以創作文言小說起家，繼而堅持章回體小說創作，自然被新文學作家視為批判的對象之一。那麼，張恨水的文學觀與一些新文化運動主將的觀點在民國文學整體格局中形成了怎樣的關係，這種關係如何使兩者的互動成為可能都是值得探討的問題。在「重寫文學史」中通俗文學應該如何入史是個存在爭議的話題。張恨水在文學史書寫中從「隱去」到「歸來」的過程，無疑也能使我們洞見雅俗觀在文學史建構中的作用。從「張恨水現象」的解析入手，文學史建構與重構中的一些關鍵問題也能找到相應的突破口。

因此，民國文學與雅俗之辨的很多問題在張恨水身上凝結並由此連帶出相關的文學現象，讓他成為了開文學雅俗之辨這一複雜問題繞不開的一個「結」。

〔註102〕李怡、顏同林、周維東《被召喚的傳統——百年中國文學新傳統的形成》，中國社會科學出版社，2009年，第47頁。

第二章　張恨水雅俗文學觀的生命體認

　　任何文學創作都是作家生命體驗的凝結。德國哲學家漢斯—格奧格爾·伽達默爾對「體驗」一詞這樣解釋：「如果某個東西不僅被經歷過，而且它的經歷存在還獲得一種使自身具有繼續存在意義的特徵，那麼這東西就屬於體驗。以這種方式成為體驗的東西，在藝術表現裏就完全獲得了一種新的存在狀態」。〔註1〕其實，這種「體驗」不僅僅表現在作家創作的文學文本中，如果我們將一個作家作為一個研究「文本」，那麼他的作品以及圍繞這個作家展開的所有的文學活動均可以看作是研究對象的組成部分。本章嘗試分析張恨水在閱讀、治學、創作三種不同生命狀態下，對文學的理解與感悟。可以說，作為讀者的閱讀、作為學者的治學、作為作家的創作都源自其對特定生命狀態的反思。

　　首先，作為讀者的閱讀經歷往往對一個作家的創作具有深遠的影響。散文《讀書百宜錄》集中反映了作為讀者的張恨水在不同生命狀態下的閱讀體驗。其次，寫一部中國小說史是張恨水一直懷揣的願望，儘管他不是嚴格意義上的學院派學者。通過著述文學史這一具有學術傾向的心願，亦可以透視出其背後凝聚的特殊的生命體驗。另外，張恨水從自身創作實踐出發，生成了與此相應的文學思想和批評方式。張恨水對文學的理論論述多散見於他的隨感、序跋當中。因此，研究張恨水的文學創作，不關注他的雜談與序跋文是不能全面地呈現張恨水精神全貌的。他對文學功能的認知以及關於民國小說理論的敘述均屬於其文學觀的自我敘述。這些零散的自我表述成為研究者探究張恨水文藝思想的重要史料。所以，重新閱讀並審視張恨水的自我敘述

〔註1〕　（德）漢斯—格奧格爾·伽達默爾《真理與方法》，洪漢鼎譯，上卷，上海譯文出版社，2004年，第79頁。

有極其重要的意義。張恨水的自我敘述包括兩個方面：雜談、序跋文。雜談，在本章特指張恨水報刊編輯生涯中為報刊副刊所寫的隨感式文章，包括雜文與隨筆。在以往的研究論著中，研究者多把視野集中於張恨水的小說。事實上，張恨水作為報人，一生創作了數量驚人的散文。〔註2〕它們是張恨水創作生涯中往往被忽視的，但恰恰是極為重要的一筆。張恨水幾乎為他的每部小說都作過自序，它們成為作家創作的重要組成部分，也是作家詮釋自我的重要維度。

閱讀、治學、創作三方面生命狀態的呈現，在互相滲透中形成彼此相通的意義指向，共同展示著張恨水的文學觀，為他的文學史定位提供了史料和理論上的支撐。

第一節　雜談：《讀書百宜錄》中的閱讀體驗

雖然雅俗文學的界定仍有待於學術界從理論上進一步探討，但作為普通讀者對通俗文學和高雅文學的差異有個大致的區分尺度。即便沒有經過正規的文學專業訓練，一般的讀者也能清楚的感覺到魯迅的作品絕不是通俗文學，黑幕小說、狹邪小說絕不是嚴肅文學。這裏即涉及到讀者的閱讀體驗與文學審美之間的關係。本節將身為作家的張恨水還原為讀者，解析作為讀者的張恨水閱讀不同文學時的閱讀感悟。《讀書百宜錄》呈現出張恨水對雅俗文學閱讀體驗最原初的狀態，它是分析作家雅俗文學觀的典型文本。

一、作為讀者的張恨水及其閱讀體驗

在張恨水諸多散文中，《讀書百宜錄》這篇四百餘字的短文以其散淡優美的筆法被頻繁地收入當今各種名家美文鑒賞書籍之中。作者以品味、玩賞人生況味的姿態，隨意、從容地書寫出日常閱讀的感悟、體驗，展現出一派平淡之中見悠然的韻味。這篇雜談既是著名作家張恨水為讀者開出的推薦閱讀的書單，也是作為讀者的張恨水與其他讀者分享自我閱讀體驗的隨感。該文發表於 1929 年 11 月 3 日北平《世界晚報》副刊《夜光》上，作者署名水。1924 年 4 月 16 日，成舍我在北京西城區手帕胡同創辦《世界晚報》。張恨水負責

〔註 2〕這些散文中的一部分分別選入《張恨水散文》（四卷本），安徽文藝出版社，1995 年；《山窗小品》，北嶽文藝出版社，1993 年。

編輯新聞，副刊《夜光》則由余秋墨主編。5 月中旬，「余秋墨君另有專職，《夜光》只編了一個月，就轉交給我了。於是我編副刊兼寫小說，把《世界晚報》的新聞編輯放棄。我雖入新聞界多年了，我還是偏好文藝方面，所以在《世界晚報》所負得責任，倒是我樂於接受的」，〔註 3〕「我編《夜光》很起勁。不到三十歲，混在新聞界裏幾年，看了也聽了不少社會情況，新聞的幕後還有新聞，達官貴人的政治活動、經濟伎倆、豔聞趣事也是很多的」。〔註 4〕張恨水在《夜光》的工作直至 1930 年辭去該刊副刊編輯職務為止。當時的《夜光》副刊幾乎沒有外來稿件，稿件編寫都由張恨水一人承擔。「成舍我是個不甘寂寞的人，精力充沛，從新聞界跳入政界，在政界又兼辦新聞。不久，他又辦了一張《世界晚報》，讓我包辦副刊，我給這副刊起名叫《夜光》。我只支三十元月薪，樣樣都得自己來，編排、校對，初期外稿不多，自己要寫不少。」〔註 5〕這樣，張恨水便有了更多自我發揮的空間。報紙副刊有別於新聞，消遣性和趣味性是它應具有的特點。身為作家的張恨水偏好文藝，為了兼顧副刊讀者群的特點、知識水平，他力求將副刊文章寫的生動、活潑。這一時期，張恨水幾乎每天都有雜談短文發表在《夜光》上。這些文章內容短小精悍，涉及生活各個方面。《讀書百宜錄》是張恨水這一時期雜談文章中的上乘之作，稱得上是解讀張恨水文學趣味和文學觀的一個重要窗口。

為方便解析，現將全文摘錄如下：

讀書百宜錄

讀書有時，亦須有地。善讀書者，則覺一切聲色貨好之處，無不可於書中得之也。試作讀書百宜。

秋窗日午，小院無人，抱膝獨坐，聊嫌枯寂，宜讀莊子秋水篇。

菊花滿前，案有旨酒，開懷爽飲，了無塵念，宜讀陶淵明詩。

黃昏日落，負手庭除。得此餘暇，綺懷萬動，宜讀花間諸集。

大雪漫天，爐燈小坐，人縮如蝟，豪氣欲消，宜讀水滸傳林沖走雪一篇。

〔註 3〕張恨水《寫作生涯回憶》，選自《寫作生涯回憶》，北嶽文藝出版社，1993 年，第 34 頁。

〔註 4〕張恨水《我的創作和生活》，選自《寫作生涯回憶》，北嶽文藝出版社，1993 年，第 119 頁。

〔註 5〕張恨水《我的創作和生活》，選自《寫作生涯回憶》，前引書，第 119 頁。

偶然失意，頗感懊惱，徘徊斗室，若有所悟，即宜拂幾焚香，靜坐
稍息徐讀楞嚴經。

銀燈燦爛，畫閣春溫，細君含睇，穿針夜話，宜高聲朗誦，爲伊讀
西廂記。

月明如畫，清霜行天，秋夜迢迢，良多客感。宜讀盛唐諸子一唱三
吹之詩。

薔薇架下，蜂蝶亂飛，正在青春，誰能不醉，宜細讀紅樓夢。

冗於瑣務，數日不暇，擺脫歸來，俗塵滿襟。宜讀史紀項羽本紀及
游俠列傳。

淡日臨窗，茶煙繞案，瓶花未謝尚有餘香，宜讀六朝小品。

題曰百宜，不能眞個列舉百宜。必欲舉之，未免搜索枯坐，然而枯
則無味矣。敬作拋磚之引，以求美玉之來。〔註6〕

在文中，張恨水根據自己的閱讀感悟細數著不同時間、情景下的讀書狀態。
在不同的生活情景下，選取何種書來讀，才能達到移情遣興的閱讀效果，作
者有著獨到的體驗。這篇文章雖爲張恨水雜談之筆，但文中反映出他對各種
文類、題材書籍之於人生作用的獨到、深刻的領悟。其中，對雅俗文學不同
的閱讀感悟明晰可辨。文學的閱讀感受本來就是渾然一體的感性存在，因此，
這篇以往被研究者所忽視的，帶有隨感式的雜談也許要比邏輯嚴密、宏闊清
晰的理論建構更能恰切地呈現作者閱讀體驗的本眞狀態。

通過細讀這篇四百餘字的雜談，可以發現，張恨水在文中主要論及以下幾
個方面：時間、空間與閱讀的關係；閱讀與心境的關係；雅俗閱讀趣味之別。
而這三個方面均能在文學與人生的關係中找到連接點，因此，這篇雜談從一個
角度爲我們呈現了張恨水對文學功能的自我體認，它是作家閱讀體驗的心化。

二、時間、空間、自我生命與閱讀

文學文本的理解、接受只能建立在讀者的期待視野與文本的融合上，這
是西方接受美學理論中的重要觀點——「視野融合」。但是讀者的期待視野因
時空的轉變有不同的需求，所以探討作品的接受就不能不涉及時空變化。關
於閱讀與時空的關係，清代張潮《幽夢影》曾有過描述：

〔註 6〕 原載 1929 年 11 月 3 日北平《世界晚報》。本文選自徐永齡主編《張恨水散文》
第 4 卷，第 184～185 頁，1995 年，安徽文藝出版社。

　　讀經宜冬，其神專也；讀史宜夏，其時久也；讀諸子宜秋，其致別也；

　　讀諸集宜春，其機暢也。經傳宜獨坐讀；史鑒宜與友共讀。〔註7〕

上文與張恨水在《讀書百宜錄》中的描寫有共通之處，都描述了時空與閱讀
之間的關係。《讀書百宜錄》中描述了十種生活場景，在每種不同場景下閱讀
十種書。這十種書分別為：莊子秋水篇、陶淵明詩、花間諸集、水滸傳林沖
走雪篇、楞嚴經、西廂記、盛唐詩、紅樓夢、項羽本紀及游俠列傳、六朝小
品。這十種書分別對應十種人生遭遇、生活境況，它們是人生特異的生命狀
態。談到讀書，不能不提及閱讀時的姿態，這涉及閱讀時的心態，還關涉閱
讀的志趣與方法等。在不同人生狀態下，讀者對作品的接受和闡釋也是有差
異的。《讀書百宜錄》從一個側面展示出張恨水對自我生命與閱讀關係的體
悟，這是他文學觀的重要組成部分。因此，對《讀書百宜錄》作逐句解讀是
非常必要的。

　　「秋窗日午，小院無人，抱膝獨坐，聊嫌枯寂，宜讀莊子秋水篇。」此
句描述的類似場景在張恨水的小說中也同樣出現過。《劍膽琴心》第三十六回
「粉壁留題飛仙訝月老，倭刀贈別酌酒走崑崙」中寫到：

　　這天晚上，全太守晚飯後也是覺得風雨之聲悶人，便找了一本古版

　　《易經》，坐在燈下，細細的咀嚼。以為這樣風雨飄搖的時候，只有

　　古聖人經緯宇宙的大道理，可以鎮定身心。〔註8〕

《莊子》、《易經》同是「古聖人經緯宇宙的大道理」，因此在「鎮定身心」這
一功效上是相似的。秋天的肅殺之氣，不免讓人「聊嫌枯寂」。置身於秋天靜
謐的氛圍中，體味秋的意境要有一種悠然自若的閒適心情和姿態。欣賞秋天
之美，需要一種心神的完全敞開。半開半醉的精神狀態，是無法體味「秋」
之美的。莊子《秋水篇》以「秋水時至，百川灌河」一句開篇，將讀者之境
與莊子之境相互溝通，隨著閱讀的展開，從河到海，海至天地的意脈，將讀
者的心身帶至越來越開闊的無我之境。

　　「菊花滿前，案有旨酒，開懷爽飲，了無塵念，宜讀陶淵明詩。」東晉
詩人陶淵明以田園詩著稱於世，其詩歌多表現隱逸的思想，歌詠個人悠閒自
得的生活。由於其詩歌多處描寫到菊花，因此，後世稱菊花為「花之隱逸者」。
「菊花滿前」，秋菊盎然，滿地黃花，嬌而不躁，一派清麗多姿的氣象。「案

〔註7〕　（清）漲潮《幽夢影》，中央書店，1935 年，第 1 頁。

〔註8〕　張恨水《劍膽琴心》，北嶽文藝出版社，1993 年，第 485 頁。

有旨酒，開懷爽飲，了無塵念」，又流露出豪放的一面。這種情景與陶淵明平淡自然的人生態度、豪放不羈的詩人情懷極爲契合。身處喧囂的塵世，只要「心遠」，遠離自我的世俗欲念，也能獲得身心的自由和解放，返璞歸眞。

「黃昏日落，負手庭除。得此餘暇，綺懷萬動，宜讀花間諸集。」傍晚黃昏，悠閒地散步在庭院中，風月不同，情懷相似，此時，心中湧起的萬種柔情極易在《花間集》香軟綺靡，描寫男女戀情的風花雪月之詞中找到共鳴。

「大雪漫天，爐燈小坐，人縮如蝟，豪氣欲消，宜讀水滸傳林沖走雪一篇。」林沖走雪一篇，即《水滸傳》中的「林教頭風雪山神廟」一回。「大雪漫天」、「人縮如蝟」，正如小說中林沖困頓、失意的境遇。身爲八十萬禁軍教頭被人陷害至此地步，卻沒有任何反抗，仍抱有安心過日子的心思，可謂英雄豪氣、霸氣全無。「爐燈小坐」、「人縮如蝟」，讀此一篇，情景宜當。

「偶然失意，頗感懊惱，徘徊斗室，若有所悟，即宜拂幾焚香，靜坐稍息徐讀楞嚴經。」淨宗初祖慧遠大師曾說：「自從一讀楞嚴後，不看人間糟粕書」。《大佛頂首楞嚴經》的內容能助人智解宇宙萬物的眞相。因此，「失意」、「懊惱」的情緒在佛經中參悟萬物之道，心緒通徹之後，能自然得到排解。在小說中，張恨水同樣描寫過讀佛經對化解鬱結的作用。《劍膽琴心》第十四回「絕藝驚人空手入白刃，狂奔逐客黑影舞寒林」中寫到：

> 李雲鶴聽到說父親在匪巢裏失了蹤，自然平空添了一樁心事，終日埋頭在客房裏坐著，總是發愁」，「自己行李裏面，曾帶有幾本佛經，於是拿了一本《金剛經》，靠在窗戶邊念，以解愁悶。正在看得心地豁然之時，忽然聽得外邊有一個很宏大的聲音說話，倒著了一驚」。

〔註9〕

正見無我，正見空，就能從人生煩惱中解脫，用清靜之心生活，找到心中的永恒。

「銀燈燦爛，畫閣春溫，細君含睇，穿針夜話，宜高聲朗誦，爲伊讀西廂記。」元雜劇《西廂記》曲詞華美，富於詩意，可以說每支曲子都是一首抒情詩。銀燈初照，溫婉嫻靜的女子在閨房中做著女紅，她體含妙容，美目盼然。面對這樣讓「我」心儀的美好文靜的女子，爲她輕吟一段曲詞華豔，飽含詩情的《西廂記》，最能表達「我」此時的愛慕之情，一切都在美麗的朦朧之中。

「月明如畫，清霜行天，秋夜迢迢，良多客感。宜讀盛唐諸子一唱三吹

〔註9〕張恨水《劍膽琴心》，前引書，第172頁。

之詩。」「一唱三吹之詩」是指詩中第一小節已經把要表達的意思表達出來了，為了加強效果，第二、三節或者後幾小節又按照相同的段式加以描寫，以達到反覆詠歎，使詩歌委婉而意味深長，增強抒情效果。清霜薄月之夜，在秋天蕭殺的氣氛中沉思生命的周期，直面生命的衰敗，頓生悲涼之感。

「薔薇架下，蜂蝶亂飛，正在青春，誰能不醉，宜細讀紅樓夢。」生命萬物的蓬勃、孕育，自然可以激發起旁觀者內心歡愉的體驗。陶醉於青春萌發的時節，愛情即是它最美的果實。

「冗於瑣務，數日不暇，擺脫歸來，俗塵滿襟。宜讀史紀項羽本紀及游俠列傳。」身處現實世界，不得不為世俗成規所羈絆，身心毫無自由可言。因此，「俠之一字，卻流行於下層階級，他們每每幻想著有俠客來和他打抱不平，而自己也願作這樣一個人。」〔註 10〕武俠小說中的俠客在想像、虛擬的另一空間——「江湖」中，刀光劍影、快意恩仇。他們瀟灑恣肆的背後，其實是武俠迷們宣泄情緒，一掃鬱結的心理欲求。所謂「一編在手，萬慮都忘，勞瘁一周，安閒此日，不亦快哉！」〔註 11〕而史記所寫游俠並非完全虛構的人物，均是在史實基礎上撰寫而成，因此，游俠身上帶有更多的世俗因素，他們身上有更多人間煙火的味道，這也是游俠郭解、朱家被喻為「布衣之俠」、「鄉曲之俠」的原因。他們既與布衣百姓有共同性，但由於身懷特異的本領，又不同於普通百姓，帶有傳奇性，因此，為普通下層民眾喜愛。

「淡日臨窗，茶煙繞案，瓶花未謝尚有餘香，宜讀六朝小品。」「情趣」是六朝小品的精髓，「情」與「趣」結合造就了小品——文學之逸品的格調。六朝小品的代表作如張岱《湖心亭看雪》、袁宏道《晚遊六橋待月記》，以其散淡清新的格調著稱。疏煙淡日，花之餘香嫋嫋纏綿，茶甘醇，文幽深，透露著幾許閒情，這是生活之藝術。

《讀書百宜錄》全文有一系列的景象：秋日、小院、菊花、酒、黃昏、庭除、大雪、爐燈、斗室、銀燈、畫閣、清霜、薔薇、蜂蝶、茶煙、瓶花，都是平常所見之物，看似是作者隨意列舉，但實質上都是被作者主觀統一在一種精神境界之中，統一在作者關於文學與自我生命之關係的認知當中。從自然人生輪迴變幻的百態出發，張恨水以「書」為橋梁，將「物」與「心」勾連在一起，使「觸目」景象的歡愉、感傷、亢奮、沉鬱的情緒在閱讀中找

〔註 10〕張恨水《中原豪俠傳》，北嶽文藝出版社 1993 年，第 4 頁。
〔註 11〕王鈍銀《〈禮拜六〉出版贅言》，載《禮拜六》第一期，1914 年。

到共鳴的節點、宣泄的通道。無論是「月明如畫，清霜行天」，還是「薔薇架下，蜂蝶亂飛」，在作者眼中，凡是屬於生命的景象都具有激發感悟生命的價值。將這種感悟形諸於文字，便使文學與自我生命有了千絲萬縷的聯繫。

張恨水認為，文學的功能就是宜情悅性，排解苦悶，使人的精神得到片刻休息。《讀書百宜錄》中所舉的十種書如果按照中國古代傳統的文體分類來區分其雅俗，那麼，屬於「小道」的小說如水滸傳林沖走雪篇、紅樓夢、項羽本紀及游俠列傳，戲劇《西廂記》屬於通俗文學範疇。其他所舉如詩詞、散文則屬於高雅文學。從文中敘述可以看出，張恨水對通俗文學更偏重娛樂、消遣、排解苦悶的功能，對於高雅文學的閱讀則偏於宜情悅性。「豪氣欲消」、「畫閣春溫」、「正在青春，誰能不醉」、「冗於瑣務」、「俗塵滿襟」，多是普通人的七情六欲，喜怒哀樂，是生活在當下的世俗情感。通俗文學更適宜作為高興時的遊戲或苦悶時的消遣。「了無塵念」、「綺懷萬動」、「若有所悟」、「良多客感」，是在擺脫喧囂的塵世之後，才能在閱讀中達到沒有心靈負重的狀態。這種閱讀狀態實現的是對生活的超越，實現的是一種精神上的自由。

三、閱讀與閒適：從雅事到雅趣

「讀書」本為雅事，由於閱讀者修養層次的不同、對藝術鑒賞品味的高低以及所讀之書的品質不同呈現出雅俗有別的趣味。在審美活動中，由於人格境界的高低以及人生價值取向的不同，從而形成審美趣味的差異。「高雅」之境的構築，離不開高雅的意趣。江淹《修心賦》云：「保自然之雅趣，鄙人間之荒雜」，提出「雅趣」說。陳平原先生曾談及對閱讀的獨到理解，「閱讀這一行為，在我看來，本身就具備某種特殊的韻味。在這個意義上，閱讀既是手段，也是目的。只是這種兼具手段與目的的閱讀，並非隨時隨地都能獲得」。〔註12〕日常的趣味有雅俗之別：俗趣尋求單純的、外在的視覺、感官刺激；雅趣側重於內在的意味，它不能自發生成，而是與個體的文化修養緊密聯繫在一起的。

一個有雅趣的人，能把俗書讀出雅味來，能「俗得那麼雅」。一個庸俗的人即便佳卷鋪於眼前也難品讀出雅味來。因此，雅趣抑或俗趣的獲得是以閱

〔註12〕陳平原《作為一種生活方式的讀書》，載《秘書工作》，2010 年第 3 期。

讀者的文化層次為基礎的。沒有較高的文化修養、沒有高雅的文學品味，對細微、特殊的美可能視而不見、感受不到。頗具古典文學修養、身為作家的張恨水在《讀書百宜錄》開篇即寫到：「善讀書者，則覺一切聲色貨好之處，無不可於書中得之也」。「善讀」，首先是以文化修養為基礎的。在會讀書的人眼中，一切生活的樂趣都能在書中找到。其次，講求「讀書有時，亦須有地」，這才是善讀書的人。

　　紛繁、浮躁的塵世中有幾人能靜下心來酣暢的體味書中的樂趣呢？恬淡、悠閒是將讀書這一雅事讀出雅趣的必要心境。「作為生活方式的讀書，對財力要求不太高，反而對心境和志趣要求更高些。」〔註13〕正所謂「仰觀宇宙之大，俯察品物之盛，而自審其一人之生應有之地位，非有閒暇不為也」。〔註14〕關於自我生命狀態與藝術之間的關係，朱光潛先生說道：「人愈到閒散時愈覺單調生活不可耐，愈想在呆板平凡的世界中尋出一點出乎常軌的偶然的波浪，來排憂解悶。所以遊戲和藝術的需要在閒散時愈緊迫。就這個意義說，它們確實是一種『消遣』。」〔註15〕閱讀需要沉思、觀察、回味才能體會到書中的樂趣。張恨水曾寫到少年時期的一段閱讀經歷：「父親辦事的地方，是萬壽宮。我白天不回家，在萬壽宮的戲臺側面，要了一段看樓，自己掃抹桌子，布置了一間書房。上得樓去，叫人拔去了梯子，我用小銅香爐焚好一爐香，就作起方斗小名士來」。〔註16〕張恨水作為讀者時期的這段閱讀經歷，對後來成為作家的張恨水關於文學功能的認識產生了深遠的影響。方斗名士的讀書方式顯然是文人趣味，是張恨水性情的自然流露，所以他能沉浸其中。《雅論與雅俗之辨》一書認為：「『高雅』之境創構中的心靈體驗方式的生成，離不開『天人合一』思維模式的影響。」〔註17〕淨几焚香是一種閱讀的姿態，這種儀式是讓心沉靜下來，暫時脫離喧擾的世界，進入書的意境，在書中和歷史、古人對話。放逐心緒，品味悠然，這種姿態更著意於悠遠寧靜、心無旁騖的心境。因此，要將書讀出雅趣來，就要有一份恬淡、超脫世俗的心境。

〔註13〕陳平原《作為一種生活方式的讀書》，載《秘書工作》，2010 年第 3 期。
〔註14〕王羲之《蘭亭集序》，選自（清）吳楚材、吳調侯選編《古文觀止》（中），前引書，第 475 頁。
〔註15〕朱光潛《朱光潛全集》第 2 卷，前引書，第 57 頁。
〔註16〕張恨水《寫作生涯回憶》，前引書，第 14 頁。
〔註17〕曹順慶、李天道《雅論與雅俗之辨》，前引書，第 42 頁。

　　在古代知識分子那裏，「閒」就是「閒適」，是現實人生失意之後的一種自我調節的態度，例如白居易數量頗豐的閒適詩，表達了他對政治生活的退避，知足閒適的思想。古代知識分子閒適的特點是對現實、人生的不介入，轉而尋求一種純粹精神上的自得其樂、自我修煉，這種思想符合在險惡的社會、政治環境中「兼濟天下」與「獨善其身」相互矛盾時，擺脫內心困擾，實現自我慰藉的心理。這顯然並不符合張恨水對文學功能的理解。

　　張恨水的消遣、閒適是從當下人生遭遇中跳脫出去，其最終的目的是返歸對凡俗人生的關注，這體現出張恨水對閒適的獨到理解，使其與所謂的傳統文人拉開了距離。楊義先生曾這樣評述張恨水：「他可以被視為 20 世紀中國文學由傳統向現代轉型的一個典型。他徘徊於舊營壘，窺視著新觀念，依附於俗趣味，釀造著雅情調，流連於舊模式，點化著新技巧，總之積習難返，卻始終不願沉溺於陳舊的套數，時時追求著改良和變新。」〔註 18〕閒情雅趣是張恨水身上深具的傳統文人氣質，但也是這一最為典型的傳統因子在他身上又呈現出完全不同於中國古典文人的內涵，具體地展現出他「依附於俗趣味，釀造著雅情調」的特點。

　　首先，如果將張恨水單純地看作深具傳統審美情趣的文人，作為現代作家，他的世俗關懷很可能因此被遮蔽。事實上，《讀書百宜錄》中的雅趣隨時向外部的世俗世界展開，「雅趣」與「俗世」兩者在作家的自我生命體驗中恰到好處的連結在了一起。張恨水並沒有把雅趣與俗趣絕對的對立起來，相反，他非常有意識地讓雅趣帶上了世俗的色彩。「偶然失意，頗感懊惱」、「冗於瑣務，數日不暇」、「畫閣春溫，細君含睇，穿針夜話」、「秋夜迢迢，良多客感」，人生的喜怒哀樂、兒女情長，日常生活的片段攜帶著的信息和聯想，使古典高雅的意境中透露出現實的、平民的色彩。在文中的散淡、悠然中如此著筆並不顯得孤立、突兀，這也是作者充分顧及了副刊雜談欄目潛在讀者群的知識水平。因此，這裏的雅趣所需要的閒適並不是完全對人生的超脫。這也是處於風雲激蕩、歷史激變的民國知識分子身上普遍具有的時代特點。身處時代風雲中的民國知識分子無法做到真正的恬淡、超脫，即便是休息之作，也不免貼合現實。

　　其次，《讀書百宜錄》中的恬淡、超脫具體體現在哪個層面上？「開懷

〔註18〕楊義《張恨水：文學奇觀和文學史困惑》，選自楊義主編《張恨水名作欣賞》，中國和平出版社，1996年，第 2 頁。

爽飲，了無塵念」、「黃昏日落，負手庭除。得此餘暇，綺懷萬動」、「冗於瑣
務，數日不暇，擺脫歸來，俗塵滿襟」。在凡塵、瑣事中得以抽得一息，在
文字的浸染中得到心靈的休憩，生活中的閒人使雅趣帶上了平民色彩。通常
情況下，普通的百姓生活是「冗於瑣務，數日不暇」的，身在瑣事之中而「閒」
的人，就顯出了一種情調。清代張潮《幽夢影》中如此描述過人生至樂的
「閒」：

> 人莫樂於閒，非無所事事之謂也。閒則能讀書，閒則能遊名勝，閒則
>
> 能交益友，閒則能飲酒，閒則能著書。天下之樂，孰大於是。〔註19〕

又如，蘇軾《記承天夜遊》：

> 何夜無月，何處無竹柏，
>
> 但少閒人如吾兩人者耳。〔註20〕

心懷從容，才能在瑣務凡塵中保持樂觀平常的心境，忙裏偷閒，苦中作樂。
這樣的人，生命的內涵更為豐富。一方面，他們是俗人，不一定具備多少高
雅的文化修養；另一方面，他們具有高雅人的悠閒情調。他們的生活從情趣
到心境是有機統一的。因此，文人情調表現在世俗之人的生活中，世俗之人
體現文人情調，這就達到了俗而不俗。可以說，這是《讀書百宜錄》最經得
起品味和分析的特點，這使它成為張恨水雜談文章的經典之作。

此外，值得一提的是這篇文章的語言特點，既有古典詩文的典雅，又不
乏現代白話文的通俗。這樣不僅在情趣上，而且在語言上，把雅趣與俗趣也
恰到好處的統一在了一起。

《讀書百宜錄》呈現出張恨水關於文學與自我生命之間的關係、時空與
閱讀體驗之間關係的認知與體悟。文章描述了他對文學宜情悅性、娛樂消遣
功能的自我體驗。通常情況下，前者與高雅文學相關，後者則更多地與通俗
文學聯繫在一起。但通過細讀文本，可以發現，宜情悅性與娛樂消遣的閱讀
體驗往往是模糊、混沌的，它們常常難以分清彼此。事實上，人在閱讀過程
中，往往伴隨著幾種彼此相通又各自不同的心理體驗，這也正是閱讀的趣味
所在。

〔註19〕　（清）張潮《幽夢影》，前引書，第 39 頁。

〔註20〕　（宋）蘇軾《記承天夜遊》，選自孔凡禮點校《蘇軾文集》（卷七十一），中華
　　　　　書局，1986 年，第 2260 頁。

第二節 「考據」、「歷史」兩個嗜好：從未完成的中國 小說史說起

張恨水一直有一個心願——寫一部中國小說史。以往的研究者多關注作爲小說家的張恨水，對於他的學術思路很少提及。即便提及也常常引述張恨水及其子女的記述，將其當做一個普通的事情看待。這與張恨水的研究論著沒有完成，相關文學理論論述過於零散有關。事實上，從關於著史一事隻言片語的記述文字中，我們依然可以窺探張恨水的文學理論思想及其學術眼光。「三十年代的北京，對學者教授的尊崇在職業作家之上。許多作家都逐漸放棄或減少寫作，去從事學術性研究和在大學教書。張恨水雖然創作了許多小說，成爲家喻戶曉的作家，但他深受小說是『小道』的傳統觀念束縛，並不推崇自己的職業。他嚮往從事學術研究，他熱心研究中國小說的發展。」〔註 21〕張恨水是否是因爲不推崇小說家的職業而熱心於學術研究尚待商榷，但是這些足以凸顯著述小說史在張恨水生命中所佔據的位置。

本節試圖探究張恨水爲何有小說史寫作的欲望和動力？究竟是哪些重要的理論問題和現實問題困擾著他？也就是說，張恨水寫作小說史的文化針對性是什麼？他對小說史有興趣的特殊性何在？在小說史中，張恨水試圖提出什麼問題？

一、爲通俗小說著史：張恨水的持久心願

作爲「新聞工作的苦力」〔註 22〕的張恨水，少有精力和工夫顧及編輯、創作之外的興趣、愛好。家庭生活的重擔迫使張恨水必須不斷地寫作，不得不「賣文爲生」，不過他深感這絕非樂事，如他所說：「於是看見賣文之業，無論享名至如何程度，究非快活事也」。〔註 23〕由於常年不停地寫作，他幾乎成了「文字機器」。〔註 24〕但張恨水一直有寫一部中國小說史的願望，稍有閒餘就到處搜集善本古書，爲寫小說史做準備，但這個願望最終未能如願以償，「可惜遭到『九‧一八』大禍，一切成了泡影。材料全部散失，以後再也沒

〔註 21〕 袁進《張恨水評傳》，湖南文藝出版社，1988 年，第 156 頁。
〔註 22〕 張恨水《寫作生涯回憶》，選自《寫作生涯回憶》，前引書，第 32 頁。
〔註 23〕 張恨水《哀海上小說家畢倚虹》，載《世界晚報》，1926 年 5 月 29 日。
〔註 24〕 「我的慈母非常的心疼我，她老人家說我成了文字機器，應當減少工作」，摘
　　　　自張恨水《寫作生涯回憶》，前引書，第 53 頁。

有精力和財力來辦這件事」。〔註25〕「這一些發掘，鼓勵我寫小說史的精神不少。可惜遭到『九‧一八』大禍，一切成了泡影。不過這對我加油一層，是很有收穫的。吾衰矣，經濟力量的慘落（我也不願在紙上哭窮，只此一句爲止），又不許可我買書，作《中國小說史》的願心，只有拋棄。文壇上的巨擘，有的是，我只有退讓賢能了，遲早有人會寫出來的。」〔註26〕由此可見，造成小說史沒有完成的原因主要有三點：第一，「九‧一八事變」造成以往收集的資料全部失散；第二，繁忙的工作使張恨水沒有多餘的精力投入這一浩大的著史工程；第三，戰事導致國內形勢巨變，個人財力緊張，經濟上無力收集珍貴的古書。因此，未完成的中國小說史均是外力所致，絕非張恨水本人主觀原因。

張恨水本人以及子女曾在回憶文章中多次提及他想寫中國小說史的持久願望和努力。他的女兒張明明回憶說：「他有個願望是寫一部中國小說史，可惜沒有如願，我把他的願望轉述讀者，希望我們的同胞，無論是在中國大陸上的、臺灣的、香港的或是海外華人，能完成幾部小說史，以慰藉在動蕩的年月中度過一生的老一輩文人。」〔註27〕張恨水自己也說：「關於我的小說事業，除編撰而外，一年以來，我有點考據迷，得有餘暇，常常作一點考證的工夫。起初，我原打算作一部中國小說史大綱，後來越考證越發現自己見聞不廣，便把大計劃打消，改了作中國小說史料拾零，最近我又怕人家誤會是不片斷的，改名中國小說新考，萬一這部書能成功，也許對中國文學問題有點區區的貢獻」。〔註28〕上述兩次徹底改變小說史的著述思路，主要原因是他考慮到本人的能力和手頭掌握的資料所限。

中國文學史著述是近代以來，伴隨著西方教育體制影響，在中國興起的一種文化需求。「西式分科教育形態也因西學的納入，逐漸成爲學堂授習知識的主要方式。隨著西式分科教育的施行，其背後所代表的西方知識分類系統，也因此而透過制度化的形式漸漸開始影響中國傳統的知識結構，並促使近代學術體系出現重大的轉折」，〔註29〕在「西潮」衝擊之下，中國的研究學者受

〔註25〕張恨水《我的創作和生活》，選自《寫作生涯回憶》，前引書，第 128 頁。
〔註26〕張恨水《寫作生涯回憶》，選自《寫作生涯回憶》，前引書，第 50 頁。
〔註27〕張明明《回憶我的父親張恨水》，選自《寫作生涯回憶》，前引書，第 426 頁。
〔註28〕張恨水《我的小說過程》，選自《寫作生涯回憶》，前引書，第 6 頁。
〔註29〕劉心龍《學科體制與近代中國史學的建立》，選自羅志田《20 世紀的中國：學術與社會——史學卷》，山東人民出版社，2001 年，第 457～458 頁。

到西方文學史的研究方法、敘述體例的影響，逐步開始著述中國文學史。「中國之小說自來無史；有之，則先見於外國人所作之中國文學史中，而後中國人所作者中亦有之，然其量皆不及全書之什一，故於小說仍不詳」。〔註30〕由於文學史多應用教學需要，產生於新式教育體制之內，因此，其著述者多為在大學擔任教職的學者。魯迅曾說：「我的《中國小說史略》，是先因為要教書糊口，這才陸續編成的」，「這三年來不再教書，關於小說史的材料也就不去留心了。因此並沒有什麼新材料」，〔註31〕魯迅所說確為事實。如果不是教學需要，如今許多聲名赫赫的文學史家都不會從事文學史撰寫。作為職業報人和業餘作家，張恨水有別於魯迅和那些在高等學府擔任教職的教授、學者，將編寫文學史作為完成教學任務的一部分併以此換取薪酬。〔註32〕著述文學史屬於學院派的思路，這並非是身為小說家的張恨水所擅長的。在這種情況下，不是大學學者的張恨水對著述文學史的持久願望就顯得尤為特殊。既然，著述文學史並非必須完成以換取教職薪酬的方式，那麼，張恨水是在一種怎樣的生命狀態下萌生著述一部中國小說史這一願望的呢？這一持久的願望是否能投射出張恨水潛在的文學史意識呢？對張恨水在 1930 年前後生活狀況的分析也許有助於我們進一步找到答案。

二、在創作與學術之間：張恨水的 1930 年

在張恨水一生中，唯一一段在學校擔任教職的日子也是極為有限的，「1931 年，父親在四叔和一些朋友的鼓勵下，以自己的稿費出資，創辦了『北平華北美術專門學校』，又因他的聲望，被推舉為校長，兼教中國古典文學和小說創作，但不過問具體校務，日常工作由四叔主持。」〔註33〕「父親偶爾講講課，也多是語文之類。」「學校劃了一座院落作為校長辦公的地方。父親住在學校裏，除了教書，什麼意外的打擾都沒有，能夠靜心靜意地寫文章、看書。」〔註34〕張恨水僅有的這次教書經歷，頗有「客串」的意味，其上課

〔註30〕魯迅《中國小說史略·序言》，選自《魯迅全集》第八卷，人民文學出版社，1956 年，第 4 頁。
〔註31〕魯迅《集外集拾遺補編》，人民文學出版社，1993 年，第 295 頁。
〔註32〕魯迅因在北京大學等校兼課，需要課本而撰寫《中國小說史略》；後因在廈門大學任教，須編講義而完成《漢文學史綱要》。
〔註33〕張伍《雪泥印痕：我的父親張恨水》，春風文藝出版社，2006 年，第 93 頁。
〔註34〕張明明《回憶我的父親張恨水》，選自《寫作生涯回憶》，前引書，第 255～256 頁。

內容也集中在自己的專長文學鑒賞和文學創作上，並不涉及系統的文學史教學。此外，他居於學校出資人和校長的位置，「只教幾點鐘的國文，另外就是跑路籌款」，〔註35〕這與普通教師以教學、科研為主要工作是完全不同的。因此，作為教學所需而撰寫文學史並非張恨水必須所為之事。

著述文學史無疑需要耗費大量財力。「吾衰矣，經濟力量的慘落（我也不願在紙上哭窮，只此一句為止），又不許可我買書，作《中國小說史》的願心，只有拋棄。」〔註36〕文學史寫作是需要投入大量精力和時間的工程，並且無法迅速地換取稿費或版稅。1930 年，張恨水因對成舍我苛刻的給薪方式不滿，辭去《世界日報》和《世界晚報》的編輯職務。〔註37〕之後的一段時間，張恨水有了難得的閒暇，也讓他有更多的精力專注於小說史資料的收集。「父親自 1930 年 2 月辭去了《世界日報》工作以後，沒有編務纏身，可以一心一意地寫作，心情也愉快」，「父親也要給自己『加油』，每晚登床以後，總要擁被看一兩點鐘的書。他看的書很雜，文藝的、哲學的、社會學的，他都要看。此外，幾本長期訂閱的雜誌，也是每期必讀的。他說，必須『加油』才能跟上時代，理解時代，這也就是所謂的『畫眉深淺入時無』了」，「這時父親的『加油』，興趣偏重於考據。」〔註38〕張恨水也多次在回憶文章中提及自己的這個愛好和努力。〔註39〕《我的創作和生活》中這樣寫到：「這時，我讀書有兩個嗜好，一是考據，一是歷史。為了這兩個嗜好的混合，我像苦修和尚，發了個心願，要作一部中國小說史，要寫這部書，不是光在北平幾家大圖書館裏可以把材料搜羅全的。自始中國小說的價值，就沒有打入四部、四庫的範圍。這要到民間野史和斷簡殘編上去找。為此，也就得多轉書攤子，於是我只要有功夫就揣些錢在身上，四處去逛舊書攤和舊書店。我居然找到了不少，單以《水滸》而論，我就找了七八種不同版本。例如百二十四回本，胡適就曾說很少，幾乎是海內孤本了。我在琉璃廠買到一部，後

〔註35〕張恨水《寫作生涯回憶》，選自《寫作生涯回憶》，前引書，第 129 頁。
〔註36〕張恨水《寫作生涯回憶》，選自《寫作生涯回憶》，前引書，第 51 頁。
〔註37〕1930 年 4 月 20 日《世界日報》發表張恨水《告別朋友》一文，說明辭去編輯職務的原因：「為什麼辭去編輯？我一支筆雖幾乎供給十六口之家，然而生活的水平線總維持著無大漲落，現在似乎不至於去沿門托缽而搖尾乞憐」，表示出對成舍我給予薪酬的不滿。
〔註38〕張伍《雪泥印痕：我的父親張恨水》，前引書，第 91 頁。
〔註39〕張恨水《寫作生涯回憶》、《我的創作和生活》、《我的小說過程》均表達過想完成一部中國小說史的心願。

來在安慶又買到兩部，可見民間蓄藏是很深厚的。由於不斷發掘到很多材料，鼓勵我作小說史的精神不少。〔註40〕張伍在《雪泥印痕：我的父親張恨水》中也追憶了張恨水為寫作小說史所作的準備，「父親說，北平是個文藝寶庫，只要你有心，肯下工夫，就不會沒有收穫。蒼天不負苦心人，父親搜集了許多珍貴的小說版本，僅《水滸》一書，他就收集到了七八種不同的版本，就連被胡適先生自詡為124回的海內孤本，父親在琉璃廠買到一部，後來在安慶又買到兩部。又如《封神演義》，只在日本帝國圖書館裏有一部許仲琳著的版本，國內從未見過，父親居然在宣武門小市上，買到一套朱本，上面也刻有「金陵許仲琳著」的字樣，只可惜缺了一本，若是找到這本及其原序，那簡直就是一寶了。父親不僅在犄角旮旯兒的書攤小市上去找，也到一些私人收藏家去看，他曾在一位專門收集中國小說的馬毓清先生那裏，見過一部《三刻拍案驚奇》。這些挖掘出來的寶藏，使父親受到了極大的鼓舞，他覺得寫小說史的心願能夠實現了，感到無比的興奮和欣喜。不料就在他準備全身心投入到《中國小說史》的寫作中去之時，『九一八』國難來臨，他辛苦搜集到的寶貴資料，後來都毀於戰火之中，此後，他再也沒有經濟能力，也沒有精力去尋覓那些珍貴無比的小說史料了。父親要寫《中國小說史》的心願，終究只是一個心願！」〔註41〕

　　實際上，即便是1930年2月辭去《世界日報》編務工作之後，張恨水的閒暇時間只能說是相對寬鬆一些，他仍有許多「文字債」。「他每天從上午9點開始寫作，直至下午六七點鐘才停筆。晚飯後，偶爾和母親去聽場京戲或看場電影。否則仍是繼續寫稿到深夜2點。」〔註42〕「這一時候可以說是他的創作高峰期，寫下了大量的膾炙人口的作品，像被人們稱之為『張恨水三大時代』的《黃金時代》（後易名《似水流年》）、《青年時代》（後易名《現代青年》）、《過渡時代》及《滿江紅》、《落霞孤鶩》、《美人恩》、《歡喜冤家》（後易名《天河配》）、《楊柳青青》、《太平花》、《滿城風雨》、《北雁南飛》、《燕歸來》、《小西天》、《藝術之宮》等等。」雖然同時為幾家報刊寫稿，但仍要負擔一家十幾口人生活的張恨水並非真的有閒並且有錢，作為職業編輯和作家的他，其實沒有必要去做著述文學史這種耗時耗力而且不能立即有所收益的

〔註40〕張恨水《我的創作和生活》，選自《寫作生涯回憶》，前引書，第128頁。
〔註41〕張伍《雪泥印痕：我的父親張恨水》，前引書，第91～92頁。
〔註42〕張伍《雪泥印痕：我的父親張恨水》，前引書，第91頁。

事情。這就有必要追問，完成一部中國小說史在張恨水心目中到底有多重要？它在張恨水整個文學創作歷程中處於怎樣一個位置？

　　創作小說史的動機，必然是由一系列文學史問題開始，並在解答這些問題中展開「史」的敘述。首先，張恨水對小說史著述的心願完全處於對中國文學歷史的獨到理解。「他認為中國小說，始終未能進入中國『文學殿堂』，在追求仕途經濟的人人先生們眼中，稗官小說不過是『雕蟲小技』，『四部』、『四庫』，那樣正史中絕無其立身之地。只能到民間的野史和斷簡殘編中去尋找。」〔註43〕為中國以往不被重視的中國小說著述寫史，發掘、還原小說應有文學史地位是張恨水寫作《中國小說史》的直接願望，也是最大的動力，並且他更進一步地將問題具體到提高中國通俗小說的文學史地位上。由張恨水為準備小說史寫作而搜集的資料來看，他所關注的小說是中國古代通俗小說，比如《水滸傳》、《封神演義》、《三刻拍案驚奇》，也就是說，他想寫的是一部中國通俗小說史。近代以來，一批思想革命的先驅試圖以小說為工具啟發民智，進而達到政治變革的目的，因此，中國小說變革面臨的一大任務就是提高小說地位，使小說進入文學殿堂，得到社會認可。晚清，梁啟超倡導的「小說界革命」使「君子弗為」與被稱為「小道」的小說負載著社會啟蒙的任務被推至文學的中心。張恨水提高小說地位的著眼點顯然有別於梁啟超的啟蒙目的，他將眼光回溯到中國傳統通俗小說的資源中，試圖發掘以往被遮蔽的通俗小說這一文學資源，並以此開啟了自己對中國傳統章回小說的改良之路。

　　為了寫作小說史，張恨水認真研讀過魯迅的《中國小說史略》和鄭振鐸關於小說的研究文章。他將自己初步的一些研究體會寫成了《小說考微》，發表於 1932 年 7 月 25 日的北平《晨報》：

　　　　予嘗謂中國小說家之祖，與道家混。而小說之真正得到民間，又為佛家之力。蓋佛教流入中國，一方面以高深哲學，出之以典則之文章，傾動士大夫；一方面更以通俗文字，為天堂地獄，因果報應之說，以誘匹夫匹婦。唐代以上，乏見民間故事之文，否叫通俗文字既出，自慰民間所欣賞。而此項文字，冀便於不識字之善男信女之口誦，乃由佛經偈語脫化，而變為韻語。在敦煌文字中，今所見太子贊與董永行孝等文，即其代表也。惟故事全用韻語，或嫌呆板，

〔註43〕張伍《雪泥印痕：我的父親張恨水》，前引書，第 91 頁。

> 於是一部分韻語故事，間加散文，蓋套自佛經中之「文」與「偈」
> 而成者。久之，又變爲兩體，一部分韻語減少，成爲詩話詞話，一
> 部分仍舊，而彈詞生矣。〔註44〕

這篇研究札記考證了通俗小說的淵源，顯示出張恨水對小說研究初步的學術
積纍。

　　文學創作與文學史著述屬於完全不同的兩個事業，完成它們所需要的個
人資質、心性、文學積澱等方面的素質也是頗爲不同的。寫小說要求敞開思
維、發揮想像、著力渲染，而以「考據」與「歷史」爲兩個基點的文學史著
述則要求具備做學術研究的平達通識、顧及全局。這兩方面的素質在同一個
人身上往往很難達到統一和平衡。作爲一個才思敏捷、想像力豐富、擅長編
故事的小說家，我們很難設想，張恨水能如此沉浸於古書堆中，冷靜地辨識、
考證書的各種版本。天馬行空的文學創作與冷靜嚴密的學術著述兩者很難兼
得，加之戰時世事巨變，張恨水寫作中國小說史的心願也一直被擱淺了。對
於這個懷揣已久的心願，他心有不甘，所以後來不斷提及此事。只是後人無
法看到一部獨具特色的中國小說史，不免令人遺憾。但通過這個未完成的心
願，可以窺探張恨水對通俗小說文體的自覺意識。

三、現代通俗小說理論研究的初始階段：通俗小說家的文學史

　　民初至民國二、三十年的通俗小說理論可以說既豐富又貧乏。說它豐
富，是因爲當時已提出了許多不同於傳統古典通俗文學的新命題；說它貧
乏，是因爲這些命題大多沒有展開深入、系統的論述，多是停留在直觀感受
和常識性表述階段。此時的小說理論所使用的論述方法與中國傳統小說批評
家一樣，大都習慣採用序跋、隨感、評語、「發刊詞」、「小說叢話」等形式，
隨感性的發表關於小說的理論見解。例如梁啓超《新中國未來記》緒言、《小
說叢話》，李伯元《中國現在記》楔子，《月月小說》發刊詞，《小說林》發
刊詞等等涉及文學理論的序跋、隨感大量出現。到了 1960 年代，鄭逸梅《民
國舊派文藝期刊叢話》和范煙橋《民國舊派小說史略》依然採用從創作經歷
出發，以感性的話語方式論述文學理論的著述範式。湯哲聲先生認爲，中國
現代通俗小說理論研究在 1949 年以後經歷了三個階段，第一階段是從 1949

〔註44〕張恨水《小說考微》，載北平《晨報》，1932 年 7 月 25 日。

年至 1960 年，代表性的成果便是上文提及的《民國舊派文藝期刊叢話》、《民國舊派小說史略》以及張恨水的《我的創作和生活》一文。〔註45〕1960 年代，與張恨水出生於同一時代〔註46〕，並且同樣以通俗小說家身份行走文壇的鄭逸梅（1895～1992）、范煙橋（1894～1967）完成了民國通俗小說理論建構的嘗試。鄭逸梅《民國舊派文藝期刊叢話》（1961）、范煙橋《民國舊派小說史略》（1962），這兩部書均是在歷史敘述的基礎上，昇華出關於通俗小說的理論認識。書中通過對各自親身經歷的民國歷史和相關文學活動的回憶、總結，觸及到關於通俗小說與社會生活、通俗小說的真實與虛構之關係的諸多理論問題。同時，他們所提供的這些歷史資料也成為後來的研究者研究通俗小說的本體特徵奠定了基礎。1963 年，張恨水完成回憶自己人生歷程的文章《我的創作和生活》。〔註47〕這篇文章與鄭逸梅、范煙橋的著述思路頗為相似，依舊從作者創作經歷的追述中勾連起相關的文學活動並由此延伸及對小說理論問題的探討。比如，對於章回小說的認知，對武俠小說的理解等問題在書中均有所涉及。

　　張恨水有關文學理論的論述幾乎沒有形成專門、系統的論著，除了《我的創作和生活》這篇文章之外，張恨水的小說理論以及文學觀多散見於他的散文、小說序跋文中。近代以來，由作家本身論述文學理論的現象非常普遍。民國時期，通俗理論的相關論述，多出自於身為通俗小說家的作家之手，他們具有非常豐富的創作實踐經驗，從實踐出發，隨感式地論說有關通俗文學創作的相關問題，是當時許多通俗小說家採用的方式。可以說，這既是民國通俗小說家表達文學觀念的特殊方式，但也不可避免地帶有自身的局限性。相對零散、缺乏理論深度的點論抑制了後來通俗文學理論系統建構的進程。但是，這些作家自述為後人保留了最生動和鮮活的歷史資料，它們是當今研究者建構現代通俗文學理論必須重新返回的歷史現場與理論原點。因此，重新回到張恨水創作過的零散的相關理論論述中剖析他的文藝思想是極為必要的。

〔註45〕此觀點參見湯哲聲主編《中國當代通俗小說史論》，北京大學出版社，2007年，第 25～27 頁。
〔註46〕張恨水（1895～1967）。
〔註47〕張恨水《我的創作和生活》，原載《文史資料》，1980 年第 70 期。

第三節　序跋：理解張恨水雅俗文學觀的重要向度

　　張恨水一生創作一百二十餘部中長篇小說並幾乎爲每部小說做過自序。張恨水的小說理論主要散見於這些數量眾多的小說序跋中，這些序跋文主要著眼點是每部作品具體的創作緣由、創作過程、文本故事情節的概要等。在這些具體問題的論述中，張恨水常常從創作的實踐經驗出發，引申出關於小說的理論見解，這些見解又影響著他的小說創作，由此形成了創作—理論—創作的互動關係，共同完善、推進著他的創作。也就是說，序跋中所涉及的論點的實踐性遠遠超過其理論性。只有把這些隨感、序跋文還原至二十世紀初中國小說大轉變時期的文學潮流中，才能理解其真正的價值和意義。

　　在序跋文中，張恨水談及的小說理論多集中在兩個方面：第一，對中國傳統章回小說的認知以及在創作實踐中對它的現代改良。這一點表現出張恨水自覺的現代文學意識；第二，根據不同時期的序跋文，可以窺見張恨水創作流變的脈絡及其前後創作主張的轉變，這爲讀者展示出作家本人心靈的一隅。上述兩點，都與張恨水的文學創作觀從「創作人生」到「敘述人生」的轉變有直接聯繫。

一、從「創作人生」到「敘述人生」

　　「小說界革命」後，深受梁啓超小說主張影響的李伯元、吳研人等報人小說家開始創作揭露時弊、抨擊政治黑暗的「譴責小說」。「譴責小說」這一命名，是後來魯迅先生加給這類小說的名稱，爲的是與《儒林外史》爲代表的「諷刺小說」相區別。但在當時，這兩類小說都被稱爲「社會小說」，而且「譴責小說」作家的小說結構許多學自《儒林外史》。李伯元《官場現形記》、《文明小史》借用了《儒林外史》的小說結構；吳趼人《二十年目睹之怪現狀》以「九死一生」的「我」爲貫穿全書的線索，對《儒林外史》的結構作了改進；曾樸《孽海花》又作了進一步的完善，以傅彩雲、金雯青爲線索，引出一個又一個故事和人物。

　　對於稍後的張恨水來說，《儒林外史》對他的影響也頗爲深遠，但與民初小說家不同的是，《儒林外史》爲他所關注，已不在於小說的結構、筆法，而是由於它所具有的社會性。張恨水回憶道：

　　　　二十四歲，我在一家報館裏當編輯，我曾把《紫玉成煙》發表了。
　　　　這書一發表，很得一些人謬獎，於是我很高興，繼續著作了一篇白

話長篇《南國相思譜》，我的文字結構上，自始就有點偏重於辭藻，因之那個時候作回目，就力求工整。較之現在，有過之無不及。記得這時，我的思想，完全陶醉在兩小無猜、舊式兒女戀愛中，論起來，十分落伍了。同時我在上海的《民國日報》發表了兩篇諷刺小說，有一篇名爲《小說迷魂遊地府記》，我漸漸的改了作風，歸入《儒林外史》一條路了。〔註48〕

這種社會章回小說，從最遠說，應該是以《儒林外史》爲始祖。滿清末年，這類作品，風行一時，直到『五・四』前後，其風未戢，我必須承認，是受了這個影響，並承襲了這個作風。這種作風，最崇高的境界，是暴露黑暗，意義是消極的，若以近代評衡文字的目光來看，殊不能達到建設或革命的目的。我的《春明外史》，和這篇《斯人記》，以及《春明新史》、《新斬鬼傳》，甚至最近所作的《牛馬走》等篇，都走的是這一條路。〔註49〕

「諷刺小說」必然是面對社會現象展開的「諷刺」，針砭社會時弊的創作目的，使得這類小說帶著社會生活的眞實色彩，它是以「敘述人生」爲底色的。對於小說創作，張恨水認爲：「有人說小說是『創作人生』，又有人說小說是『敘述人生』。偏於前者，要寫些超人的事情；偏於後者，只要是寫著宇宙間之一些人物罷了。然而我覺得這是純文藝小說，像我這個讀書不多的人，萬萬不敢高攀的。我既是以賣文爲業，對於自己的職業，固然不能不努力；然而我也萬萬不能忘了作小說是我一種職業。在職業上作文，我怎敢有一絲一毫自許的意思呢。」〔註50〕「創作人生」偏重文學想像，它不以對眞實生活的描摹爲基礎，而是以想像、幻想的手法游離於正常的現實人生邏輯，爲人們營造出一個實現人生幻想的空間。「敘述人生」則是以描寫生活眞實狀態爲基點，貼近人們的世俗情感和生活體驗。走《儒林外史》的「這一條路」事實上指的是轉向創作「諷刺小說」。當時，「陶醉在兩小無猜，舊式兒女戀愛中」的張恨水深覺思想「十分落伍」，開始將創作轉向《儒林外史》一路的「諷刺小說」的路子上。

在「創作人生」向「敘述人生」轉變的背後，其實是一個作家最根本的

〔註48〕張恨水《寫作生涯回憶》，選自《寫作生涯回憶》，前引書，第3頁。
〔註49〕張恨水《斯人記・自序》，北嶽文藝出版社，1993年，第1頁。
〔註50〕張恨水《啼笑因緣・自序》，北嶽文藝出版社，1993年，第1頁。

文學觀的轉變，由此帶來的寫作方式的轉變。張恨水曾說：「我從前寫小說，大半是只有一點印象，然後就信筆所之的向下寫，自從去年以來，我改了方針，必得先行布局，全書無論如何跑野馬，不出原定的範圍。《啼笑因緣》一部書就是如此的。我的膽子彷彿現在是越來越小了，或者會令我的作品好一點，或者會斲傷元氣一點，那不可知，只好證之將來吧。」〔註51〕晚清參與「小說界革命」，頗具影響力的小說理論家邱煒萲曾說：「小說家言，必以紀實研理，足資考覈爲正宗。其餘談狐說鬼，言情道俗，不過取備消閒，猶賢博弈而已，固未可與紀實研理者絜長而較短也。」〔註52〕

從之前信馬由繮的寫作過程到後來以社會眞人眞事爲基點進行創作，不僅與當時社會思潮的影響有關，而且也是與張恨水作爲報人和作家的雙重身份分不開的。近代以來，報刊興起對中國文學的現代進程產生過深遠影響。「無論是談『文學革命』的發生，還是著眼於敍事模式的轉變，甚至落實到某位文人學者撰述之是否『平易暢達』，都可以從其拒斥或擁抱報章的角度入手。」〔註53〕因此，身爲報人的一批小說家成爲近現代中國文壇上特殊的群體。清末民初，許多出身報人的小說家以自己博文廣見的職業優勢，將社會新聞的事件爲創作靈感，引軼聞入小說，並藉此發表對社會現象的個人見解。陳平原先生認爲：「倘若直錄的是凡人瑣事，那既不能補史，也不能引起讀者的興趣；必須是名人軼聞的實錄，才兼有觀賞與補史的雙重功用。『因爲有影事在後面，所以讀起來有趣一點』〔註54〕——讀者這一特殊欣賞趣味，誘使新小說家大量引軼聞入小說。」〔註55〕

報人的職業身份，對張恨水小說創作影響頗深，這不僅表現在他的小說取材上，更體現在他的文學創作觀上，以社會眞實爲基礎的新聞特性，在他的創作中表現地尤爲突出。張恨水的許多創作靈感大都來自從事報刊編輯的所見所聞。「大概我和我一班說得來的朋友，寫東西或從事新聞報導都有這個態度，這次趙超構兄去延安訪問，事先曾和朋友們商量，應當取一個什麼態度？我就很簡單的貢獻一點意見，觀察最好一切客觀。至於你的觀感如何，有什麼批評，那倒主觀一點也可以。事實的存在是一件事，你對於這存在的

〔註51〕張恨水《寫作生涯回憶》，選自《寫作生涯回憶》，前引書，第5頁。
〔註52〕邱煒萲《菽園贅談》，1897年刊本。
〔註53〕陳平原《文學的周邊》，新世界出版社，2004年，第132頁。
〔註54〕蔡元培《追悼曾孟樸先生》，載《宇宙風》第2期，1935年。
〔註55〕陳平原《二十世紀中國小說史》（第一卷），前引書，第253頁。

事實作何感想，又是一件事，最好不必混爲一談。」〔註 56〕「對於社會上的人物，就不時的加以冷靜的觀察，觀察之後，我總是感著不平，心裏便想寫一部像《儒林外史》、《官場現形記》的小說。」〔註 57〕「有時關於一事一物不能著筆的時候，我也不怕費事，親自去考察，縱然不能考察，我必得向知道的，細細打聽一番，若是無可考察，無可打聽，我寧可藏拙不寫了，這或者是我特別向讀者討好的地方。」〔註 58〕《春明外史》連載獲得成功之後，他曾說：「這書出世以後，卻添了一種意外的麻煩，就是讀者往往將書中人物，一一索隱起來，當作歷史一樣來看。其實小說取一點時事作背景，原極尋常，只是這種事，整個兒搬來，整個兒寫上，等於一張紙了，有什麼意味呢？所以《春明外史》的事，依然樓閣憑空的多，因爲樓閣憑空的多，所以我插進去幾個主角來貫穿全局，非常便利」。〔註 59〕張恨水在談到對生活材料的利用時說道：「小說就是小說，並不是歷史，我已經說過了。但例外的將整個故事拿來描寫，這事也不能說絕無。若以我從事寫作三十年而論，這樣的事情也有兩回」。〔註 60〕這兩回是指，張恨水給《申報》副刊《春秋》所寫的《換巢鸞鳳》和民國三十五年所寫的純軍事小說《虎賁萬歲》。「前者，我根據了參考文件，眞名眞姓眞時間眞地點，我都給他寫出來了。前者卻把這些都換了，只留下那類似悲劇的故事。」「此外，有一半運用故事，一半是抽象的，那就是《歡喜冤家》和《大江東去》。」〔註 61〕張恨水成名作《啼笑因緣》的故事原型也來自於眞實的社會新聞。「關於《啼笑因緣》的產生是有幾個有趣的社會奇聞作爲緯線」，〔註 62〕指的是當時一位田旅長強劫唱大鼓的良家姑娘高翠蘭的社會新聞。直到抗戰時期的 1940 年，張恨水也曾這樣說過：「我們有筆能寫，有耳目能聞見，若不把現在的實事，寫些『留贈後人』，倒眞成了『讀聖賢書所爲何事？』」。〔註 63〕

〔註 56〕張恨水《延安一月‧序》，選自南京新民報文藝叢書之六‧趙超構《延安一月》，南京新民報館，民國三十五年一月初版，第 1 頁。
〔註 57〕張恨水《寫作生涯回憶》，選自《寫作生涯回憶》，前引書，第 3 頁。
〔註 58〕張恨水《寫作生涯回憶》，選自《寫作生涯回憶》，前引書，第 5 頁。
〔註 59〕張恨水《我的小說過程》，選自《寫作生涯回憶》，前引書，第 4 頁。
〔註 60〕張恨水《寫作生涯回憶》，選自《寫作生涯回憶》，前引書，第 97 頁。
〔註 61〕張恨水《寫作生涯回憶》，選自《寫作生涯回憶》，前引書，第 98 頁。
〔註 62〕張明明《回憶我的父親張恨水》，選自《寫作生涯回憶》，前引書，第 210 頁。
〔註 63〕張恨水《文人自有千秋業》，選自徐永齡主編《張恨水散文》（四），安徽文藝出版社，1995 年，第 352 頁。

二、以「敘述人生」爲基點的武俠小說創作

以「敘述人生」爲基點的創作，不僅影響到張恨水的社會小說，並且對他創作的其他小說類型也有決定性的影響。在《武俠小說在下層社會》、《論武俠小說》、《劍膽琴心・序》、《中原豪俠傳・序》這些由創作經驗勾連起的有關武俠小說理論的文章中均有表現。從中可以發現，張恨水對中國傳統游俠小說基本觀點產生的根源何在？他是如何將現代世俗精神貫穿於武俠小說創作，如何對傳統武俠小說進行現代改良的？

武俠小說以非眞實性、非正常的邏輯塑造的武俠世界，使人們渴望的，但現實生活中沒有的人生幻影得以在小說中實現，它是「創作人生」的小說。幻想性是武俠小說引人沉醉的最根本的原因。司馬遷稱：「且緩急，人之所時有也。」武俠小說之所以能在各文化層次的讀者中廣泛流傳，除了自身力圖融合（或稱迎合）各種文化心理，因而具有多種解讀的可能性外，很大程度上應歸因於讀者的期待視野。有人讀出了刀光劍影，有人讀出了謀篇布局，有人讀出了生命感悟，有人讀出了哲學意蘊。」〔註 64〕鄭振鐸曾站在新文學立場上如此看待武俠小說：「一般民眾，在受了極端的暴政壓迫之時，滿肚子堵塞著不平和憤怒，卻又因力量不足，不能反抗，於是他們的幼稚的心理上，乃懸盼著有一類『超人』的俠客出現，來無蹤，去無迹，爲他們雪不平，除強暴。這完全是一種根性鄙劣的幻想，欲以這種不可能的幻想，來寬慰了自己無希望的反抗的心理」。〔註 65〕「武俠小說之所以風行，主要基於讀者的『夢英雄』和『英雄夢』。前者指其不滿世間不平與黑暗，希望有俠客拔刀相助，懲惡揚善；後者指閱讀中不自覺的『替入』，『硬去充其中的一個角色』，實現在現實生活中根本無法實現的夢想。」〔註 66〕「人人在武俠小說中重求順民社會中所不易見之仗義豪傑，於想像中覓現實生活所看不到之豪情慷慨」。〔註 67〕張恨水說：「我向來有一種觀念，中國人民有幾項不必灌輸，而自然相傳的道德信仰，第一個字是孝，第二

〔註 64〕陳平原《我與武俠小說（代序）》，選自《千古文人俠客夢》，百花文藝出版社，2009 年，第 2 頁。

〔註 65〕鄭振鐸《論武俠小說》，選自《海燕》，新中國書局，1932 年 7 月，第 9～10 頁。

〔註 66〕陳平原《千古文人俠客夢》，前引書，第 188 頁。

〔註 67〕林語堂《狂語》，載《論語》第 50 期，1934 年。

個字是俠。」「俠之一字，卻流行於下層階級，他們每每幻想著有俠客來和他打抱不平，而自己也願作這樣一個人。」〔註68〕

張恨水十幾歲時，就喜歡看武俠小說。他回憶道：「十四歲的時候，我看過了《水滸》、《七俠五義》、《七劍十三俠》之後，我常對弟妹們演講著，而且他們也很願意聽」，「不知哪一天，我憑空捏造了一段武俠的故事，說給他們聽，他們也聽得很有味。於是這一來，把我的膽子培養大了。過了二天，我就把這捏造的故事擴大起來，變了幾回小說，這小說究竟是幾多回，是什麼名字，我都忘記了，彷彿著曾形容一個十三歲的孩子，能使兩柄大錘，有萬夫不當之勇」。〔註69〕少時的張恨水將武俠小說作為發揮自己無限想像力的載體，「憑空捏造」出來的武俠故事在他那裏是幻想人生的一種方式。

張恨水稱其父祖皆「生性任俠」，輪到自己，則「豪氣盡消，力且不足縛一雞」，「大感有負先人激昂慷慨之風」，於是只好著武俠小說，聊以解悶。〔註70〕這段創作談頗有『寓言』味道，道出了中國文人可悲處境。從任俠使氣獨掌正義，到彈鋏高歌看劍抒情，已退了一大步，可畢竟還有點豪氣；再到舞文弄墨傳游俠以謀生，確實是愧對祖先英魂。面對游俠身影的逐漸遠去，手無縛雞之力的文人只能「坐而論俠」。陳平原認為「就改變歷史進程而言，游俠即便有作用，也是微乎其微。游俠的價值在於精神的感召，它使得千百年來不少仁人志士嚮往並追求那種崇高但『不切實際』的人生境界」。〔註71〕張恨水一生僅創作兩部武俠小說《劍膽琴心》和《中原豪俠傳》。但是，他對游俠精神的讚賞與眷戀常常表現在武俠小說以外的創作中，例如《啼笑因緣》、《秦淮世家》、《丹鳳街》等社會小說中常常閃現著俠客的傳奇身影。也正是從人生境界的角度，我們才能理解張恨水為何讚賞市井百姓身上藏有的解救他人於厄難的游俠精神。

同時，張恨水把「創作人生」的武俠小說純粹幻想的部分看作傳統武俠小說不可取的地方。他說：「為什麼下層階級會給武俠小說所抓住了呢？這是人人所周知的事。他們無冤可申無憤可平，就託諸這幻想的武俠小說，來解除腦中的苦悶。」「總括的來說，武俠小說，除了一部分暴露的尚有可取而外，

〔註68〕張恨水《中原豪俠傳·自序》，北嶽文藝出版社，1993年，第4頁。
〔註69〕張恨水《我的小說過程》，選自《寫作生涯回憶》，前引書，第1頁。
〔註70〕參見張恨水《劍膽琴心·自序》，北嶽文藝出版社，1993年，第2頁。
〔註71〕陳平原《千古文人俠客夢》，前引書，第180頁。

對於觀眾是有毒害的。自然，這類小說，還是下層社會所愛好，假如我們不能將武俠小說拉雜推燒的話，這倒還是談民眾教育的一個問題。」〔註72〕在張恨水看來武俠小說應該是「敘述人生」的另一種方式，體現出他獨特的文學創作觀。

張恨水在《中原豪俠傳‧自序》中談到該小說的創作緣由時提及曾在西安遇到一位姓胡的廳長。這位廳長談到河南的壯丁隊時說道：「他們不能脫離民間傳統的封建思想，而且好談小忠小義，即近小說上的江湖結交，若想好好地利用，必須灌輸民族意識，教以大忠大義」，「而且我覺得以毒攻毒，最好就用通俗教育的手腕，在戲劇小說歌唱上，把他們崇拜的江湖英雄，變爲民族英雄，讓他們容易接受這教訓。足下是作章回小說的，你就是治這種病症的醫生，我願供給你材料，足下其有意乎」。〔註73〕「醫治」社會尚存的封建思想這一「病症」是張恨水創作《中原豪俠傳》的初衷。對於章回小說在通俗教育方面所起的作用，他說：「大概茅盾對章回小說的改良寫法，並不反對。在通俗教育方面，也還不失爲一個利用工具。至於在文藝上的地位如何，鄭先生只是提供他自己的意見，似乎在今日（指十年前），新作的章回小說，很難達到文藝的水準。尤其是意識方面，作章回小說的人，認識不夠」。〔註74〕從中可以看出，張恨水認爲章回小說之所以存在弊端，最根本的是因爲寫作章回小說的很多作家意識落後，而不在於這種小說樣式本身。

張恨水對傳統武俠小說是如何改良的呢？他說：「中國是個積弱之邦，鼓動人民尚武精神的文字，在經過時代洗禮之下，似乎只應當提倡，而不應當消滅。」「我寫這篇小說的最大原因，就爲了上述的起意與利用現場的材料。第二，當時公開的寫抗日小說是不可能的，我改爲寫辛亥革命前夕，暗暗地寫些民族意識。也是由華北南下的人，所不免要發泄的苦悶。第三，我也覺得武俠小說，十之八九，是對讀者有毒害的，應當改良一下，我來試試看。第四，那是生意經了，在下層社會愛讀武俠小說的還多，我要吸引一部分觀眾讀《南京人報》。這是我坦白的話。」〔註75〕上述四方面是張恨水之所以決定動筆創作武俠小說的原因。

〔註72〕張恨水《論武俠小說》，選自張占國、魏守忠編《張恨水研究資料》，前引書，第229頁。
〔註73〕張恨水《中原豪俠傳‧自序》，前引書，第1頁。
〔註74〕張恨水《一段旅程的回憶》，載重慶《新華日報》，1945年6月24日。
〔註75〕張恨水《中原豪俠傳‧自序》，前引書，第2頁。

作家的創作初衷決定了其後具體的創作過程。武功是俠客必須具有的技術。「俠客嘴裏吐出一道白光」屬於傳統武俠小說中俠客的技擊描寫，渲染功夫高超，著力描寫技擊、打鬥場面是塑造俠客形象必要的一種描寫手段。但是張恨水認為，「以我先父為例，他老人家是將門之子，沒有民間那套江湖氣，也不鬧神怪。所以，武俠中人，其實不是小說中凵吐白光的怪物」。〔註76〕

此外，他認為在描寫武俠事迹的小說中，章回小說發揮了不可替代的作用，「而能載游俠事迹的，除了私人筆記，就只有章回小說了。我們不要輕看這類小說，由《水滸傳》至《彭公案》、《施公案》，造成了民間一種極濃厚的俠義思想。但這種小說，限於作者時代的背景，只是提倡小仁小義，甚至雜入奴才思想（如施公案黃天霸之為人），不合現代潮流。而作小說者，正如筆者，不必個個內行，在敘述技擊上，渲染了許多神話，因之故事的敘述，也超現實，以致落入幻想。」〔註77〕這些章回小說存在很多弊端，有必要進行改良，「我們既不能將武俠小說以及筆記之類，一舉焚毀鏟光，那就當加以糾正」，「所以平生寫過幾篇武俠小說，也都是這一點意思」。〔註78〕由此，他認為具有民間世俗色彩的游俠是武俠小說值得挖掘的題材。

張恨水在論及武俠小說的文章中多次談到自己對中國古代游俠以及游俠精神的理解。中國古代，俠客由於歸屬階層以及身份地位的不同被分作不同類型。西漢司馬遷著述《史記》專門作的《游俠列傳》，對「俠」基本特徵的描述更為詳細。「今游俠，其行雖不軌於正義，然其言必信，其行必果，已諾必誠，不愛其軀，赴士之厄困。既已存亡死生矣，而不矜其能，羞伐其德，蓋亦有足多者焉。」游俠是輕生重義，勇於排難解憂的人。《韓非子·五蠹》寫道：「廢敬上畏法之民，而養游俠私劍之屬。」《後漢書·班固傳上》寫道：「鄉曲豪俊游俠之雄，節慕原嘗，名亞春陵，連交合眾，騁鶩乎其中。」「周漢社會就有遊俠，司馬遷為此，還在史記裏特撰一篇游俠列傳。只是專制時代游俠代表民眾說話，是與官方對立的。」〔註79〕張恨水認為，「中國的游俠，誠然是和技擊不可分的。但游俠者流，不一定個個就有高明的技擊。這種趨勢，在明末清初的社會裏，反映得很清楚。所以在明清中葉，那時候的武俠小說，多少還有些真實性。到

〔註76〕張恨水《中原豪俠傳·自序》，前引書，第3頁。
〔註77〕張恨水《中原豪俠傳·自序》，前引書，第3頁。
〔註78〕張恨水《中原豪俠傳·自序》，前引書，第3頁。
〔註79〕張恨水《中原豪俠傳·自序》，前引書，第3頁。

了火器盛行於國內以後，技擊已無所用之，游俠者流，社會每個角落，誠然還是有，而靠他一點技擊本領，已不能橫行江湖了。所以眞要寫游俠小說的話，四川的袍哥，兩淮的幫會，倒眞有奇奇怪怪及可歌可泣的故事。」〔註80〕張恨水認爲無武未必不成俠，這與司馬遷《游俠列傳》對游俠的界定頗爲接近。「倘若眞有人能寫一部社會裏層的游俠小說，這範圍必定牽涉得很廣，不但涉及軍事政治，並會涉及社會經濟，這要寫出來，定是石破天驚，震世駭俗的大著作，豈但震撼文壇而已哉？」〔註81〕「小說而忽略了意識，那是沒有靈魂的東西，所以我對武俠小說的主張，兜了個圈子說回來，還是不超現實的社會小說。」〔註82〕將武俠小說作爲「社會小說」來看待進行創作，必然會減弱它幻想性的一面，強化其世俗性的一面。張恨水認爲「四川的袍哥，兩淮的幫會」是身在社會「江湖」中的游俠，他們也許並不具備蓋世武功，不是「世外高人」，但因爲具有俠肝義膽而具備了俠客的本質特點。在小說中，張恨水常常通過小說人物之口道出自己對俠客的認識。例如，《劍膽琴心》第二十回「踏雪爲書生情深覓藥，分金贈壯士義重銜環」：

> 朱懷亮笑道：「那樣前輩大俠，她如何比得？老先生，這個俠字，談何容易？像我們所認識的一些朋友，不過可以說是江湖上的正經人罷了。」李漢才道：「說起來是可以，不過她不肯做罷了。因爲行俠的人，有那副心腸，有那副本領，還要自己肯去做才行。像于婆婆偌大年紀，又經過許多風波，心灰意懶，什麼事外都不問，哪裏能算是俠？這次出來救你賢父子，她也是一時高興。所以事情辦完了，連二十里鋪的房子都自己燒了。其實眞正行俠的人，不應當這樣。應該和平常人一樣，出來和世人接近，暗裏頭專做除強扶弱的事，而且還不讓人知道。」李漢才道：「雲鶴，你聽見沒有？行俠是這樣不許胡來的。你一個名利心重的人，哪裏能夠去做？」〔註83〕

縱觀張恨水關於武俠小說的認知可以看出，他對俠客的認同更多的是在精神層面。正因爲這種精神超越了階層歸屬，所以在他的小說中，頗具游俠精神的常常是生活於市井的普通百姓，他的創作使俠客具有了世俗性的一面。小

〔註80〕 張恨水《寫作生涯回憶》，選自《寫作生涯回憶》，前引書，第 52 頁。
〔註81〕 張恨水《寫作生涯回憶》，選自《寫作生涯回憶》，前引書，第 53 頁。
〔註82〕 張恨水《寫作生涯回憶》，選自《寫作生涯回憶》，前引書，第 52～53 頁。
〔註83〕 張恨水《劍膽琴心》，前引書，第 249 頁。

說《秦淮世家》中的王大狗、毛猴子；《啼笑因緣》中的關氏父女；《丹鳳街》中的童老五、洪麻皮、王狗子都是身為普通百姓，但卻古道熱腸、濟弱助貧，具有民間俠客精神的人物。

三、「敘述人生」影響下的文學功能觀

　　張恨水文學觀由「創作人生」到「敘述人生」的轉變還體現在他對文學功能的認識上。隨著「敘述人生」的文學意識不斷增強，雖然創作初期注重趣味、消遣的文學功能觀並沒有被張恨水完全否定，但從 30 年代開始，他開始轉向注重文學反映社會的功能，強調文學應具有的時代意識。

　　張恨水走上文學道路深受「禮拜六派」作家的影響，認同文學即是消遣的文學功能觀，這一看法在他很多文章中均有表述。「夫小說者，消遣文學也，亦通俗文字也」。〔註84〕「吾之作《金粉世家》也，初嘗作此想，以為吾作小說，何如使人願看吾書。繼而更進一步思之，何如使人讀吾之小說而有益。至今思之，此又何也？讀者諸公，於其工作完畢，茶餘酒後，或甚感無聊，或偶然興至，略取一讀，借消磨其片刻之時光。而吾書所言，或又不至於陷讀者於不義，是亦足矣。主義非吾所敢談也，文章亦非吾所敢談也。吾作小說，令人讀之而不否認其為小說，便已畢其使命矣。今有人責吾淺陋。今有人責吾無聊，吾即樂認為無聊。蓋小說為通俗文字，把筆為此，即不說淺陋與無聊。華國文章，深山名著，此別有人在，非吾所敢知也。」〔註85〕對於創作於二十年代的武俠小說《劍膽琴心》他認為，「凡茲所述，一人雖不必俱備，而亦絕不能盡無，是真佛家所謂生之苦也。痛愈多，而快愈不可得。惟其不可得，於是古人有過屠門而大嚼，聊以快意之可憐之言，蓋形跡未可圖得快樂，乃寄託之於幻象也。人生差有此幻象中之快樂，乃使無限懷抱痛苦之人，得一瀉無可宣泄之情緒，而音樂家，圖畫家，詞章家，小說家，應運以生矣。蓋彼自宣泄者猶小，而足可以使觀者聞者親近者，有所羨賞或共鳴，得片時之解憂者也。」「予文足稱，亦無若何高深意思寓於其中，而讀者於風雨煩悶之夜，旅館寂寞之鄉，偶一翻是篇，至其飛劍如虹，騰馬如龍處，或

〔註84〕張恨水《彎弓集・自序》，選自張占國、魏守忠編《張恨水研究資料》，前引書，第 218 頁。
〔註85〕張恨水《金粉世家・序》，北嶽文藝出版社，1993 年，第 3 頁。

亦忘片時之煩悶與寂寞乎？是亦幻想之痛快，與諸君共之者也。」〔註86〕

直到後來寫言情社會小說時，張恨水在保持小說趣味性的基礎上，穿插大量來自於社會新聞的真實事件以吸引讀者，增強了小說的社會性和時代感。「到我寫《啼笑因緣》時，我就有了寫小說必須趕上時代的想法。」〔註87〕「當然，我的所謂趕上時代，只不過我覺得應該反映時代和寫人民就是了。」〔註88〕但是張恨水並沒有完全否定消遣、趣味對於小說的重要性，他主張任何時代意識的表現都要以保持小說的趣味性為基礎。「中國的小說，還很難脫掉消閒的作用。除了極少數的作家，一篇之出，有他的用意。此外，大多數人，絕不能打腫臉充胖子，而能說他的小說，是能負得起文藝所給予的使命的。……問題就在這裏，我們是否願意以供人消遣為已足？是否看到看小說消遣是普遍的現象，而不以印刷惡劣失掉作用？對於此，作小說的人，如能有所領悟，他就利用這個機會，以盡他應盡的天賦。」〔註89〕

即便是在抗戰爆發後，張恨水創作國難小說時依然認為，「人雖至冗，不無少暇，戰雖至烈，不無少休。今於同赴國難之同胞，拼命戰場之死士，偶有休歇，將何以進之，將何以慰之？酒肉乎？醉飽而已矣。好音美色乎？頹廢志氣而已矣？若於其間送以悲壯之圖畫，義勇之文字，縱日消遣，不必有功，而至少與讀者無損。是與其令人得其他片時之安慰，則稍讀三數頁小說，亦復何妨？吾聞戰壕中，有吹口琴者，有開留聲機者，則於戰壕中一讀國難小說，寧獨不能？此又寇氛日深，民無所死，而小說之不必廢者也。」「吾不文，何能作三國水滸，然吾固以作小說為業，深知小說之不必以國難而停，更於其間，略盡吾一點鼓勵民氣之意，則亦可稍稍自慰矣。若曰：作小說者，固不僅徒供人茶餘酒後消遣而已。」〔註90〕「據衛生家說：每日大笑數次，是與人身有益的。這部書裏，倒有幾處，看了讓人可以發一大笑。在這一點上，讀者或者不至於開卷無益。這就算是我的貢獻罷。」〔註91〕

〔註86〕張恨水《劍膽琴心·序》，選自張占國、魏守忠《張恨水研究資料》，前引書，第191、192頁。

〔註87〕張恨水《我的創作和生活》，選自《寫作生涯回憶》，前引書，第125頁。

〔註88〕張恨水《我的創作和生活》，選自《寫作生涯回憶》，前引書，第125～126頁。

〔註89〕張恨水《寫作生涯回憶》，選自《寫作生涯回憶》，前引書，第89頁。

〔註90〕張恨水《彎弓集·自序》，選自張占國、魏守忠《張恨水研究資料》，前引書，第218～219頁。

〔註91〕張恨水《新斬鬼傳·自序》，選自張占國、魏守忠《張恨水研究資料》，前引書，第204頁。

不同於創作初期純粹地關注小說消遣性，抗戰時期的創作中貫穿著張恨水自覺的歷史意識，以及提升通俗小說品質的探索。對於這一思想意識上的變化，他曾有這樣的表述，「第以非戰之人而作是戰之篇，則其躊躇考慮，實不始於《彎弓集》。在吾方發表於報端之作，如《太平花》、《滿城風雨》二篇，已不惜推翻全案，掉其筆鋒以是戰矣」〔註92〕「恨水陋人耳，烏足以言主張？今請舉世間名人以爲例。作福爾摩斯之柯南道爾，科學家也。而其暮年，則提倡靈學，力主有鬼之論矣。新會梁任公，一代文傑也，而其畢生，則不惜屢以今日之我與昔日之我宣戰矣。以二公明達，寧有不自知是非出入之處。顧其環境有時而變，則文字上所發表之思想，遂亦未能生平一律。今人方盛謂文字爲生活之反映，則其思想任何變遷，固有說以自解者已。」〔註93〕

《天河配·自序》寫道，「我們作小說問世，不敢說令讀者讀之一定有益，至少也讓人家讀之無害，區區微意，讀者於看完全篇之後，當可予以亮察。」〔註94〕「我向來看得我自己很渺小，沒有把自己的作品，看著能發生多大的作用。嚴格的說，不但是我，一切從事文藝的人，應該有這個感想。從國民黨執政以來，壓根就沒有重視過文藝，至多，錄用幾個御用的政論家，就算沒有忽視文藝，一直到最近，他們的這個作風沒有改。所以這二十多年來，文藝家爲生活所苦，爲思想束縛所苦，沒有法子產生偉大的作品。像我這樣車載斗量的文人，自是寫不出有分量的東西。我也就變了那公式的文章寫法，在此期間，除了和《旅行雜誌》，寫了一篇無關痛癢的《蜀道難》而外，我另闢了一條線路去找材料。」〔註95〕這裏所說「另闢了一條路」是指將關注點轉至反映抗戰期間百姓實際生活的方面。抗戰期間，張恨水創作了大量以戰時百姓生活爲題材的小說，創作更關注自我與時代的糾纏與張力關係。「抗戰是全中國人謀求生存，但求每日的日子怎樣渡過，這又是前後方的人民所迫切感受的生活問題。沒有眼前的生活，也就難於爭取永久的生存了。有這麼一個意識，所以我的小說是靠這邊寫。」〔註96〕「這裏所寫的人物，都是趨

〔註92〕張恨水《彎弓集·跋》，選自張占國、魏守忠《張恨水研究資料》，前引書，第 220 頁。
〔註93〕張恨水《彎弓集·跋》，前引書，第 220 頁。
〔註94〕張恨水《天河配·自序》，北嶽文藝出版社，前引書，第 1 頁。
〔註95〕張恨水《寫作生涯回憶》，選自《寫作生涯回憶》，前引書，第 77 頁。
〔註96〕張恨水《寫作生涯回憶》，選自《寫作生涯回憶》，前引書，第 78 頁。

重於生活問題的,尤其《牛馬走》、《第二條路》和《負販列傳》。」〔註97〕

《丹鳳街·序言》寫道:「當予有意寫此故事時,實爲懷念丹鳳街人,初意欲分爲兩大部:一部寫肩挑負販者之戰前生活,一部則爲戰時景況。繼予念南京屠城之慘,及市民郊外作游擊戰之起,不容以傳聞幻想寫之,遂決定先完成上部,每月寫書一章,付上海發行之雜誌發表。又以上海雖爲孤島,敵人猶得干涉之,則名書曰《負販列傳》,初不欲敵人知爲抗戰之作也。」「書若在大後方印行,可暢所欲言也。」「抗戰而後,予所寫小說,恒不欲其與時代脫節,此書開端,初若與抗戰無關,予今先說明其背景,更證以其人其地,則讀者於其最後之一結也,亦復許其有所貢獻於將來乎?」〔註98〕

綜上所述,張恨水的文學觀經歷了創作初期「創作人生」到30年代「敘述人生」的轉變,並以「敘述人生」爲基點在40年代的抗戰小說中注入了歷史時代意識。在民國文學雅俗流變的歷程中,張恨水的姿態是特別值得注意的。通過分析張恨水的文學觀,可以發現,他對通俗文學品質的提升是建立在保持消遣性的基礎上的,消遣性自始至終存在於他的文學觀中。他在抗戰時期的創作中努力尋求時代意識與消遣性的結合點,力求在故事趣味性的敘述中反映時代色彩,表達作家的歷史意識。這些通俗小說以消遣性爲介質,在溝通雅俗文學的交流中,提升了通俗文學的品質。

四、「章回小說大家」:在文學形式的雅俗之間

章回體是中國古典長篇小說主要的外在敘述體式。其特點是將全書分爲若干章,被稱爲「回」或「節」。每回前用單句或兩句子對偶的文字作標題,概括本回的故事內容,稱爲「回目」。章回體是爲方便讀者閱讀,在民間說書的基礎上,借鑒史書「綱目體」敘事體式,並吸收詩詞、戲曲藝術因子,綜合創制而成的。因其符合民眾欣賞習慣,所以爲明清兩代長篇小說所普遍採用。張恨水一生創作的小說多採用章回體,因此他被喻爲「章回小說大家」。〔註99〕從創作經驗出發,他對章回體小說形式、結構以及如何改良等理論問題有過較多論述。陳平原先生在《中國小說敘事模式的轉變》一書中認爲:「中

〔註97〕 張恨水《寫作生涯回憶》,選自《寫作生涯回憶》,前引書,第78頁。
〔註98〕 張恨水《丹鳳街·自序》,北嶽文藝出版社,1993年,第2頁。
〔註99〕 參見張友鸞《章回小說大家張恨水》,選自張占國、魏守忠編《張恨水研究資料》,前引書,第96頁。

國小說敘事模式的轉變基於兩種移位的合力：第一，西洋小說輸入，中國小說受其影響而產生變化；第二，中國文學結構中小說由邊緣向中心移動，在移動過程中吸取整個中國文學的養分因而發生變化。後一個移位是前一個移位引起的，但這並不減弱其重要性。」〔註100〕面對中國小說的現代化之途，張恨水始終汲取著中國文學的養分，在他一生的創作道路上一直堅守中國章回體小說這塊陣地並對它不懈的進行改良，使章回小說這一傳統小說形式在現代小說史上寫下了輝煌的一頁。張恨水多次談到自己深受中國傳統章回小說的影響，其有關章回小說的認知和探索主要體現在對傳統章回小說文體形態的改良上，它包括內部形態，如章回小說的敘述結構；外部形態，如小說回目的寫作等問題。直到 1957 年進入創作晚期的張恨水依然對章回小說情有獨鍾：「它的優點，大部分是這樣，如說話好，故事非常豐富，結構也很緊密，最好的是一線到底。」〔註101〕

　　中國小說近現代以來的變革，亟待解決的一個問題就是小說如何實現自身的現代化。模仿西方小說的敘事手法，還是吸取中國傳統小說的精華進行改良，成爲當時知識分子、作家必須面對的問題。張恨水是在反思新文學運動關於文學新舊論爭的基礎上，展開對章回小說改良的。「我覺得章回小說，不盡是要遺棄的東西，不然，《紅樓》、《水滸》，何成爲世界名著呢？自然，章回小說，有其缺點存在，但這個缺點，不是無可挽救的。而新派小說，雖一切前進，而文法上的組織，非習慣讀中國書，說中國話的普通民眾所能接受。正如雅頌之詩，高則高矣，美則美矣，而匹夫匹婦對之莫名其妙。我們沒有理由遺棄這一班人，也無法把西洋文法組織的文字，硬灌入這一批人的腦袋。竊不自量，我願爲這班人工作。」〔註102〕

　　五四新文化以「反傳統」的姿態衝擊著舊體文學，而張恨水此時發表在《民國日報》上的《眞假寶玉》、《小說迷魂遊地府記》都是章回體小說。「在『五四』的時候，幾個知己的朋友，曾以我寫章回小說感到不快，勸我改寫新體，我未加深辯」。〔註103〕「自《春明外史》發行，略引起新興文藝家的注

〔註100〕陳平原《中國小說敘事模式的轉變》，北京大學出版社，2010 年，第 13 頁。
〔註101〕張恨水《小說論》，選自徐永齡主編《張恨水散文》（三），前引書，第 467頁。
〔註102〕張恨水《總答謝——並自我檢討》，選自《寫作生涯回憶》，前引書，第 102～103 頁。
〔註103〕張恨水《總答謝——並自我檢討》，選自《寫作生涯回憶》，前引書，第 102 頁。

意。《啼笑因緣》出，簡直認為是個奇迹。大家有這樣一個感想，丟進了茅廁的章回小說，還有這樣問世的可能嗎？這時，有些前輩，頗認為我對文化運動起反動作用。而前進的青年，簡直要掃除這棵花圃中的臭草，但是，我依然未加深辯」。〔註104〕面對讚譽和批評，張恨水有清醒的認識。「在『五四』運動之後，本來對於一切非新文藝、新形式的文字，完全予以否定了的。而章回小說，不論它的前因後果，以及它的內容如何，當時都是指為『鴛鴦蝴蝶派』」。〔註105〕

張恨水深受中國傳統章回小說敘事結構影響。他說：「在我十二歲的時候，我看到金聖歎批地《西廂》，這時，我便慢慢注意到文章結構上去，一直到現在，都是如此」。〔註106〕金聖歎評點派理論家的小說批評範式是「字有字法，句有句法，章有章法，部有部法」的傳統腔調。他以評點《水滸》為例，提出過小說人物性格塑造的理論，但是也僅僅局限於一部小說，並沒有提煉、上升到整體小說理論的高度。直到民國初年，中國小說理論雖提出過很多不同以往的新問題，但通常的評論話語仍然延續著傳統小說評點範式。例如，民初最有見地的小說評論家之一——《小說月報》主編惲鐵樵，對魯迅發表在《小說月報》上的文言小說《懷舊》大加讚賞。他點評道：「一句一轉」、「接筆不測從莊子得來」、「用筆之活可作金針度人」、「轉彎處俱見筆力」、「寫得活現真繪聲繪影」、「不肯一筆平鈍故借雨作結解得此法行文直遊戲耳」、「狀物入細」、「餘波照映前文不可少」，〔註107〕此點評也多集中於用句、筆法、起承轉合上，並未關注小說的人物性格塑造以及心理描寫等涉及現代小說理論的問題。

張恨水對章回體小說內部與外部形式作了許多探索，包括小說回目構製和小說結構營造。歷來傳統章回小說家都很重視回目的製作，精緻的回目是體現一個作家文學功底的一個重要方面。「凡小說者，於作回目時，不宜草率。回目之工拙，於全書之價值，與讀者之感情，最有關係。」〔註108〕

張恨水深具名士氣質與才情，深受古典文學傳統浸潤的他自幼喜弄詞

〔註104〕張恨水《總答謝——並自我檢討》，選自《寫作生涯回憶》，前引書，第102頁。

〔註105〕張恨水《寫作生涯回憶》，選自《寫作生涯回憶》，前引書，第36頁。

〔註106〕張恨水《我的小說過程》，選自《寫作生涯回憶》，前引書，第1頁。

〔註107〕參見魯迅《懷舊》，載《小說月報》，1913年1期，第四卷第1號。

〔註108〕曼殊《小說叢話》，載《新小說》第八號。

章，並由此影響了他今後的小說創作，在許多小說中配合故事情節穿插了許多意蘊深遠、精緻典雅的詩詞。如《劍膽琴心》第一回「英雄自古半屠沽，姓氏何須問有無。起舞吳鈎人不識，飄然散髮走江湖」、《斯人記·本書發端》「一剎那，黃昏近，淒然掩袂下江亭，與君且去訪這位久客春明的恨水生」。張恨水曾說：「《花月痕》的故事，對我沒有什麼影響，而它上面的詩詞小品，以至於小說回目，我卻被陶醉了」。〔註109〕撇開小說故事，而獨獨迷戀其中的詩詞、回目，這有別於孔另境認為《花月痕》「筆墨哀豔淒婉，為近代說部中之上乘禪」〔註110〕，也不同於鄭逸梅對此小說的喜愛，「我對於小說，喜歡三部，一《花月痕》，二《紅樓夢》，三《三國演義》」。〔註111〕張恨水非常注重章回小說中回目的構製，「若是分章，必要安一個題目，統罩全章。若是分回，回目不要用一個，必要用兩個。回目的字面，無論雅俗，總要對得工整，好讓讀者注意」。〔註112〕在創作過程中，他力圖做到對小說回目的精心構製。「《春明外史》除了材料為人多注意而外，另有一件事為人所喜於討論的，就是小說回目的構製。因為我自小就是個弄詞章的人，對中國許多舊小說回目的隨便安頓，向來就不同意。既到了我自己寫小說，我一定要把它寫得美善工整些。所以每回的回目，都很經一番研究。我自己削足適履的，定了好幾個原則。一，兩個回目，要能包括本回小說的最高潮。二，盡量的求其詞藻華麗。三，取的字句和典故，一定要是渾成的，如以『夕陽無限好』，對『高處不勝寒』之類。四，每回的回目，字數一樣多，求其一律。五，下聯必定以平聲落韻。這樣，每個回目的寫出，倒是能博得讀者推敲的。可是我自己就太苦了，往往兩個回目，費去我一、二小時的工夫，還安置不妥當。」「因為這個作風，我前後保持了十年之久。但回目作得最工整的，還是《春明外史》和《金粉世家》，其他小說，我就馬虎一點了。」〔註113〕喜好回目構製，倒成了張恨水被歸入「禮拜六派」的口實之一。「在『五四』運動之後，本來對於一切非新文藝、新形式的文字，完全予以否定了的。而章回小說，不論它的前

〔註109〕張恨水《寫作生涯回憶》，選自《寫作生涯回憶》，前引書，第16頁。

〔註110〕雷瑨《雷顛隨筆》，引自孔另境輯錄《中國小說史料》，古典文學出版社，1957年，第231頁。

〔註111〕魏紹昌、吳承惠編《鴛鴦蝴蝶派研究資料》，福建人民出版社，1984年，第364頁。

〔註112〕張恨水《談長篇小說》，選自徐永齡主編《張恨水散文》（三），前引書，第438頁。

〔註113〕張恨水《寫作生涯回憶》，選自《寫作生涯回憶》，前引書，第35頁。

因後果，以及它的內容如何，當時都是指爲『鴛鴦蝴蝶派』。」〔註114〕爲此，張恨水說道：「在我放棄回目制以後，很多朋友反對，我解釋我吃力不討好的緣故，朋友也就笑而釋之，謂不討好云者，這種藻麗的回目，成爲禮拜六派的口實。其實禮拜六派，多是散體文言小說，堆砌的詞藻，見於文內，而不在回目內。禮拜六派，也有作章回小說的，但他們的回目，也很隨便，不過，我又何必本末倒置，在回目上去下工夫呢？」〔註115〕

現代章回小說在張恨水筆下顯示出傳統與現代離合的張力與可能。它是中國近代以來小說變革的路徑之一，是瞭解傳統文化在現代中國嬗變的一個有利視點。

〔註114〕張恨水《寫作生涯回憶》，選自《寫作生涯回憶》，前引述，第36頁。
〔註115〕張恨水《寫作生涯回憶》，選自《寫作生涯回憶》，前引書，第35～36頁。

第三章　張恨水與其他作家比較研究（一）
——時代動因與文學的雅俗融通

　　文學的「雅」、「俗」因子，受諸多因素的影響。在很多情況下，這兩種因子處於互動、共融的動態格局中。諸多文藝理論家對精英文學、民間文學、通俗文學、大眾文化之間的互動關係進行過闡述。雖然，這些概念並不統一，但本質上涉及的都是文化品格「雅」、「俗」之間的關係問題。例如，社會藝術理論的先行者阿多諾・豪澤爾在論述雅俗文學的區別時說：「精英藝術、民間藝術和通俗藝術的概念都是理想化的概念，其實他們很少以純粹的形式出現；藝術史上出現的藝術樣式幾乎都是混雜的形式。」〔註1〕英國歷史學家彼得・伯克在雅俗文化貌似對立的格局中，找到了兩者的聯繫：「不同大眾文化與諸種精英文化（其多樣性並不會更少）之間的界限是一種模糊不清的界線，故這一主題的研究者應當把注意力集中在二者的互動而不是他們的劃分上。」〔註2〕既然，雅與俗的區分併非條縷清晰，那麼，研究兩者在哪些層面上存在融通、互動的可能性便具有了重要意義。

　　文學的「雅化」與「俗化」關涉面頗廣，本章將考察兩者與特定歷史事件之間的關係。這一思考的邏輯起點是，無論張恨水還是民國時期其他通俗文學作家，如「民國舊派作家」包天笑、劉雲若、秦瘦鷗；「新市民小說家」徐訏、無名氏等人的創作，都與重大歷史事件有著密切的聯繫。在「九・一

〔註1〕（匈）阿多諾・豪澤爾《藝術社會學》，居延安編譯，學林出版社，1987年，第207頁。
〔註2〕（英）彼得・伯克《歐洲近代早期的大眾文化》，楊豫、王海良等譯，上海人民出版社，2000年，第4頁。

八」事變以及抗戰爆發後，面臨國家危亡的緊要關頭，這批作家都將小說創作由娛樂大眾的消遣文學轉向了具有「民族意識」的嚴肅文學。他們將注意力轉向社會問題，更加注重整體的民族需要，使作品具有了批判、追問、反思的思想力度。

范伯群先生認為，「高雅文學、通俗文學在各自獨特的藝術規律方面具有互補的可能性，通俗文學特有的傳奇功能為高雅文學提供了背景式參照，而且高雅文學和通俗文學對小說類別和題材的不同理解也派生出小說世界百花齊放的態勢。」〔註3〕通俗文學與高雅文學的互補關係，為文學的雅俗之辨提供了可以進一步思考的路徑。如果說，「雅」、「俗」之間並沒有明晰的界限，那麼在什麼情況下，兩者有進一步彌合的可能？在特殊歷史境遇下，通俗作家的創作遭遇了怎樣的問題？他們做出了怎樣的選擇並表現出怎樣的回應歷史變化的方式？支配他們做出選擇的思想邏輯又是怎樣的？尋找這些問題的答案，還需要從這些特殊的文學現象出發。

第一節　由俗趨雅：「民族意識」與通俗文學作家的創作轉型

中國現代文學的發生、發展都與國家意識形態有著難以離析的關係。在國家歷史轉折的重大事件上，文學常常以其特有的表現方式對歷史做出了積極地回應。學者劉禾在討論「現代民族國家」與「現代文學」的關係時說：「以往對現代文學的研究都過於強調作家、文本或思想內容，然而，在民族國家這樣一個論述空間裏，『現代文學』這一概念還必須把作家和文本以外的全部文學實踐納入視野，尤其是現代文學批評、文學理論和文學史的建設及其運作。這些實踐直接或間接地控制著文本的生產、接受、監督和歷史評價，支配或企圖支配人們的鑒賞活動，使其服從於民族國家的意志。」〔註4〕關於文學與政治性事件之間的關係，張誦聖先生曾有過如此論述：「20世紀的中國文學場域裏『市場』和『純文學』顯然並非最重要的正當性原則來源，政治性使命（救亡、啟蒙、國族建構、現代化等）才是。市場只有在某些歷史時段

〔註3〕 范伯群《論新文學與通俗文學的互補關係》，載《中國現代文學研究叢刊》，2003年第1期。

〔註4〕 劉禾《文本、批評與民族國家文學——〈生死場〉的啟示》，選自唐小兵編《再解讀——大眾文藝與意識形態》，北京大學出版社，2007年，第2頁。

（如 1928 年～1937 年十年之間和 20 世紀 80 年代以後；臺灣地區在 20 世紀 30 年代後半葉和 1960 年以後）發展較爲順暢，卻常常被政治性的重大轉變（戰爭、革命、威權統治）所中斷，讓政治性正當性原則又重新成爲統馭文化場域的主要力量。」〔註5〕上述兩位學者都強調了外部因素，尤其是重大的歷史、政治事件對作家創作走向的影響。

　　1931 年「九‧一八」事變爆發，面對國家、民族的危亡關頭，中國人民群情激昂，極大的激發了國人的愛國熱情。國家的動蕩時局，直接影響了中國文學的走向。同年，張恨水的小說《啼笑因緣》出版引發空前轟動，因此 1931 年被著名學者王德威先生稱爲「張恨水年」。也是在這年之後，張恨水的創作逐漸由關注社會娛樂轉向對民族、國家歷史命運的反映。1937 至 1945 年之間，這一走向發展到極致。抗戰期間的文學最明顯的特徵之一是由此前競相表現自我與個性，文壇帶有階級意識乃至陣營間無休止的批判、論爭，向一致對外、抗擊日本帝國主義的侵略轉向。文學作品的思想意識表現出趨向一致的抗戰主題意識與情緒。考察 1931 年前後、1937 至 1945 年之間的通俗文學，可以發現，這些通俗文學作家面對特殊的歷史境遇作出了整體性的文學轉向。當然，這些個體的轉向是當時抗戰格局中文學整體轉型的組成部分，它體現出時代主導文化中，文學同中存異的多樣品格。

一、面對國難：官方意識與主導文化影響下的雅俗融通

　　1937 年，中國抗日戰爭爆發並持續了長達八年。作爲反應社會、時代的文學，自然與這個特殊的時期發生著聯繫，形成了只有在這種特定的歷史時期下才會出現的文學作品、文學現象。因此，「抗戰文學」成爲一個重要的，具有自身歷史特點的文學研究領域。在抗戰文學中，有一些特殊的文學現象值得特別關注，通俗文學作家的抗戰文學創作即是其一。在以往的研究著述中，通俗文學作家由於創作了表現抗戰題材的作品而被認爲是向新文學靠攏。這裡需要我們進一步辨析的是，這些通俗文學作家的創作轉向是在怎樣的情況下發生的？與嚴肅作家創作的抗戰文學比較，這些通俗文學作家的創作動因是什麼？

　　回答這些問題，首先有必要明晰官方意識與主導文化兩個概念的區別。

〔註 5〕張誦聖《現代主義、臺灣文學和全球化趨勢對文學體制的衝擊》，載《江蘇大學學報》，2007 年第 4 期。

如果簡單的將通俗文學作家的這種創作轉向歸爲官方意識形態的影響，在某些層面上遮蔽了個體創作的複雜性，也無法體現歷史時代影響下文學創作的多樣性。

自 1937 年至 1945 年，抗戰風潮彌漫整個中國，倡導「抗戰」成爲主導時代的文化氛圍，文學與戰爭、救亡密切聯繫在一起。從小說、散文到詩歌、戲劇，無論作者是否直接以戰爭爲題材，但其思維模式和審美取向都不同程度地打上了戰時的烙印，文學的發展因而呈現出戰時特有的風貌。在這些文學中，抗戰宣傳性質的文學與在抗戰文化氛圍中出現的文學不能一概而論。前者屬於官方意識形態影響下的創作，後者則屬於主導文化氛圍中出現的文學。張恨水在《偶像·自序》中，表達了對抗戰宣傳性質的文學與抗戰文學的認識：

> 抗戰時代，作文最好與抗戰有關，這一個原則，自是不用搖撼，然而抗戰文藝，要怎樣寫出來？似乎到現在，還沒有一個結論。
>
> 我有一點偏見，以爲任何文藝品，直率的表現著教訓意味，那收效一定很少。甚至人家認爲是一種宣傳品，根本就不向下看。我們常常在某種協會，看到存堆的刊物，原封不動的在那裏長黴，寫文字者的心血，固然是付之流水，而印刷與紙張的浪費，卻也未免可惜。至於效力，那是更談不到了。
>
> 文藝品與布告有別，與教科書也有別，我們除非在抗戰時代，根本不要文藝，若是要的話，我們就得避免了直率的教訓讀者之手腕。若以爲這樣做了，就無法使之與抗戰有關，那就不是文藝本身問題，而是作者的技巧問題了。
>
> ……〔註6〕

如何在抗戰主題與藝術形式之間找到恰切的結合方式是抗戰文學創作面臨的首要問題。在這個問題上，嚴肅文學作家和通俗文學作家都做出了自己的努力。朱自清先生說過：「抗戰以來，第一次我們獲得眞正的統一。」〔註7〕魯迅先生曾在《答徐懋庸並關於抗日戰線統一問題》一文中倡導：

> 我贊成一切文學家，任何派別的文學家在抗日的口號之下統一起來

〔註 6〕 張恨水《偶像·自序》，選自張占國、魏守忠編《張恨水研究資料》，前引書，第 210 頁。

〔註 7〕 朱自清《愛國詩》，選自《新詩雜話》，作家書屋，1947 年，第 78 頁。

> 的主張……文藝家在抗日問題上的聯合是無條件的，只要他不是漢
> 奸，願意或贊成抗日，則不論叫哥哥妹妹，之乎者也，或鴛鴦蝴蝶
> 都無妨。〔註8〕

抗戰以來，新小說的現代性與舊小說的通俗性在戰爭的背景下展開了深入的
融通，文壇的新舊陣營在文化的主導思想上獲得了真正的統一。具有不同生
活背景、社會地位、創作經歷的作家面對國難，他們的思想都產生了轉變。
其中每一位作家都或多或少、或明或隱的呈現出抗戰文學所具有的共性，同
時每一個個體也成為值得深入分析的個案。

二、包天笑：「舊小說的押陣老將」的創作轉型

包天笑（1876～1973），是南派通俗作家〔註9〕的元老級人物〔註10〕，執
筆七十餘年，翻譯、創作了大量的文學作品，被譽為「通俗文學之王」。〔註11〕
「民初十多年間，在南方的通俗小說作家中，包天笑的資格、名望都高出儕
輩，影響很大，以致後來有些人把他說成是『鴛鴦蝴蝶派』的首領。」〔註12〕
無論從家庭出身，還是成年後的報人經歷，他都與張恨水有著極為相似的人
生歷程。不同是的，早在民國初年，包天笑就憑藉小說《上海春秋》和《留
芳記》蜚聲文壇，而此時的張恨水才年僅十幾歲。

包天笑出生在蘇州一個富裕家庭，飽受傳統文化浸染。他14歲開始參
加科舉考試，19歲進學，成了秀才。由於父親離世，家道中落，包天笑為

〔註8〕 魯迅《答徐懋庸並關於抗日戰線統一問題》，選自《魯迅全集》（第六卷），人
民文學出版社，1981年，第529頁。

〔註9〕 目前學術界根據作家創作活動的地域分佈將民國通俗作家分為南北兩派。南
派通俗作家是指以上海為中心的江浙一帶的通俗作家群，他們的文學活動主
要集中在上海和蘇州。南派作家繼承了吳地娛樂文學傳統，從清末民初開始
興起，一直延續到20世紀30年代，出現了一大批獨具特色的通俗文學作家。
主要成員包括清末已經成名的幾位老級人物，代表人物如孫玉聲、包天笑；
民初南社成員，代表人物如葉楚傖；稍後二三十年代的青社、星社成員，代
表人物如張枕綠、嚴芙孫、范煙橋。

〔註10〕 「若論起民國通俗小說界的元老，至少有四個人當之無愧，他們是海上漱石
生（孫玉聲）、東亞病夫（曾樸）、漱六山房（張春帆）和包天笑，都在晚清
光緒年間已頗有名聲。」參見張贛生《民國通俗小說論稿》，重慶出版社，1991
年，第79頁。

〔註11〕 參見欒梅健《通俗文學之王——包天笑》，上海書店出版社，1998年。

〔註12〕 張贛生《民國通俗小說論稿》，前引書，第83頁。

生活所迫成爲私塾老師，後曾在上海的女子蠶業學校、民立女中和城東女
學任教。直到 1906 年，進入上海《時報》工作，包天笑才走上了文學創作
道路。

　　作爲著名報人的包天笑，從他的編輯思想可以窺見其基本的文學立場。
包天笑將《時報》的內容定位在：「其實是小新聞，就是所謂花邊新聞中的有
趣味的，誨淫誨盜之事均不錄」。〔註13〕1917 年 1 月《小說畫報》創刊，主編
包天笑的編輯思想是「以白話爲正宗，取其雅俗共賞，凡閨秀學生，商界工
人無不咸宜。」〔註14〕早在 1901 年創辦《蘇州白話報》時，包天笑就曾在報
紙第 1 期刊載的《國家同百姓直接的關係》中寫著：

> 今日是《蘇州白話報》第一次的議論，吾要把吾們中國第一要緊的
> 道理，演出來講與大家聽聽。那一樣是緊要的道理呢？就是我題目
> 上標明的，國家與百姓有直接的關係便是。你們看這白話報的，自
> 從小的時候，都聽著父兄老輩的說話，他們見了國家的政事，便道，
> 這是官長的職役，我們小百姓是無分的。雖則是謹慎小心的意識，
> 然而講到那，真道理便大錯了。大家要曉得，國家究竟是甚麼物事
> 做起來的呢？便是合攏那些小百姓做起來的，倘若除去了小百姓，
> 便那裏去尋出國家來？〔註15〕

上文鮮明地表現出包天笑基本的創作立場。傳統與現代的歷史更迭，中西文
明、新舊思想衝突，交鋒在處於社會中下層的市民階層中感受頗爲明顯，文
明更迭多帶來的各種弊端也明顯的暴露在他們的生存狀態中。包天笑的小說
對這些社會問題都有生動的表現。小說《上海春秋》以祖老太爺、太爺和少
爺三代人出門所乘坐的交通工具的變化，隱喻上海新舊觀念的變遷。包天笑
在《上海春秋·贅言》中寫道：

> 都市者，文明之淵而罪惡之藪也。覘一國之文化者，必於都市。而
> 種種窮奇檮杌變幻魍魎之事，亦惟潛伏橫行於都市。上海爲吾國第
> 一都市，愚僑寓上海者將及二十年，得略識上海各社會之情狀。隨
> 手掇拾，編輯成一小說。蓋此書之旨趣，不過描寫近十年來中國都

〔註13〕包天笑《釧影樓回憶錄續編》，香港大華出版社，1973 年，第 46 頁。
〔註14〕包天笑《小說畫報·例言》，1917 年 1 月第 1 號。
〔註15〕包天笑《國家同百姓直接的關係》，載《蘇州白話報》，第 1 期，1901 年 10
　　　 月 21 日。

市社會之狀況，而以中國最大市場之上海，爲其代表而已。別無重
大之意義也。〔註16〕

包天笑的《上海春秋》與同時連載，稍後成書的張恨水的《春明外史》是當
時社會小說的代表作。對於此類小說，夏濟安先生說：「這種書的缺點是：作
者對道德沒有什麼新的認識，只是暗中在搖頭歎息『人心不古』；他們對經濟、
社會變遷，也沒有什麼認識，只是覺得在『變』，他們不知道，也不 Care to Know
爲什麼有這個『變』。他們自命揭穿『黑幕』，其實注意的只是表面。他們的
長處是對於 Mores 大感興趣，當時人的服裝、生活情形、物價等記錄的很詳
細，可能也很正確……」〔註17〕《春明外史》、《上海春秋》兩部小說分別展
現了中國政治、經濟文化的兩個中心北京、上海的社會風俗畫卷。書中所寫
的社會黑幕以及名人軼事有對讀者獵奇心理的刻意迎合。書中僅限於社會風
貌的平面描寫，稍有的批判筆調也僅限於對歷史變遷的無奈歎息。

晚年的包天笑多次強調自己不屬於鴛鴦蝴蝶派。「近今有許多評論中國文
學史的書上，都目我爲鴛鴦蝴蝶派，有的且以我爲鴛派的主流，談起鴛鴦蝴
蝶派，我名總是首列。……我已硬戴定這頂鴛鴦蝴蝶的帽子，復何容辭。行
將就木之年，『身後是非誰管得』，付之苦笑而已。」〔註18〕包天笑否認自己
鴛派歸屬背後，是否隱含著他對自我創作歷程複雜性一種的說明呢？在這一
點上，包天笑與張恨水有極爲相似的論述。對外界把自己歸爲鴛鴦蝴蝶派，
張恨水也多次表達過自己的態度。這是否從一個側面說明單一的派別歸屬已
不能概括他們整個創作歷程的複雜性。對於包天笑後期的創作，王元化在《「禮
拜六」新舊小說家的比較》一文中寫道：「舊小說的押陣老將包天笑先生比張
恨水先生更勇猛，更熱情。他像『洪水猛獸一般』，要沖決『一切舊堤防，舊
藩籬』。」〔註19〕

包天笑的小說《甲子絮譚》是他後期創作的代表作。這篇小說從 1924 年
10 月在《半月》上連載，到 1925 年 7 月刊載完畢。書中以戰爭中小人物的多
舛命運爲描寫對象，這與葉聖陶的小說《潘先生在難中》有異曲同工之妙。

〔註16〕包天笑《上海春秋・贅言》，灕江出版社，1987 年，第 1 頁。
〔註17〕《夏濟安對中國通俗文學的看法》，見夏志清《愛情・社會・小說》，轉引自
　　　　范伯群《中國近現代通俗文學史》（上卷），前引書，第 345 頁。
〔註18〕包天笑《我與鴛鴦蝴蝶派》，載《文匯報》，1960 年 7 月 27 日。
〔註19〕佐思（王元化）《「禮拜六」新舊小說家的比較》，載《奔流新集》之二《橫眉》，
　　　　1941 年 12 月 5 日版。

這兩部小說都是以 1924 年江浙齊盧大戰為故事背景，描寫蘇州一帶的居民，為躲避戰亂而舉家逃往上海租界。雖然，小說題材甚至故事背景都相同，但《甲子絮譚》、《潘先生在難中》表現出通俗文學與嚴肅文學在處理同一題材時各自的側重點以及在敘述手法上的差別。

《甲子絮譚》在人物形象塑造上與《潘先生在難中》著重塑造「灰色小人物」這種塑造典型形象的手法表現出了明顯的差異。《甲子絮譚》語言生動鮮活，人物性格千姿百態，字裏行間透著無限的世故和煙塵味。隨著包天笑的敘述，上海大街小巷的世俗人情徐徐展開，在這裏讀者瞭解了鴉片煙的吃法，知道了刺身的緣故，也明白了妓女的內心掙扎和精明算計。當然，更明白了戰爭的殘酷和軍閥的荒淫無恥。在濃重的人煙氣息中，不管是妓女，或者養小白臉的女人，或是腐敗的官僚軍閥，或者劫數中求生存的底層百姓，都散發著一種激昂的活力。在所有這些生活的陰霾中，我們依然能感受到字裏行間適時地散發出的生存的歡欣和喜悅。於亂世中，仍然需要滿腔熱情的生活，也許這對於普通百姓來說就足夠了。

三、劉雲若：「天津張恨水」的創作轉型

劉雲若與張恨水被譽為民國通俗社會言情小說領域的「雙星座」。〔註20〕「如果說張恨水的小說風格得中和之美，那麼劉雲若的小說則以詭奇取勝。他們兩個『一正一奇』，雙星閃耀，使得民國通俗小說星光長明。」〔註21〕作為北派通俗作家的代表，劉雲若身居天津，以天津市民生活為主要創作素材，其作品反映了天津獨特的社會生活氣象，劉雲若也因此一度被稱為「天津張恨水」。在范伯群先生看來，這一稱謂至少有兩層意思：「一是因為張恨水成名在前，影響極大，現在將劉雲若與大名鼎鼎的張恨水聯繫起來，當然是想『擡高』劉雲若的聲譽，為他『造勢』；二是兩位作家就題材而言都是社會言情小說大家，而在藝術成就方面也是完全可以媲美的。這是對劉雲若的最簡潔、最概括、也是最通俗的評價」。〔註22〕張贛生先生這樣評價劉雲若：「民國的社會言情小說，作者甚多，但稱得起大手筆的卻寥寥無幾，其中自以張

〔註20〕張贛生《民國通俗小說論稿》，前引書，第 223 頁。

〔註21〕張元卿《劉雲若論》，選自《民國北派通俗小說論叢》，山西古籍出版社，2001年，第 113 頁。

〔註22〕范伯群《中國現代通俗文學史》（插圖本），北京大學出版社，2007 年，第 454頁。

恨水最享盛名，能與張氏分庭抗禮、并駕齊驅，甚或在作品的藝術魅力上較張氏尚高一籌者，大概就只有劉雲若了。」〔註23〕

　　吳秀亮先生認爲：「在某種意義上，張恨水、劉雲若這兩位以言情創作而代表現代通俗文學最佳藝術水平的雙子星座，也是在高雅小說潛在驅迫下才得以誕生的。」〔註24〕不管這一說法的合理性有多大，張恨水、劉雲若抗戰時期的創作的確表現出明顯的「由俗趨雅」的走向。需要進一步探究的是，作爲同樣堅持以章回體進行通俗小說創作的劉雲若，面對二十世紀文壇與時代的風雲變幻做出了怎樣的文化選擇；他與張恨水之間有什麼共通和特異的地方；他們對待「傳統」的態度對文學雅俗品格具有怎樣的規約力？

　　劉雲若（1903～1950），原名兆熊，生於天津，是民國通俗社會言情小說界最富盛名的作家之一。自中學時代起，劉雲若就迷戀填詞賦詩，經常向報刊投稿。1930 年底，劉雲若的好友、原《商報》編輯沙大風得到資助，創辦《天風報》，遂邀劉雲若擔任該報副刊《黑旋風》的主編。不久，他開始嘗試創作第一部社會言情小說《春風回夢記》，連載後大受歡迎，讀者「要求賡續之函，在數千封以上」〔註25〕，自此一發不可收拾，創作 40 餘部長篇社會言情小說。30 年代的天津，隨著劉雲若的走紅，才有了真正意義上的天津作家寫天津人的小說。

　　劉雲若認爲通俗章回小說具有強大的生命力：「吾人曾時作故紙堆中的蠹魚，習染很深，以後雖大受新潮激陶，仍然不能不戀舊時骸骨。常覺著舉世詬病的死文字，固有它新鮮活潑的精神，精微深妙的運用，足以和新文學並存，不必偏廢。」〔註26〕他一方面承認自己受到「新潮激陶」，一方面堅信通俗章回小說是能與新文學比肩的。「作小說的應該領帶青年，指示人生的正鵠，我很想努力爲之，但恐在這方面成就不能很大，我或者給人們豎一隻木牌，寫著：前有落井，後人止步。」〔註27〕由此可以看出，劉雲若對章回小說的態度與張恨水頗爲相似。

　　天津淪陷之後，劉雲若的作品有了不同此前的轉向。民國二十九年（1941）

〔註23〕張贛生《民國通俗小說論稿》，前引書，第 222 頁。
〔註24〕吳秀亮《中國現代小說雅俗新論》，人民出版社，2010 年，第 107 頁。
〔註25〕參見 1931 年 1 月 1 日《大公報》「出版廣告」。
〔註26〕劉雲若《「神心」、「勁兒」與「味兒」》，載《北洋畫報》，1935 年 8 月 8 日。
〔註27〕劉雲若《「神心」、「勁兒」與「味兒」》，載《北洋畫報》，1935 年 8 月 8 日。

劉雲若的小說《酒眼燈唇錄》出版，他在序言中回顧了以前的創作道路並明確了以後的創作方向：

> 當初爲此道，僅以遊戲出之，不謂倏忽今茲，竟以爲資生之計。非無所長，蓋捨此無他道矣。退筆如山，厭人坐年光，可勝歎哉！然鄙陋之文，雖難言著作，妄災梨棗，幸不爲社會所薄，嗜痂日眾。余旣感讀者愛護期許之殷，又復以此資生，寧不敢不敬所業。乃更自課程功，求學養成舊集新篇，廣閱乎人情世態，期能功力暗增，如春水日漲一蒿，漸臻佳境。雖不敢望章回小說之軍，亦庶得稍免純盜虛聲之誚。……因知數年刻苦用心，絕非無益，且益信境不限人，學無止境之言。余已逾中年，且工作日無暇晷，然得暇開卷，便有見賢思齊之思，殫心努力，或得頡頑時賢。然時賢之上，有古人焉，古人之外有何年得比肩曹（雪芹）施（耐庵），而與狄（卻爾司·狄更斯司）華（華盛頓·歐文）共爭短長乎。〔註 28〕

劉雲若這篇文章代表了當時許多通俗文學作家在大時代的感召下尋求新的創作出路的心聲。劉雲若後期創作的小說《粉墨箏琶》是這種創作轉變的代表作，「八年來飲恨切齒，鬱不得伸之冤氣，於此書以嬉笑泄之」。〔註 29〕《粉墨箏琶》以抗戰時期地下工作者暗殺敵僞政府副主席蔡仲文爲主要情節線索，藉以表現動蕩年代中人間的悲歡離合。故事以程耄青與幾個女性之間的人生際遇展開：陸鳳雲的粉墨生涯使她與程耄青離散；陷入貧民窟的程耄青與馬五結緣，並與暗中從事抗日工作的林大巧兒相戀；林大巧兒與程耄青結伴看陸鳳雲的戲，以便刺殺蔡仲文，失敗後，程耄青撤退；敵僞命令陸鳳雲在車站指認程、林二人，陸鳳雲卻將兩人故意放走。由於《一四七畫報》停刊，該小說並未續完。小說中尤爲稱道的是，作家將一個從關外流落至天津的下層婦女林大巧兒描摹的栩栩如生，令人拍案叫絕。

劉雲若創作的天津市民通俗文學，以天津式的「歸哏」幽默著稱於世〔註30〕。其後期反映抗戰題材的作品少了前期作品的娛樂、消遣色彩。對民族、

〔註28〕 劉雲若《酒眼燈唇錄》，百花文藝出版社，2010年，第1頁。
〔註29〕 劉雲若《粉墨箏琶·作者贅語》，轉引自張元卿《民國北派通俗小說論叢》，山西古籍出版社，2001年，第59～60頁。
〔註30〕 參見陳豔《〈北洋畫報〉時期的劉雲若研究》，載《中國現代文學研究叢刊》，2011年第4期。

國家命運的思考使其後期創作在文學功能層面超越了單純的娛樂性，賦予文學對時代的嚴肅思考。

第二節　張恨水：從「平民意識」到「民族意識」

　　張恨水的創作歷程與上述許多通俗作家的創作轉型有著類似的走向。抗戰時期其創作品格也表現出由俗趨雅的變化，主要體現在其作品內質由「平民意識」向「民族意識」的轉變，因此，有學者將他這一時期的創作稱爲「國難小說」〔註31〕。張明明在《回憶我的父親張恨水》中寫道：「從日本侵華開始，父親的作品又有了些變化。有人把這一時期叫做『寫國難小說時期』。」〔註32〕朱周斌先生指出：「總起來看，在民國時期，張恨水對政治的批判起先主要局限於對軍閥的批判，同時保持了對清明、超越的政治結構的盼望，這一盼望由於外敵的入侵而變得更加迫切，同時也使張恨水進一步思考將民間意識同國家意識形態勾連起來完成這一目標。」〔註33〕趙孝萱先生同樣認爲：「與張愛玲可以悖離大敘述相較，張恨水一直刻意地接近國族與歷史的大論述。他一直在小說中承載著他對世事與國族的關懷。他有很深切的『以文濟世』觀念，他心心念念要拿筆去『喚醒群眾』，他有一種書生報國的赤忱。面對中國連年的內亂外侮，他也不可避免地要以文人之筆禦侮抗敵，並留下歷史的見證。」〔註34〕

　　這裏需要追問的是，這個轉變的過程是怎樣的？在這個轉變過程中，張恨水的文學創作對時代做出了怎樣的回應？這種回應又是怎樣影響了文學的雅俗品格？意識形態與文學雅俗之間的關係是怎樣的？

一、張恨水創作轉變的思想演進邏輯

　　文學史對張恨水的評價，能從一個側面反映張恨水前後創作轉變的軌迹。「入史」與如何「入史」，是文學史評價體系的關鍵問題。在文學史的敘

〔註31〕例如袁進《張恨水評傳》第十章題目爲「『國難小說』和《滿城風雨》」；趙孝萱《世情小說傳統的繼承與轉化：張恨水小說新論》第四章第二節第一部分命名爲「內戰與抗戰小說」。

〔註32〕張明明《回憶我的父親張恨水》，選自《寫作生涯回憶》，前引書，第259頁。

〔註33〕朱周斌《懷疑中的接受：張恨水小說中的現代日常生活》，前引書，第266頁。

〔註34〕趙孝萱《世情小說傳統的繼承與轉化：張恨水小說新論》，前引書，第149頁。

述中，張恨水經歷了一個隱去與歸來的過程。根據幾部文學史的敘述，可以看出張恨水「入史」的原因是與其後期創作的轉變密切相關的。需要深思的是，文學史的評價維度是否眞實地反映了張恨水思想轉變的軌跡？如果是，體現在哪些方面？如果兩者之間存在裂隙，又體現在哪些方面？文學史的評價體系如何參與了張恨水歷史形象的塑造，他在文學雅俗流變的歷程中有著怎樣的歷史命運？

張恨水首次進入文學史是在 1979 年唐弢主編的《中國現代文學史》，他被安排在第二十章「國統區的文學創作」的第二節「小說創作」中，由當時在江蘇師範學院任教的范伯群先生撰寫。范伯群先生將張恨水定位爲「三四十年代出現的由鴛鴦蝴蝶派向新小說過渡的代表性作家」。其代表作品，除了「對軍閥的飛揚跋扈和醜惡生活有所暴露，在結構技巧上也有可取之處」的《啼笑因緣》之外，更被看重的是「抗戰勝利前後曾以揭露國統區黑暗現實而產生較大影響」的《八十一夢》和《五子登科》。〔註35〕書中引用魯迅先生的話：「文藝家在抗日問題上的聯合是無條件的；只要他不是漢奸，願意或贊成抗日，則不論叫哥哥妹妹，之乎者也，或鴛鴦蝴蝶都無妨。但在文學問題上我們仍可以互相批判」爲立論依據，對張恨水評價道：「具有愛國心」、「在時代的教育和磨煉下獲得了可喜的進步」。〔註36〕1984 年黃修己《中國現代文學簡史》對《啼笑因緣》的關注並不是由於它「三十年代長篇小說銷量最大」的市場成績，而是因爲小說「暴露了軍閥的野蠻無道，抨擊了反動統治者」，尤其「對沈鳳喜一家生活和小市民心理狀態的細膩刻畫，是這部小說中最富有現實主義的部分」，因而被認爲是「鴛鴦蝴蝶派小說中最富有積極意義的一部」。書中認爲《五子登科》、《八十一夢》「已經不能再劃爲鴛蝴派的作品了」，〔註37〕它們將「矛頭直指國民黨反動派，諷刺也是很辛辣的」，所以應將其納入「四十年代國統區發展起來的諷刺文學」之列。〔註38〕從「唐弢本」到「簡史」，論者採用了幾乎一致的思路，那就是力圖將張恨水的創作尤其是其代表作與鴛鴦蝴蝶派的作品區別開來，並以現實主義標準發掘其諷刺和暴露的價值。

對張恨水論述最充分的，當屬 1984 年的《中國現代文學史教程》，書中

〔註35〕參見唐弢主編《中國現代文學史》（第三卷），人民文學出版社，1980 年，第448 頁。

〔註36〕參見唐弢主編《中國現代文學史》（第三卷），前引書，第450 頁。

〔註37〕參見黃修己《中國現代文學簡史》，中國青年出版社，1984 年，第246 頁。

〔註38〕黃修己《中國現代文學簡史》，前引書，第488 頁。

把他和沈從文列爲專節：第十三章「第二個十年的作家作品」第三節「沈從文、張恨水」，並在此前文學史敘述的基礎上將論述予以細化和深入。首先，第一次對張恨水的創作歷程進行分期研究。第一階段爲 1914～1919 年，「用的是文言文」、「寫的只是才子佳人」的言情小說階段。1924～1935 年，創作《春明外史》、《金粉世家》、《啼笑因緣》等。內容上「大多數作品具有一定的社會意義，對封建勢力、軍閥和官僚等統治階級進行了揭露和譴責，對下層人民則表現了同情心」。藝術方面「不少作品克服了『鴛鴦蝴蝶派』那種『記賬』式的傳統寫法，注意加強環境氣氛的烘托和人物性格的刻畫，情節發展在曲折中雖不免常有怪誕離奇，但又不乏合情合理之處。結構布局也較完整、嚴謹，尤其是語言，明顯趨向平淡樸實，華麗的脂粉氣有所減少」。但此時期的創作被認爲「仍沒有脫盡『鴛鴦蝴蝶派』的窠臼，嚴格說來，仍然屬於社會言情小說」。第三階段則是「積極歌頌抗戰，鞭撻有害於抗戰的種種社會現象」，以《八十一夢》爲代表，「衝破了舊時代舊小說之藩籬，展開了一個新局面」。其次，將《啼笑因緣》和《八十一夢》作爲張恨水代表作，尤其對前者在小說藝術上取得的成績予以充分肯定，認爲「把一些看來似乎平常的生活素材，通過生活發展的內在邏輯和『誤會』、『巧合』等手法，又結合『驚險』、『傳奇』因素，便構成了一個波瀾起伏的完整情節」、「藝術構思是頗具匠心的」，人物形象「大多塑造的比較有特色」〔註39〕，方言使用和民俗描寫「具有濃郁的地方色彩」。〔註40〕此外，小說語言「有眞意，少做作，無論是敘述描寫或口語，都力避繁榮和堆砌，不以華麗粉飾取寵，而以樸素無華見長」，「大有中國古典美學所說的那種『清水出芙蓉，天然去雕飾』的風格」。〔註41〕以上是幾部具有代表性的文學史著對張恨水評價的簡要追蹤。

　　理解張恨水抗戰時期的思想走向，一個重要的原因是他 30 年代後期到 40 年代的文學創作和思想追求。朱周斌先生在《懷疑中的接受——張恨水小說中的現代日常生活》一書中，對張恨水的家國體驗有過這樣的論述：「張恨水固然是一位『流行』的『通俗』作家，從主觀意願和個人興趣上，他也不願

〔註39〕馮光廉、朱德發、查國華、姚健、韓之友、蔣心渙《中國現代文學史教程》（下冊），山東教育出版社，1984 年，第 204～210 頁。
〔註40〕馮光廉、朱德發、查國華、姚健、韓之友、蔣心渙《中國現代文學史教程》（下冊），前引書，第 212 頁。
〔註41〕馮光廉、朱德發、查國華、姚健、韓之友、蔣心渙《中國現代文學史教程》（下冊），前引書，第 213～214 頁。

意太多地直接捲入具體的政治活動中。但是他的小說在各個不同的階段，回應了不同時代的政治要求，體現了一個現代中國知識分子、普通民眾在動盪不安的時代所無法擺脫的家國體驗」。〔註42〕張恨水對自己創作轉向「抗日方向」做出這樣的解釋：「僅僅說，我還不是一個沒靈魂的人罷了。」〔註43〕那麼，在不同的階段，張恨水如何回應了時代的政治要求呢？要更好的回答這個問題，關鍵是要尋找到張恨水抗戰時期的思想演進邏輯。只有對這個問題做出描述和辨析，才能更深入的呈現出張恨水由「平民意識」向「民族意識」轉變背後的豐富內涵。

張恨水談及《金粉世家》時說：「它唯一被人所研究的，就是這些人物隱射著是誰？……它始終在那生活穩定的人家，爲男女老少所傳看。有少年人看，也有老年人看，這是奇怪的。記得當年這書登在報上，弟妹們是逐日念給家慈聽，也是數年如一日的。這一部長篇，它出現以後，出路是這樣的。以我的生活環境不同，和我思想的變遷，加上筆路地修檢，以後大概不會再寫這樣一部書。而這樣的題材，自今以後的社會，也不會再有。國家雖災亂連年，而社會倒是不斷進步的。」〔註44〕此段話預示著張恨水創作的轉向。事實上，1927年2月14日至1932年5月22日《金粉世家》在《世界日報》的《明珠》副刊連載期間，張恨水就已經開始創作反映戰爭題材的作品了。例如，1931年北平《晨報》副刊《北晨藝圃》連載的《滿城風雨》；1931年9月1日至1933年3月26日，上海《新聞報》副刊《快活林》連載的小說《太平花》。張明明在追述父親張恨水一生的創作道路時，特別提到了這種創作的轉變：「從日本侵華開始，父親的作品又有了些變化。有人把這一時期叫做『寫國難小說時期』。這個時期的作品特點是，提倡一致對外，鼓勵抗日熱情。」〔註45〕「『九·一八』國難開始，舉國惶惶。我也自己想到，我應該作些什麼呢？我是個書生，是個沒有權的新聞記者。『百無一用是書生』，唯有這個時代，表現得最明白。想來想去，各人站在各人的崗位上，盡其所能罷，也就只有如此聊報國家於萬一而已。」〔註46〕1932年，爲了使自己的作品能回應

〔註42〕朱周斌《懷疑中的接受——張恨水小說中的現代日常生活》，前引書，第64～65頁。
〔註43〕張恨水《寫作生涯回憶》，選自《寫作生涯回憶》，前引書，第57頁。
〔註44〕張恨水《寫作生涯回憶》，選自《寫作生涯回憶》，前引書，第42～43頁。
〔註45〕張明明《回憶我的父親張恨水》，選自《寫作生涯回憶》，前引書，第259頁。
〔註46〕張恨水《寫作生涯回憶》，選自《寫作生涯回憶》，前引書，第56頁。

時代，張恨水僅用 26 天時間，寫了三篇小說、一個劇本、一組筆記和二組詩。（它們是小說《九月十八》、《一月二十八》、《仇敵夫妻》；劇本《熱血之花》；詩《健兒詩七首》、《詠史詩四首》），都是鼓吹抗戰的文字。這些作品後結集為《彎弓集》。〔註 47〕《彎弓集》是當時中國最早出版的抗日作品集。張恨水在《彎弓集·自序》中寫道：

> 今國難臨頭，必以語言文字，喚醒國人，無人所可否認者也。以語言文字，喚醒國人，必求其無孔不入，更又何待引中？然則以小說之文，寫國難時之事物，而供獻於社會，則雖烽煙滿目，山河破碎，固不嫌其為之者矣。〔註 48〕

《彎弓集》所收入的《詠史詩四首》是作家對內戰悲憤情緒的傳達，其中一首寫道：

> 爭道雄才一槊橫，幾時曾到岳家兵。
> 中原豪傑無斷頭，遜國軍臣肯膝行。
> 盜寇可憐侵臥榻，管絃猶自遍春城。
> 書生漫作長沙哭，只有龍泉管不平。〔註 49〕

為支持抗戰，張恨水曾經自己想組建一支游擊隊，但因為沒有得到政府的批准而放棄，之後他前往重慶以筆為戎。〔註 50〕周毓凡先生寫道：「到了重慶，恨水新的寫作題材又來了。當時，前方雖然烽火彌天，而後方卻是生活糜爛，某些官場的貪污腐化，以及奸商的投機倒把，一切一切，看在恨水眼裏，使他覺得有把這些現象刻畫一番的必要。」〔註 51〕張恨水的一首詩可以代表他當時的心情：

> 六朝金粉擁千官，王氣鍾山日夜寒。
> 果有萬民思舊蜀，豈無一士復亡韓。
> 朔荒秉節懷蘇武，暖席清談愧謝安。
> 為問章臺舊楊柳，明年可許故人看。

〔註 47〕參見《張恨水年譜》，選自《寫作生涯回憶》，前引書，第 161 頁。
〔註 48〕張恨水《彎弓集·自序》，選自張占國、魏守忠編《張恨水研究資料》，前引書，第 218 頁。
〔註 49〕楊金亭主編《中國抗戰詩詞精選》，北京燕山出版社，1997 年，112 頁。
〔註 50〕參見張恨水《寫作生涯回憶》，選自《寫作生涯回憶》，前引書，第 73 頁。
〔註 51〕轉引自張明明《回憶我的父親張恨水》，選自《寫作生涯回憶》，前引書，第 308 頁。

　　　　　　　*　　　*　　　*

　　含笑辭家上馬呼，者番不負好頭顱；

　　一腔熱血沙場灑，要洗關東萬里圖。〔註52〕

張恨水反覆強調過自己創作抗戰題材作品的想法：「與抗戰無關的作品，我更不願發表」，「我寫任何小說，都想帶點抗禦外侮的意識進去」〔註53〕《啼笑因緣續集》的創作便包含了這樣的意圖。「在那看厭了黑幕小說、黃色小說和武俠小說的當兒，《啼笑因緣》確乎是別有風味的。……張氏不願他的作品給別人塗上污泥（續集自序中語），取消他前集中『不可續，不能續』的主張，自己寫了十回《啼笑因緣續集》，把青年軍人沈國英做了書中的賓中之主，……沈國英毀家從戎；……關秀姑父女和沈國英一起為國犧牲，結束寫樊、何遙祭壯士，牽連到『九一八』抗日。」〔註54〕

　　在重慶，張恨水就職《新民報》，擔任副刊《最後關頭》編輯，在發刊詞中，他寫道：

　　關這個字，在中國文字裏，已夠嚴重。關上再加最後兩個字，這嚴重性是無待詞費了。

　　最後一語，最後一步，最後一舉……，這一些最後，表示著人生就是這一下子。成功，自然由這裏前進。不成功，也決不再有一下。那暗示著絕對的只有成功，不許失敗。事情不許失敗了，那還有什麼考慮，我們只有絕大的努力，去完成這一舉，所以這副刊的命名，有充分的吶喊意義包涵在內。

　　……

　　這吶喊聲裏，那意味絕對是熱烈的，雄壯的，憤慨的。決不許有一些消極意味。我相信，我們總有一天，依然喊到南京新街口去，因為那裏，是我們南京報人的。〔註55〕

張恨水為抗戰「吶喊」的心理動因值得探究。也就是說，他處於什麼目的才將創作轉向「抗戰」的。張恨水的老同事符家欽說過：「恨水寫抗戰，寫中華

〔註52〕轉引自張恨水《寫作生涯回憶》，選自《寫作生涯回憶》，前引書，第132頁。

〔註53〕張恨水《我的創作和生活》，選自《寫作生涯回憶》，前引書，第132頁。

〔註54〕范煙橋《民國舊派小說史略》，選自魏紹昌、吳承惠編《鴛鴦蝴蝶派研究資料》（上卷），前引書，第298頁。

〔註55〕恨水《這一關》，載重慶《新民報》，1983年1月15日。

民族的英勇精神，寫貪污，寫裙帶關係，寫內地的投機成風。他寫這些有兩個願望：鼓吹保衛自己民族和禦侮精神，同時也安慰與娛樂自己苦難中的同胞。但跟他同時代的愛國作家一樣，其長遠目標是提高人民的文化水平。他在 1945 年《由原子彈想起》中說過：『文藝有個最高理想，是普及教育；經濟有個最高理想，是人民豐衣足食；政治有個最高理想，是民主。』」〔註56〕張恨水在《寫作生涯回憶》一書「抗日的方向」一節中說道：「那時我在北平，在兩個月工夫內，寫了一部《熱血之花》，主題是國人和海寇的搏鬥，當然，海寇就指著日本了。另外，我出了一個小冊子，叫《彎弓集》，都是些鼓吹抗戰的文字。這個，我沒有打算賺錢，分在上海、北平出版。這談不上什麼表現，只是說我寫作的意識，又轉變了個方向。由於這個方向，我寫任何小說，都想帶點抗禦外侮的意識進去。」〔註57〕之後，張恨水又為上海《申報》寫了《東北四連長》（後易名《楊柳青青》）、《啼笑因緣續集》等小說，都表現了抗日的思想。為了適應抗戰需要，張恨水在創作手法上，做了許多有益的嘗試，例如《八十一夢》。「由於我對軍事是外行，所以就想改變方法，寫一些人民的生活問題，把那些間接有助於抗戰的問題和那些直接間接有害於抗戰的表現都寫出來。但我覺得用平常的手法寫小說，而又要替人民呼籲，那是不可能的事。因之，我使出了中國文人的老套，寓言十九，託之於夢，寫了《八十一夢》，這部書是我在後方銷數最多的一部。」〔註58〕

在「他者」與「自我」的共同敘述中，張恨水的思想脈絡得以清晰地呈現在我們面前。但是對這一轉變的評價卻褒貶不一。謝慶利先生認為：「關注現實的精神使張恨水或多或少地偏離了自己的藝術個性」。〔註59〕

二、主導文化下自我的文化選擇：《太平花》的兩次修改

在抗戰主導文化的影響下，張恨水積極回應時代的姿態表現出自我文化選擇與主導文化疊合的特點，這一疊合的過程是在不斷的自我調整中完成的。在他創作思想的演進過程中，小說《太平花》的創作和修改是值得特別注意的。張恨水在《寫作生涯回憶》中寫道：「自《太平花》改作起，我開始寫抗戰小說。」

〔註56〕符家欽編著《張恨水故事》，山西教育出版社，1998 年，第 24 頁。
〔註57〕張恨水《寫作生涯回憶》，選自《寫作生涯回憶》，前引書，第 57 頁。
〔註58〕張恨水《我的創作和生活》，選自《寫作生涯回憶》，前引書，第 134 頁。
〔註59〕謝慶利《中國近現代通俗社會言情小說史》，群眾出版社，2002 年，第 221 頁。

〔註60〕這句話，說明《太平花》的兩次修改是張恨水創作徹底轉型的標誌。改作過程作爲張恨水創作生涯的重要事件，其意義遠遠大於小說文本本身。對此，張恨水說道：「《太平花》這部書，不是什麼了不起的寫作，但在這兩度大改之下，也就可以看到『白雲蒼狗』，人事是變幻得太厲害了。」〔註61〕

　　《太平花》的創作和修改經歷了從「九·一八」事變到抗戰結束期間的時代風雲變幻。由於張恨水與《新聞報》的續約並且有感於中國連年苦於內戰，決定創作小說《太平花》。「這小說的意識，在題目上，是可以看的出來的」〔註62〕。小說描寫戰亂年代普通百姓的顛沛流離之苦，中間穿插愛情故事。小說創作至一半時「九·一八」事變爆發，「這時，全國的人民，都叫喊著武裝救國，我這篇小說是個非戰之篇，大反民意，那怎麼辦呢？而《新聞報》的編者也同有所感，立刻寫信給我，問何以善其後？我考慮著這只有兩個辦法。第一，書裏的意識，一百八十度大轉彎跟著說抗戰。第二，乾脆，把這篇腰斬了，另寫一篇。考慮的結果，還是採取了第一個辦法，說到書中主角，因外禍突然侵襲，大家感到同室操戈不對，一致言好禦侮。」〔註63〕《太平花》第二次大的修改是在初版之後。「抗戰期間，後方也要出版，但到出版的日子，日本人又投降了。在日本人又投降之後，我們還要提倡戰爭，也覺得不對。於是我又來了個第二次訂正。三十四年，我到上海，將訂正本交給書局，言明以後出版，以此爲準，原版給它消滅了。」〔註64〕《太平花》兩次大的修改，體現出張恨水迎合時代要求，積極向社會主導文化靠攏的創作心態。

　　此外，能體現張恨水積極回應時代，進行作品修改的例子是《巷戰之夜》的創作。當時，在重慶編輯《時事新報》副刊的張慧劍邀約張恨水創作一個中篇小說。因此，張恨水創作了小說《衝鋒》。該小說「是寫日本人侵犯天津時的一段人民自衛故事。後來慧劍建議，可改名《天津衛》，以雙關的意義來籠罩一切。這意思當然很好。不過這書在三十年（一九四一年）出版的時候，我得著許多游擊隊的消息，又鑒於大後方豪門的生活令人憤慨。於是我在書前後各加上了一段，將書名改爲《巷戰之夜》」。〔註65〕

〔註60〕張恨水《寫作生涯回憶》，選自《寫作生涯回憶》，前引書，第56頁。
〔註61〕張恨水《寫作生涯回憶》，選自《寫作生涯回憶》，前引書，第56頁。
〔註62〕張恨水《寫作生涯回憶》，選自《寫作生涯回憶》，前引書，第55頁。
〔註63〕張恨水《寫作生涯回憶》，選自《寫作生涯回憶》，前引書，第55～56頁。
〔註64〕張恨水《寫作生涯回憶》，選自《寫作生涯回憶》，前引書，第56頁。
〔註65〕張恨水《寫作生涯回憶》，選自《寫作生涯回憶》，前引書，第73～74頁。

　　張恨水直接描寫抗戰的作品除了《巷戰之夜》、《太平花》之外，還有《前線的安徽，安徽的前線》、《潛山血》、《虎賁萬歲》、《敵國的瘋狂》等，這些作品中強烈的國家、民族意識使張恨水偏離了自身所獨有的創作個性，不免流於機械、膚淺。孔慶東先生在論述張恨水抗戰時期的作品時說：「張恨水早年小說往往奇峰迭起，懸念紛呈，而此時作品，特別是抗戰小說，大都平鋪直敘，呆板單調。有時退回言情的老套中去，新舊生硬相加，頗不和諧。」〔註66〕在作家創作「由俗趨雅」的過程中，如何協調雅俗兩者之間的關係是值得深思的問題。

三、從民間到民族：武俠小說「俠義觀」的嬗變

　　武俠小說從古代到現代經歷了漫長而複雜的演變過程，其中「俠義觀」的演變是武俠小說整體演變過程中的核心。孔慶東先生認為：「自從清代的俠義小說把『俠義』偷換為『忠義』以後，武俠精神一時陷入低谷。現代武俠小說從平江不肖生起，再次還俠客以獨立不羈的自由意志和鏟削不平的英雄情懷。民族意識有時也包含其中……」〔註67〕目前許多從事通俗文學研究的學者，在對中國武俠小說發展脈絡的梳理中，通常從《三俠五義》、還珠樓主、王度廬直接跨越到以金庸、古龍、梁羽生為代表的臺灣武俠小說的繁榮。如此的文學史描述，遮蔽了大陸武俠小說原有的面貌。

　　從20年代民國武俠小說早期的一批作家向愷然、趙煥亭、姚民哀，到30、40年代的抗戰文學，再到50年代革命文學的發展脈絡中，「武俠」的影子始終存在。范伯群先生認為：「如果沒有20世紀40年代末和50年代初的人為的30年斷層的出現，金庸、梁羽生、瓊瑤之類通俗大家也可能出現在中國內地。現在只能由臺港血脈承傳通俗文學的擔子，20世紀50年代後，也只能讓臺港的通俗文學專美於前了。」〔註68〕

　　有學者認為，50年代後以《林海雪原》為代表的「革命通俗小說」承接了民國初年武俠小說的英雄傳奇傳統，只不過很多時候，作家將「革命」主題與傳統武俠小說的「復仇」主題融彙在一起，賦予「英雄」報效家國的敘述任務，以此完成了大眾文藝與意識形態的巧妙結合。陳思和先生認為：「革

〔註66〕孔慶東《超越雅俗──抗戰時期的通俗小說》，前引書，第59～60頁。
〔註67〕孔慶東《超越雅俗──抗戰時期的通俗小說》，前引書，第172頁。
〔註68〕范伯群《中國現代通俗文學史（插圖本）》，前引書，第6頁。

命時代不可能再照搬原來的武俠小說，但傳統的文學因子一定會融入新的時代話語精神，改變其表達的內容，作家們可以把這種因素轉換到游擊隊員、民間英雄的故事中去。武俠的傳統還是被保留，只不過在不同時代出現了不同的形態。」〔註 69〕宋琦在他的博士論文《武俠小說從「民國舊派」到「港臺新派」敘事模式的變遷》中認為：「從復仇情節的發生背景來看，民國時期區別於古代和 50、60 年代港臺環境的突出特點就是『國家』觀念的興起和強化，並直接作用於文學，引起作者與讀者意識形態和文學選擇的變化。」〔註 70〕如果以武俠小說「俠義觀」為考察點，可以發現從民國到新中國建立這一現代國家建構過程中，中國武俠小說是在保有「俠義」內核的基礎上，運用不同的敘述手法，不斷地建構和重塑著「俠」這一文學形象。與抗戰勝利前後北方武俠小說的代表作家王度廬、宮白羽、鄭證因、朱貞木仍然堅守傳統武俠小說關注技擊、俠情的創作方法不同，張恨水的武俠小說已經不同於他前期的同類題材創作。抗戰時期他創作的涉及到武俠要素的小說，如《中原豪俠傳》、《丹鳳街》、《啼笑因緣續集》敘事模式已經顯現出從民間俠客到民族英雄的轉變軌跡，既承接著民初英雄傳奇模式，又連接起 50 年代的革命通俗小說，是兩者之間過渡的重要連接點。

張恨水小說「俠義觀」的嬗變可以從《劍膽琴心》到《啼笑因緣續集》創作歷程中找到明顯的軌迹。創作於 1928 年的《劍膽琴心》屬於傳統意義上的武俠小說，它仍注重描寫俠客的行俠仗義、高超技擊。俠客的傳奇色彩也是在「廟堂」之外的「江湖」中才得以呈現的。小說主人公韓廣發、柴競、朱懷亮這些江湖中人更接近《史記》中的游俠形象，他們游離於主流社會，是隱於江湖的邊緣人；他們通常具有豪氣行俠的觀念，路見不平拔刀相助。胸懷國家社稷並不是他們最終的人生理想。張恨水考慮到上海讀者的閱讀口味，在小說《啼笑因緣》中加入關壽峰、關秀姑父女這一武俠元素。之後的《啼笑因緣續集》雖然仍是處於滿足讀者的閱讀需求才創作的，但隨著國難迫近，市場已不是張恨水進行創作考慮的唯一因素，也不是最重要的因素了。文中表現出張恨水試圖用武俠小說教育民眾的意識。《啼笑因緣》中的豪俠人

〔註 69〕陳思和《先鋒與常態——現代文學史的兩種基本形態》，載《文藝爭鳴》，2007年第 3 期。

〔註 70〕宋琦《武俠小說從「民國舊派」到「港臺新派」敘事模式的變遷》，山東大學2010 年博士學位論文，第 73 頁。

物關壽峰父女，在《啼笑因緣續集》中形象發生了很大變化。關秀姑組織群眾抗日，「在關外作義勇軍而殉難」〔註71〕。由於小說明顯的抗日描寫，「續集只寫了十回。當時日軍已向東北大舉進攻，所以書中有民眾抗日的描寫，日本人禁止續集發行。」〔註72〕

　　張恨水在《中原豪俠傳·自序》中講述了民國二十三年（1934）西北之行到洛陽時，偶遇河南壯丁隊的經歷。文中他轉述了一個在豫北當過專員的胡君的話：

> 全河南省境都有，統計起來，有好幾百萬人。這幾年來，官廳已經加以組織與利用，只是官方的力量，還沒有深入民間，這支壯丁隊，不曾予以主義的薰陶，也不曾予以嚴格的軍事訓練。他們不能脫離民間傳統的封建思想，而且好談小忠小義，即近小說上的江湖結交，若想好好地利用，必須灌輸民族意識，教以大忠大義……最好就是用通俗教育的手腕，在戲劇小說歌唱上，把他們崇拜的江湖英雄，變爲民族英雄，讓他們容易接受這教訓。〔註73〕

張恨水創作《中原豪俠傳》的目的是給民眾「灌輸民族意識」、「教以大忠大義」。《中原豪俠傳》這部小說中，國家危難促使了諸如郁必來、華山老道、馬老師重新出山，給革命黨的革命行動助力。小說主人公秦平生則成了以保國安民爲己任的民族英雄。

　　此外，小說《丹鳳街》中一批具有俠義心腸，濟人危難的草根市井如童老五、王狗子等人也最終走上了抗日的道路，小說結尾如此寫道：

> 童老五爲了此事，心裏難過了半個月，就從此再不進城，更不要說丹鳳街了，足過了一年，是個清明節……起了一個早就跑進城來，到了丹鳳街時，已是正午一點鐘。……景象未曾改掉，現在柳花下，可蹴就起一帶灰塵，一群穿灰色制服的人，背了上著刺刀的步槍，照著光閃閃的，和柳花相映。……一個全副武裝的壯丁奔到面前，突然地站定。兩隻緊緊了裹腿的腳，比齊勒腳跟一碰，作了個立正式，很帶勁地，右手向上一拳，比著眉齊，行了個軍禮，正是王狗子。童老五不會行軍禮，匆忙著和他點了點頭。看他胸面前的證章，

〔註71〕張恨水《寫作生涯回憶》，選自《寫作生涯回憶》，前引書，第60頁。
〔註72〕張明明《回憶我的父親張恨水》，選自《寫作生涯回憶》，前引書，第217～218頁。
〔註73〕張恨水《中原豪俠傳·自序》，選自《中原豪俠傳》，前引書，第1頁。

他也有了臺甫，乃是「王佐才」三個字。因道：「好極了，是一個軍人的樣子。」王狗子笑道：「你猜我們受訓幹什麼？預備打日本。」說著話，三個人走向了廣場邊的人行路。大個子道：「受訓怪有趣的，得了許多學問。我們不一定哪天和日本人打一仗呢？你也應該進城來，加入丹鳳街這一區，第二期受訓。」童老五笑道：「我看了你們這一副精神，我很高興。第二期我決定加入，我難道還不如王狗子？」狗子挺了胸道：「呔！叫王佐才，將來打日本的英雄。」童老五還沒有笑話呢，卻聽到旁邊有人低聲笑道：「打日本？這一班丹鳳街的英雄。」童老五回頭一看，一個人穿了件藍色湖縐的夾袍子，瘦削的臉上，有兩撇小鬍子，扛了兩隻肩膀，背挽了雙手走路。大家還認得他，那就是和秀姐做媒的許樵隱先生。童老五站定腳，瞪了眼望著道：「丹鳳街的英雄怎麼樣？難道打日本的會是你這種人？」許樵隱見他身後又來了幾名壯丁，都是丹鳳街的英雄們，他沒有作聲，悄悄地走了。〔註74〕

有學者認為：「張恨水通常利用角色本身的語言、動作或其他人的評價來表現角色的性格，敘述者很少親自評價。」〔註75〕但在《丹鳳街》中，作者大概是急於用小說教育民眾，常常以人物為「傳聲筒」，小說結尾作者直接介入文本敘述，寫道：

筆者說：童五這班人現在有了頭銜，是「丹鳳街的英雄」。我曾在丹鳳街熟識他們的面孔，憑他們的個性，是不會辜負這個名號的。現在，他也許還在繼續他的英雄行為吧？戰後我再給你一個報告。〔註76〕

張恨水一生以創作通俗小說為職業，隨著時勢不斷變幻，他的創作呈現出積極回應時代主導文化的轉向。朱周斌先生認為張恨水創作的一個突出特點是：「他在不斷地考慮將個人的行為，擴展和上升到國家—民族的意義網中。國家成為敘述關注的目的，而個人的行為則不過是承載這一目的的實體。……在國家的整體備受威脅之時，張恨水首先關注的是怎樣動員民間／個體的力量，變成一種整體性的國家—民族力量，使他們有助於一個完整的國家的確立。進一步從價值層面上看，他的考量針對不同的階層，稍有差異。對於『無知識』的普通民眾，他對他們的『義氣』寄予厚望；對於知識分子，他則對

〔註74〕張恨水《丹鳳街》，北嶽文藝出版社，1993年，第270～271頁。
〔註75〕劉熹《試析張恨水武俠小說之俠義觀》，載《文藝爭鳴》，2011年第9期。
〔註76〕張恨水《丹鳳街》，前引書，1993年，第272頁。

他們的節氣和情操給予褒揚。」〔註 77〕無疑朱周斌先生的這一觀點在一定層面上揭示了張恨水創作轉變的原因，但這一轉變是否是作家在「不斷的考慮」下做出的刻意的追求呢？作家在大時代背景下的個人選擇想必應該得到更爲豐富的解釋。對於張恨水抗戰時期的作品，有學者指出：「這樣的作品在眞實性和教育性上是進步了，但失去了武俠小說獨具的吸引力，娛樂性也減少了。」〔註 78〕這種觀點不無依據，張恨水的創作在由「平民意識」向「民族意識」轉變的過程中，出現了明顯的文本斷裂，由此造成其藝術水準下滑。如何看待這種斷裂，不僅要從張恨水本人的思想嬗變出發，更應該思考的是通俗文學在向主導意識形態靠攏時，出現了什麼問題。

雖然，這些堅守文學傳統陣地的作家在當時及之後的很長時間內遭受到主流話語的漠視，但不能否能的是，他們將家國體驗、大眾趣味及文學形式探索融會貫通，通過作品表達出個體對國家的嚴肅思考。通俗文學作家在時代主導文化下，開闢出獨特的文學視野值得關注。抗戰武俠小說中的俠客、武師身上表現出明顯的民族國家意識，他們在審美特徵上與古代傳統武俠小說的俠客形象有某種聯繫，即俠客身上所獨具的傳奇色彩，而這種傳奇色彩具體的體現在俠義性格和行俠仗義的英雄行爲上。這兩方面是從古到今武俠小說所具有的共同的審美特質。讀者對這些傳奇人物著迷，爲他們的豪氣雲天、慷慨悲壯而讚歎、扼腕，是一種傳統的民族審美心理。

第三節　化雅從俗：「新市民小說」與抗戰主導文化的契合與疏離

抗戰後期，中國文壇曾出現過幾個當時風頭正健，在以後相當長時間卻沉寂無聞的作家，比如張愛玲、錢鍾書、徐訏、無名氏。他們與張恨水一樣在以往的文學史書寫中有著沉寂的命運。80 年代中期，學術界開始以開放的眼光重新解讀這些作家，他們所具有的獨特性也刺激研究者去重新調整文學史的敘述板塊。西方研究者指出：「從第二次世界大戰開始到現在，這一期間出現的暢銷書可以歸爲一類，儘管期間也出現過一些變化。這些書中主要的特點，不論從個別小說還是從年度小說與非小說暢銷書目來看，都對世界的

〔註77〕朱周斌《懷疑中的接受：張恨水小說中的現代日常生活》，前引書，第 252 頁。
〔註78〕袁進《張恨水評傳》，前引書，第 219 頁。

複雜性有了認識。政治、宗教、性、心理、健康、愛情，以及其他許多主題在一本書裏都結合在一起，在這張書目中更不用說了。」〔註79〕如果將他們納入世界文學生態加以考察，可以發現他們與世界文學潮流某些共通之處。

在民國文學史中，徐訏、無名氏等作家的作品被稱為「新市民小說」〔註80〕。抗戰前後的 40 年代，他們或以諜戰為題材藉以外國通俗小說敘述模式，或以濃郁的異域風情書寫跨國愛情故事，無不在 40 年代的大後方掀起了通俗小說的追捧熱潮。司馬長風在《中國新文學史》中寫道：「戰時戰後的小說創作，有兩位作家的作品最暢銷，那就是徐訏和無名氏了。而這兩位作家，都具有孤高的個性，絕不肯敷衍流行的意見，因此，飽受文學批評家的冷遇與歧視，成為新文學史上昏暗鬱結的部分。這兩位作家的初期作品，都擅寫愛情故事，因此被淺見的批評家，誣為新鴛鴦蝴蝶派。事實上，大謬不然。」〔註81〕李歐梵在談及徐訏與無名氏時說：「我想他們絕對不會承認自己與『五四』的新文學傳統絕緣，他們作品中濃重的洋味和『異國情調』更與早期的通俗作家大相徑庭……如果說，張愛玲依然心慕『鴛鴦蝴蝶派』，徐訏和無名氏的言情小說則與之大異其趣，而成了新文學的通俗版，但的確在當年都很暢銷，出盡風頭。」〔註82〕徐訏、無名氏運用通俗的小說模式贏得了廣大讀者青睞。嚴家炎先生對兩者這樣評價道：「他們常常借用愛國題材甚至革命題材來寫曲折離奇的東西。作品以抒情性和哲理性的某種結合見長。」〔註83〕這一觀點表明「愛國」、「革命」只是小說敘述的形式，「曲折離奇」才是他們創作要表現的實質，而「抒情性」、「哲理性」這些通俗小說的新質素使他們又不同於章回體通俗小說家。

筆者在第三章中論及的包天笑、劉雲若、張恨水等通俗文學作家，受抗戰主導文化的召喚而調整自己的創作路向，投入抗戰題材小說創作，融入國家、民族的宏闊敘事。如果將他們與徐訏、無名氏的創作作橫向對比，可以看出，徐訏的小說雖然多涉及諜戰內容，但在通俗的敘事模式中，表達更多

〔註79〕（美）托・英奇編《美國通俗文化簡史》，董樂山等譯，瀾江出版社，1988年，第 9 頁。

〔註80〕參見范伯群《中國現代通俗文學史（插圖本）》中第十九章「40 年代新市民小說的通俗性」，其中論及的作家有張愛玲、徐訏、無名氏，北京大學出版社，2007 年。

〔註81〕司馬長風《中國新文學史（下卷）》，昭明出版，1978 年，第 100～101 頁。

〔註82〕李歐梵《中國現代通俗文學史（插圖本）・序二》，選自范伯群《中國現代通俗文學史（插圖本）》，前引書，第 10 頁。

〔註83〕嚴家炎《中國現代小說流派史》，人民文學出版社，1989 年，第 10 頁。

的是對世界、生命的個人體驗和思考。無名氏的創作則是抗戰時期文壇的一個「異數」，他疏離時代主導文化，在「新媚俗」的表象下，堅守著個人審美性的超越。耿傳明先生對無名氏創作中「輕逸姿態」的概括〔註84〕，可謂精準。徐訏、無名氏都是將陳義高雅、對生命的嚴肅思考溶化於引人入勝、通俗易懂的故事情節當中。本章論述徐訏、無名氏這兩位作家的創作特點及文學觀，為的是辨析他們的通俗文學創作又在哪些層面上與張恨水拉開了距離？他們對文學世俗品格認識有哪些異同？在民國通俗文學發展的歷程中，他們的創作從哪些方面體現出通俗文學的多面性？

一、徐訏：「『大衆化』是文學的本質要求」

　　徐訏的成名比張愛玲還早，但是直到1996年藝術家陳逸飛拍攝的電影《人約黃昏》放映，世人才重新知道了電影原著小說《鬼戀》的作者徐訏。在文學史中徐訏的這種「遭遇」，與張恨水頗為相似。這為兩者的比較研究提供了切入問題的可能性。不同的是，徐訏所受的教育和人生經歷與張恨水完全不同。這也決定了兩人在文學品格上的差異。

　　徐訏（1908～1980），1927年畢業於北京大學哲學系，後在心理學系修業兩年。1933年，徐訏來到上海先後進入林語堂創辦的《論語》、《人間世》雜誌擔任編輯。1936年主編《天地人》半月刊，同年赴法留學攻讀哲學博士學位。留法期間，發表小說《鬼戀》，一炮成名。抗戰軍興，他回到「孤島」上海，繼而創作了《吉布賽的誘惑》、《荒謬的英法海峽》、《精神病患者的悲歌》等極具異域風情的作品。1942年，徐訏離開上海經桂林抵達抗戰的大後方重慶，任職中央銀行，兼任中央大學教授。1943年3月，小說《風蕭蕭》發表後「重慶江輪上，幾乎人手一紙」。〔註85〕對於小說風靡的原因，徐訏分析說：「那時候重慶出現的大部分是宣傳性的或是左傾的小說，沒有像這樣自由發揮的作品，也許這就是因而暢銷的原因，也許是件偶然的誤會」。〔註86〕與抗戰主導文化的疏離，反而成就了徐訏。

　　嚴家炎先生將徐訏歸為「後期浪漫派」，范伯群先生將他的作品定義為「新

〔註84〕參見耿傳明《「理想」和「夢」的差異──論無名氏的前期創作及其與時代主導文學的疏離》，載《天津師範大學學報》，2001年第4期。

〔註85〕陳乃欣等《徐訏二三事》，臺北爾雅出版社，1980年，第249頁。

〔註86〕陳乃欣等《徐訏二三事》，前引書，第39頁。

市民小說」，吳義勤先生則稱他爲「通俗的現代派」，上述對作品定位的差異，恰恰說明徐訏作品內涵的豐富性。徐訏曾自稱道：「我是不屬於太雅或太俗的人」〔註87〕。不同於張恨水的社會市民小說，徐訏認爲：「小說是書齋的雅靜與馬路的繁鬧融合的藝術。——或者說是象牙之塔的高貴細緻，則只能成爲文人的沙龍小說。偉大的小說家一定能在二者中出入自由並能把二者融爲一爐的。」〔註88〕范伯群先生認爲：「徐訏也是一位超越雅俗的作家，他的小說有很強的通俗性。」〔註 89〕借鑒外國小說敘述模式並進行改造，以適應中國讀者的閱讀習慣和審美期待是徐訏在小說藝術手法上做出的努力。

從小說故事的敘事元素來看，徐訏小說的模式與西方哥特小說的敘事特徵極爲類似。小說《鬼戀》中人鬼的纏綿糾結、撲朔迷離、淒絕冷豔與上述哥特小說敘事模式非常相似。楊義先生如此評價道：「這篇小說給人以古老的志怪小說、通俗的偵探小說和現代的愛情小說，甚至『革命小說』的多重刺激。」〔註 90〕小說《風蕭蕭》描寫在抗日戰爭中犧牲的地下工作者，這樣一個嚴肅的主題，徐訏將其處理成了一部暢銷小說。「一時傾倒許多讀者。『風蕭蕭兮易水寒，壯士一去兮不復還』。書名即取自這慷慨悲壯的千古名句，用以形容書中所寫的一群地下工作者對日本侵略者的英勇鬥爭。如此重大的題材，卻走的是『暢銷書』路線：故事在『一切都有政治色彩的國際上海展開』，美女俊男多角戀愛疑雲密佈的間諜生涯，柔情與鐵火交織，美色與智勇輝映，既纏綿又驚險，使人愛不忍釋。」〔註91〕

但是，徐訏的創作理想卻並非止於「通俗」，而是在迷醉讀者的奇詭情節中別有訴求。他說，文學「光是悅人不見得偉大。一定裏面有人生的意義」。〔註 92〕「徐訏對人性意識衝突的剖析總是溶入於故事性極強的文本，這是他的小說通俗性和現代性能同時呈現的內在原因。」〔註 93〕徐訏的小說立足於

〔註87〕徐訏《宗教信仰》，選自《徐訏文集》（第十卷），上海三聯書店，2008年，第251頁。

〔註88〕徐訏《〈一朵小白花〉序》，選自《徐訏文集》（第十卷），前引書，第113頁。

〔註89〕范伯群《中國現代通俗文學史（插圖本）》，前引書，第555頁。

〔註90〕楊義《中國現代小說史》（第3卷），人民文學出版社，1988年，第436頁。

〔註91〕金宏達《風蕭蕭·前言》，選自《徐訏作品系列》，安徽文藝出版社，1996年，第3頁。

〔註92〕徐訏《談藝術與娛樂》，選自《徐訏文集》（第九卷），上海三聯書店，2008年，第412頁。

〔註93〕吳義勤《漂泊的都市之魂——徐訏論》，前引書，第228頁。

世俗情感世界，在個人體驗的基礎上，發掘人內心的精神需求和困頓。徐訏在人鬼「奇戀」之中貫穿了對世界和生命的深層思考，對人生的「憂鬱」的表達，逃逸了佔據那個時代文壇主流的家國敘述和集體意識，使他的小說找到了雅俗溝通的橋樑。

徐訏文學觀的獨特性更爲具體地體現在他對文學「大眾化」的認識上。正是在這種獨特的「大眾化」文學觀的指導下，才成就了其小說在大後方的風靡。那麼，在 40 年代，大後方關於通俗文學的階級本質的爭論中，知識分子對「大眾」形成了怎樣的判斷？由他們闡述的「大眾化」理論又爲「大眾」輸入了怎樣的內涵？徐訏對「大眾化」的理解與當時主流文藝思潮有何不同？這些都是我們討論抗戰前後文學雅俗之辨無法迴避的問題。

在抗日救亡這一共同的政治基礎上，無論什麼類型、哪個派別、陣營的知識分子都趨於一致，如筆者在第三章提及的張恨水、包天笑、劉雲若等一批通俗文學作家。但是由於個人經歷和學養的差異，一概而論地描述他們抗戰時期的創作動機顯然是過於籠統、不夠全面的。事實上，很多作家的創作轉變，顯然不是上述觀點所描述的自覺參與和毫無疑義的順應。如此簡單的概括，遮蔽了整體「轉變」背後，實際存在的觀念上的衝突和張力。當我們走進歷史深處，考察某些文學現象時，會發現實際的情況要複雜的多。那麼，我們應該如何看待徐訏這樣的通俗小說家的創作？他對文學「大眾化」的理解，是否能從另一向度上爲我們思考文學的雅俗互動提供有效的維度呢？與大多飽有愛國熱情的作家一樣，徐訏將抗戰看做每個國民應盡的義務。他說：「一九三六年赴法讀書，實有志於痛改前『非』，但抗戰軍興，學未竟而回國，舞筆上陣，在抗敵與反奸上覺得也是國民的義務。此後我就無緣無故被稱爲作家。長長一輩子，除了寫文出書外，好像什麼也沒有做」。〔註 94〕

40 年代文學「大眾化」論爭中，個體對「大眾化」的理解千差萬別，其中徐訏的認識便具有特殊性。它顯示出文學在建構民族、國家的敘述時，所具有的多面性。徐訏研究專家吳義勤先生認爲：「徐訏從根本上說是個徹底的自由主義者，這不僅表現爲他自由的心態結構，也表現在他對文學發生、文學功能、文學消費等諸多理論範疇的認識上。」〔註 95〕解析徐訏關於「大眾化」的認知，有必要在與其他文學家關於「大眾化」討論中對比加以呈現。

〔註 94〕徐訏《徐訏全集・後記》，臺灣正中書局，1966 年，第 597 頁。
〔註 95〕吳義勤《漂泊的都市之魂——徐訏論》，前引書，第 24 頁。

40 年代大後方展開關於通俗文學階級本質的論爭。胡風認為，俗文學的形式是「封建意識的內容所要求的，能夠和它適應的表現手段」，是「封建的認識方法，（對歷史和人的認識方法）底觀念性的結果……本質上是用充滿了毒素的封建意識來吸引大眾，但同時也是用閃爍著大眾自己智慧光芒的，藝術表現的鱗片的生活樣相來吸引大眾。」〔註 96〕關於文學的起源和創作動力資源，徐訏的觀點與當時主流文學家的觀點具有相似性。他認為：「文學起源於民間，生根於生活。文學家創作的源泉是生活，一個作家有生活才能寫作。」〔註 97〕在認同文學起源於民間，來源於民眾的基礎上，徐訏認為：大眾化是文學的本質要求，「這原是一個成功的作品自然而然的要求」。〔註 98〕

與很多主流文藝家不同的是，徐訏從「娛樂」角度闡述「大眾化」。將「娛樂性」作為文學的本質，又將「娛樂性」作為提升通俗文學品質的介質，是徐訏的基本觀點。他認為：作家、藝術家應該「給大眾以健康的娛樂」；「偉大的作品之所以大眾化，就因為他有娛人的力量，就是說有濃厚的娛樂價值。」〔註 99〕「世上有一種藝術的確不令大眾欣賞而為少數人欣賞的，但這絕不是偉大的作品……偉大的藝術一定是可以為大眾所接受的。」〔註 100〕「大眾接近了它會愛它。」〔註 101〕

從創作實踐看，40 年代的文學大眾化運動並沒有取得預想的效果，而徐訏以其雅俗共賞的小說贏得了當時各個階層的讀者群，其小說一度雄踞暢銷書榜首取得了文學大眾化的成功。

二、無名氏：以「新的媚俗手法」奪取讀者

抗戰時期，無名氏是繼徐訏之後，又一個在文學品質和市場上獲得成功的作家。與徐訏不同的是，「無名氏青年時代既已顯露出不為習俗左右、特立獨行、熱情奔放、敏感極端的個性。他不同於『後期浪漫派』另一位代表作家徐訏，出身科班，穩紮穩打，步步有來歷有源頭可溯，而是自憑興趣，博覽群書，雜取各家，有廣涉三教九流、旁門左道，更兼有出自名家的古文根

〔註 96〕胡風《論民族形式》，上海海燕書店，1949 年，第 51 頁。
〔註 97〕徐訏《三邊文學》，香港上海印書館，1968 年，第 1 頁。
〔註 98〕徐訏《談藝術與娛樂》，選自《徐訏文集》（第九卷），前引書，第 412 頁。
〔註 99〕徐訏《談藝術與娛樂》，選自《徐訏文集》（第九卷），前引書，第 412 頁。
〔註 100〕徐訏《談藝術與娛樂》，選自《徐訏文集》（第九卷），前引書，第 415 頁。
〔註 101〕徐訏《談藝術與娛樂》，前引書，第 416 頁。

底以及旁若無人的自信、自傲與天賦，無論行文還是為人，都是氣魄飛揚，常常逾出規矩方圓，出人意料」。〔註102〕

　　無名氏（1917～2002），本名卜寧、卜寶南，又名卜乃夫，香港著名報人卜少夫之弟。原籍江蘇揚州，出生於南京。1943 年 11 月 9 日至 29 日，卜寧完成 10 多萬字的《北極風情畫》，並首次以「無名氏」為筆名將小說以《北極豔遇》為題目連載於《華北新聞》而轟動一時。《北極風情畫》、《塔裏的女人》兩書在海內外曾為中國現代文學第一暢銷書。無名氏在其《薔薇內幕——誰是「塔裏的女人」？》一文中記述了兩部小說熱銷的情況：「《北》、《塔》問世後，才一年多，就有 21 種翻版本，5 年內，估計即印了 100 版以上。這些年來，估計二書每種在 500 版以上，各銷了一百幾十萬冊，還不算大陸 33 年的空白，以及無從統計的大陸手抄本。賣了近 40 年，《塔》仍是臺灣最暢銷的小說；6 月，《北》仍是最暢銷小說。」〔註103〕「自從《紅樓夢》的黛玉之死博得無數眼淚後，《塔裏的女人》所以繼而也能令萬千青年流淚，甚至大聲哭泣（現在大陸和臺灣青年仍有灑淚的。為《北極風情畫》灑淚的也有，但比《塔裏的女人》少一點）」〔註104〕

　　「據卜少夫（無名氏的兄長——筆者注）說，作者寫《北極風情畫》和《塔裏的女人》兩部愛情小說，『他立意用一種新的媚俗手法來奪取廣大的讀者，向一些自命為擁有廣大讀者的成名文藝作家挑戰。』」〔註105〕小說「開頭就是驚世駭俗，撥動讀者欲罷不能的情感琴弦，是暢銷小說的慣用技法。」〔註106〕無名氏的創作初衷是要走通俗文學的路子。他在《跳蚤與〈北極風情畫〉》中寫道：

　　　　當年《北》在《華北新聞》連載時，無論我出去理髮、沐浴、上飯
　　　　館、咖啡館，進公園喝茶，到處都聽見有人在談論此書。從前譚叫
　　　　天在北平走紅時，有「滿城爭說叫天兒」盛況，當時若說西安『滿
　　　　城爭說無名氏』，一點也不誇張。難怪其時友人黃震遐遠遊甘肅歸
　　　　來，一見我就說：「從前拜倫寫了《柴爾德‧哈羅德》旅遊詩，發現

〔註102〕汪淩《文壇的獨步舞——無名氏論》，載《當代作家評論》，1998 年第 6 期，第 17 頁。

〔註103〕無名氏《薔薇內幕——誰是「塔裏的女人」？》，選自《無名氏代表作》，華夏出版社，1999 年，第 370 頁。

〔註104〕無名氏《薔薇內幕——誰是「塔裏的女人」？》，選自《無名氏代表作》，前引書，第 374 頁。

〔註105〕司馬長風《中國新文學史（下卷）》，前引書，第 103 頁。

〔註106〕楊義《中國現代小說史》（下），前引書，第 104 頁。

自己一夜之間，名滿倫敦。足下現在正是當之。他還用了一句洋文：

「大家 Compare you and Ghuyu（拿你和徐訏相比）。」〔註107〕

無名氏自己分析《北極風情畫》、《塔裏的女人》這兩部小說暢銷的原因時，說：「那些矯揉造作的政治小說，那些刻板的公式化作品，青年人似乎早已厭倦了，開始想呼吸一些新鮮空氣，渴望從人類心靈自然流露出的藝術品，那些確能表現生命內在情感的小說」；「我認為『北極』『塔裏』這類書，只是『小玩意兒』，它們的成功，僅由於當時市場小說太缺少真實情感，而文字技巧又不大講究。不少作家並不肯在藝術表現上下苦功，更不尊重讀者的欣賞能力」。〔註108〕疏離抗戰時期的主導文化，無名氏卻取得了成功。在政治主題日益成為文壇的主導思想下，無名氏在「媚俗」的故事情節中，注入個人化的審美體驗。作者在小說中渲染的熱烈、野獸、火，這些充滿強力的意象和情緒，是要讀者動用眼、耳等感官去體驗、去感覺的。他又說：「大約由於我寫言情小說的藝術手法、表現藝術技巧，以及我所挖掘的悲劇主角的靈魂深度、情感深度、與愛情境界，和其他作家迥異。這種『異』能否淋漓酣暢的發揮文學奇效，或許可決定讀者是否會『狂』。」〔註109〕讀者在受到小說中強烈的感官衝擊之後，為故事所迷狂。抗戰時期，「無名氏的『媚俗』之作，則讓這種被壓抑下去的個人性話語浮出了海面。」〔註110〕只有迷狂之後的深思、體味，才能理解作者對生命的思考。

無名氏否認自己的小說在風格與內涵上同徐訏相似〔註111〕，但通過對比可以發現兩者在創作態度以及文學觀上具有某些深層的聯繫和相似之處，其中最重要的一點是他們對抗戰主導文化的有限契合與深度疏離以及對文學「娛樂」性的認同。

三、被批判的「娛樂」：通俗文學品格的判定及提升質素

對於徐訏、無名氏的派別歸屬這一問題眾說紛紜，大多數研究者認為徐

〔註107〕無名氏《跳蚤與〈北極風情畫〉》，選自《無名氏代表作》，前引書，第 374 頁。

〔註108〕無名氏《無心蕩漾》，江蘇文藝出版社，2001 年，第 235 頁。

〔註109〕無名氏《北極風情畫·塔裏的女人·自序》，花城出版社，1995 年，第 2 頁。

〔註110〕耿傳明《「理想」和「夢」的差異——論無名氏的前期創作及其與時代主導文學的疏離》，載《天津師範大學學報》，2001 年第 4 期。

〔註111〕無名氏曾說：「其實拙作風格與內涵和徐訏根本不同，但當時徐訏頗有名氣，作品銷路亦好，友人乃有此『比』。」轉引自范伯群《中國現代通俗文學史（插圖本）》，前引書，第 566 頁。

訏、無名氏的小說是通俗小說，或者是介乎雅俗之間的小說，這些判定都是從高雅文學與通俗文學本身所具有的特性出發的。文學偏重消遣、娛樂歷來是通俗文學世俗性的特徵，也是判定文學通俗品格的一個主要標準。精英知識分子在維護嚴肅文學的神聖性、批判通俗文學的時候，是從審美和道德兩個方面質疑其存在合理性的。他們認為通俗文學在審美形態上是貧乏、粗糙的；在道德標準上，是媚俗化、低俗化的。在這兩個方面中，尤其值得注意的是通俗文學「娛樂」因子的作用。在以往的文學發展史中，嚴肅文學對通俗文學的反覆批判、陳說的一個主要方面就是圍繞「娛樂」展開的。這使文學的「娛樂」因子所具備的多面性遭到過於簡單化的理解和片面否定。翻檢民國文學的歷史，一個有趣的現象呈現在我們面前：一方面，嚴肅文學作家激烈批判通俗文學的娛樂性；另一方面，一些通俗文學作家以「娛樂」為介質，提升了通俗文學的品質，溝通了雅俗兩類文學，例如徐訏與無名氏的創作。在「化雅從俗」的道路上，徐訏與無名氏的文學價值值得我們重新思考。其中，「娛樂」在雅俗文學互動發展的生態圈中，扮演著怎樣的角色，也需要我們重新審視。

徐訏在《談藝術與娛樂》一文中寫道：「對於娛樂的輕視，藝術的製作往往就是士大夫的副業，這就是少有偉大作品產生的原因，許多小說都是有這類天才的人在窮途末路時的自娛，曹雪芹的《紅樓夢》，就是一個最好的例子」，〔註112〕再次強調娛樂性對文學的重要作用。通過上文對徐訏、無名氏文學觀的分析，可以發現重視文學的「娛樂」因素是他們的共同之處。無論是從「娛樂」角度闡述「大眾化」，還是以「新的媚俗手法」奪取讀者，他們將對生命、世界的思考鎔鑄在通俗的情節建構中。

「娛樂」因子在通俗文學的發展及歷史命運中扮演著重要角色，可以說是雅俗文學品格溝通中的矛盾集結點。范伯群先生認為：「在徐訏與無名氏這一輩作家的筆下，寫精英小說也罷，寫通俗小說也罷，均有自己的特色而絕無鴻溝。當然也有人認為精英文學與通俗文學是兩個完全不同的世界，兩種不同的『制度』。可是張愛玲、徐訏與無名氏卻以自己的創作實踐宣佈，他們在這兩個世界和兩種『制度』中可以『自由來去』，他們是文學領域中的『一國兩制』者。」〔註113〕在筆者看來，徐訏、無名氏之所以能在雅俗兩個世界

〔註112〕徐訏《談藝術與娛樂》，選自《徐訏文集》（第九卷），前引書，第 411 頁。
〔註113〕范伯群《中國現代通俗文學史（插圖本）》，前引書，第 573 頁。

中「自由來去」，一個重要的原因在於其作品的「娛樂」因子，它讓文學對宏大的時代主題保持了一定疏離姿態。

40 年代的文藝「大眾化」運動，由於官方意識形態的倡導，使文學的民間性和娛樂大眾的功能獲得了進入主流文學視野重新進行探討的可能。娛樂性所具備的流行性、世俗力量的感染力為主流文學所關注。主流文學試圖在這一點上，創作出教化民眾的新文藝，但實際效果卻並不理想。與此同時，徐訏、無名氏以「娛樂」性踐行文學「大眾化」，取得了文學品質和市場的雙贏。從「大眾化」的角度出發，對比同時期國統區的徐訏、無名氏、解放區的趙樹理、淪陷區的張愛玲的創作實踐應該是一個有趣且有意義的課題。

此外，對文學「娛樂」性的堅守與超越僅僅是分析這一問題的一個方面，需要進一步挖掘的是「娛樂性」為雅俗文學的發展帶來了怎樣的發展動力。「娛樂性」作為溝通雅俗文學品格的介質，在促進雅俗文學的互動中，催生出許多文學新質素。徐訏的異域格調、奇異詭譎的間諜小說、無名氏的新言情小說中不同以往的文學質素以及他們在雅俗之間取得成功，正是這些文學新質素的具體呈現。他們的文學創作軌迹，揭示出雅俗文學互動、溝通的一些經驗性和規律性的因素，為研究民國文學的雅俗流變、發展提供了一個參照視角。

第四節　小結

30、40 年代，一批通俗文學作家在大時代的硝煙中彙入了抗戰文學創作。無論是舊派小說，還是新市民小說，在與他們的對比中，張恨水顯示出自身的獨特性，我們由此能夠洞悉民國文學雅俗之辨的一些重要問題。當然，雅俗文學形成良性互動的前提是釐清兩種尺度與兩類文學的所指域限與價值效度，同時承認雙方的所指域限與價值效度，而不是非此即彼地以二元對立的方式相互誤讀，甚至攻訐。總之，無論是肯定通俗文學的歷史與文化意義，還是指出它的負面性，都必須從具體的、有針對性的問題出發，而不是籠統的肯定或否定。比如，雅、俗兩因子在文化中的不斷流動究竟在哪個層面上能更好的作用於文學；大眾化、娛樂性等世俗化特質在文學的雅俗流變中起到了哪些作用；在哪個節點上，這些世俗化的文學因子可以變成提升通俗文學品質的質素；在反應「人生」的主題上，雅俗兩類文學各自的走向如何，解決這些問題是本章選取上述幾位作家進行比較的目的。

在文學的審美形態上，通俗文學認為嚴肅文學過於高深、艱澀難懂，而將大眾化、世俗化、娛樂化作為自我創作的目標，並在堅持「趣味」的前提下，注重文學品質的提高，這種努力並非是從 40 年代才開始的。早在 20、30 年代一批通俗文學家就對自己的創作制定了目標。1929 年，通俗刊物《紅玫瑰》主編趙苕狂即對刊物稿件作出要求：

一、主旨：常注意在「趣味」二字上，以能使讀者感得興趣為標準，而切戒文字趨於惡化和腐化——輕薄和下流。

二、文體：力求其能切合現在潮流，惟極端歐化，有所不採。

三、描寫：以現代現實的社會為背景，務求與眼前的人情風俗相去不甚懸殊。

四、目的：在求其通俗化、群眾化，並不以研求高深的文藝相標榜。

五、內容：小說、隨筆、遊記、各地通訊、學校中的故事、感想錄等項並重，務求相輔而行，並不側重於某一項。

六、撰述聘定基本撰述員二十人或三十人。由主編者察其擅長於何路文字，並適應讀者的需要，而隨時請某人寫某項文字。

七、變化：對於內容及體裁，當適應於環境而加以變化，不拘泥於一格。

八、希望：極度希望讀者不看本志則已，看了以後一定不肯拋了不看，一定不肯失去了一期不看——換一句話：每篇都有可以一看的價值，那，讀者自然會一心一意地想著它，不願失去一期不看的了。〔註 114〕

在保證稿件「趣味」的前提下防範「低俗」，是趙苕狂主編《紅玫瑰》的大方針。30 年代，通俗文學在文藝論爭和創作實踐中尋求著自我的文學定位。

進入 40 年代後，通俗文學已經具有了不同以往的面貌。「人生哲學、人性人情和傳奇的故事融合在一起，它們決定了 40 年代通俗文學的風格確立在通俗性和雅致性、現代性和世俗性的交匯點上，也決定了通俗文學的讀者必將輻射社會各個階層。」〔註 115〕在 40 年代通俗文學狀貌中，值得注意的

〔註 114〕趙苕狂《花前小語》，載《紅玫瑰》，第 5 卷第 24 期。
〔註 115〕范伯群、湯哲聲、孔慶東《20 世紀中國通俗文學史》，高等教育出版社，2006 年，第 212 頁。

是通俗文學作家的主體意識增強。上海通俗文學作家展開的「通俗文學運動」即是這種趨勢的具體體現。《萬象》第2年第4、5期連續推出「通俗文學運動專號」，共發表6篇相關文章，即陳蝶衣《通俗文學運動》、丁諦《通俗文學的定義》、危月燕《從大眾語說到通俗文學》、胡山源《通俗文學的教育性》、予且《通俗文學寫作》。這些文章在回顧文學史發展歷程中，總結提出了通俗文學的美學特徵和創作原則。1942年《萬象》雜誌刊登予且《通俗文學寫作》一文，文中寫道：「在生動的故事中，更應該注意下列數點：（1）題材忠於現實；（2）人物個性描寫深刻；（3）不背離時代意識」。〔註116〕《萬象》主編陳蝶衣再一次陳述自己並非鴛鴦蝴蝶派的理由：「從我開始『操觚』的時候起，就根本沒有趕上『鴛鴦蝴蝶派』那個時代，所以我對於所謂『鴛鴦蝴蝶派』實在是很隔膜的。」〔註117〕這一說法與張恨水的陳述非常相似。張恨水在《總答謝——並自我檢討》中說：「我毫不諱言地，我曾受民初蝴蝶鴛鴦派的影響，但我拿稿子送到報上去登的時候，上派已經沒落……其實到了我拿小說賣錢的時候，已是民國八九年，禮拜六派，也以『五四』文化運動的巨浪而吞沒了……二十年來，對我開玩笑的人，總以鴛鴦蝴蝶派或禮拜六派的帽子給我戴上，我真實受之有愧。」〔註118〕陳蝶衣在《通俗文學運動》中寫道：「中國的文學，在過去本來只有一種，自古至今，一脈相傳，不曾有過分歧。可是自從『五四』時代胡適之先生提倡新文學運動以後，中國文學遂有了新和舊的分別，新文學繼承西洋各派的文藝思潮，舊文學則繼承中國古代文學的傳統。雖然新文學家也盡有許多在研究舊文學，填寫舊詩詞，舊文學家也有許多轉變成新文學家，但新舊文學雙方壁壘的森嚴，卻是無可否定的事實。」「我們提倡通俗文學的目的，是想把新舊雙方森嚴的壁壘真正打通，使新的思想和正確的意識可以藉通俗文學而介紹給一般大眾讀者」。〔註119〕通俗文學作家的這種創作態度和目標值的我們思考，它不僅僅是為了區別與嚴肅作家的創作標準，也不僅僅是通俗文學試圖尋求與嚴肅文學平起平坐的口號和行動，而是通俗文學作家主體意識的凸顯。

劉納先生曾這樣總結新舊文學的劃分：「在五四時期，新舊文學依然對壘

〔註116〕予且《通俗文學寫作》，載《萬象》，1942年第2年第5期。

〔註117〕陳蝶衣《編輯室談話》，載《萬象》，1943年第13期。

〔註118〕張恨水《總答謝——並自我檢討》，選自《寫作生涯回憶》，前引書，第102頁。

〔註119〕陳蝶衣《通俗文學運動》，載《萬象》，1942年第4期。

分明，卻主要不是以政治態度而是以倫理態度劃分的。被五四新文學作者視爲文學敵人的舊派文人，在政治上並不一定『反動』，他們反對五四新文化運動，卻一般並不反對群眾反帝愛國運動，他們與新文學的對立，主要不是表現在愛國還是賣國，反對還是支持軍閥政府這些現實政治問題上，而是『提倡與民國絕對不相容的三綱五常，提倡嫖賭，提倡納妾，提倡畫『臉譜』的戲劇，提倡殺人不眨眼的什麼大俠客，提倡女人纏腳，反對女人剪髮，反對生育限制，反對自由戀愛……』」〔註120〕新舊文學表面對壘分明背後，常常隱含著自我敘述與他者批判的衝突和矛盾。新舊身份的確立常常因主體身份的複雜、多元而變得難於清晰地區分彼此。

　　從新、舊作家之間的相互批判、論爭可以發現很多作家文化選擇的軌迹和文化意識的波動。1933 年凡夫以《善變的作家》爲題，指出：「由禮拜六轉變而爲新文學家的葉聖陶」。〔註121〕華嚴在《說白・新舊文人（一）》一文中寫道：「新文學家施蟄存就是以前在《禮拜六》上寫稿的施青萍」。〔註122〕《珊瑚》第 20 期，刊載作者署名爲彳亍的文章《新作家的陳迹》，文中將新文學家曾經創作舊文學的經歷一一列出：

　　　　劉半農（原名半儂，《小說大觀》中時有作品）

　　　　魯迅（原名周豫才，著文言小說甚多，發表於紹興《越鐸日報》副刊中）

　　　　施蟄存（原名青萍，著有江干集）

　　　　戴望舒（原名夢鷗，作品散見於《星期》、《半月》諸雜誌）

　　　　黃中（即黃花奴，《小說新報》中，時見其作品）

　　　　俞長源（俞牗雲，作品見《小說叢報》）

　　　　老舍（原名舒金波，《禮拜六》常見其作品）

　　　　樓建南（原名劍南，《禮拜六》中作品頗多）

　　　　葉紹鈞（原名聖陶，《禮拜六》中作品頗多）

　　　　吻雲（即許嘯天）

〔註120〕劉納《嬗變——辛亥革命時期至五四時期的中國文學》，中國社會科學出版社，1998 年，第 23 頁。
〔註121〕凡夫《善變的作家》，載《社會日報》，1933 年 7 月 17 日。
〔註122〕華嚴《說白・新舊文人（一）》，載《小說日報》，1940 年 11 月 18 日。

　　蘇風（即姚庚）

　　杜衡（即戴克重，昔年常有文字發表《小說時報》中）

　　藤固（原名若渠，昔年文言作品頗多）〔註123〕

從新文學作家對鴛鴦蝴蝶派的批判開始，通俗文學作家對文學新舊、雅俗的區別就有自己的認識和回應。樓一葉《一句公平話》中寫道：「所謂歐化派小說家，他們所看見而稱為禮拜六的小說，僅僅是一些粗惡的作品。所謂禮拜六的小說家，他們所看見的歐化小說，也僅僅是一種粗惡的東西。所以雙方攻訐起來。其實，如果大家平心靜氣，破除了成見，細細搜求一些對方高深的優美的作品來看看，便自然知道都誤解了。他們所不同的，只是一點形式，那原質是一樣的，也有好有壞得呀。」〔註124〕對於「不同的」、「一點形式」，時人有文章作了形象的描述：

　　「舊小說派」：「大海之中，有一小島焉，島中居者乃一情場失意之少年也，彭其姓，枕石其名。居島中已歷數炎涼，自耕自食，暇則讀書作文，或吟詩詠歌，飲酒取樂，玩弄絲竹。塵事置之不聞不問，無憂無慮，誠一快樂人也。」

　　「新小說派」：「丁淑貞是一個可憐的女子，伊自幼父母雙亡。幸虧伊姨母憐伊孤苦伶仃，收養在家。及笄時，伊姨母便將伊字了人了。可是又遇人不淑，生活更苦。唉，伊真可憐啊！」

　　「歐化小說派」：沉悶的星月墜在那枯寂淒幽的空氣裏，蕭瑟瑟的秋風，打動了那焦黃的樹葉，成一種憂鬱不規則的音樂

　　這沒趣的音調，好像唱著「人們啊！可怕的嚴寒將來了！人們啊！可怕地嚴寒將來了！」〔註125〕

上文形象的描述了民初文壇，小說創作的大致面貌，「舊小說派」、「新小說派」、「歐化小說派」有各自偏重的敘述方式和描寫手法。對於它們之間的差異，在通俗小說作家看來，僅僅是形式的不同而已，認為兩者並沒有本質的區別。范煙橋曾說：「猶之道德高尚學問深邃者，馬褂長袍無妨也，呢冠革靴

〔註123〕彳亍《新作家的陳迹》，載《珊瑚》第 20 期，1933 年。
〔註124〕樓一葉《一句公平話》，載《最小》，1923 年第 17 號。
〔註125〕黃襄國《一分鐘的小說》，載《最小》，1923 年第 97 號。

亦無不可耳。」〔註126〕在范煙橋看來，文學的內質不受外在形式的影響。當然，這種理解有其合理性。但事實在於，文學的雅俗之分除了表面敘述形式之外，兩者在文學品格、內涵，對人生、世界的理解、認識及其對個人產生的精神層面的影響力都有不同的效力和各自的特點。兩者的區分更多是去除外在之後，內蘊的陳義和品格。筆者認為，在探討文學的雅俗之別時，主要是看它是否與世俗溝通。有些高雅文學雖然敘述方式淺顯易懂，但其陳義很高，難於與世俗溝通，那麼，它就不屬於通俗文學。例如，張愛玲的創作，雖然以上海的市民生活為描寫對象，但作品中始終貫穿著作家自覺的文學追求，其小說中對「蒼涼」生命質地的美學感受，並非一般的市民階層所能理解、觸及到的生命體驗。因此，張愛玲的小說是難以歸為通俗文學的。

從另一方面看，通俗文學作家對雅俗文學僅在形式上具有差異的這一認識，在一定程度上奠定了通俗文學作家嘗試高雅文學創作的心理基礎和改造通俗文學的信心，使雅俗因子在文學中具有了互動、轉化的可能。從通俗文學的商業本質來看，娛樂、消遣對它而言無疑是第一位的，我們不能要求它以精英文學的方式來體現文化的多元化，否則無異於取消了它的存在基礎。將世俗化、娛樂性還原至文學本身，可以發現它們並非簡單的停留在吸引眼球、博取讀者的接受層面，在某些情況下，它們是溝通雅俗兩種文學因子的重要介質。通過對比分析，可以知道，文學世俗化被否定、被批判這一問題並非那麼簡單。換一個角度對以往的問題重新思考，會發現提升通俗文學的可能性就包含在這些被固有思維模式遮蔽的文學質素中。當然，對於通俗文學的文化品位與審美格調高低的問題，應當區分看待。

雅俗文學轉化突出地表現在舊派通俗作家向新文學靠攏這一文學現象中。對此，胡安定在其博士論文《鴛鴦蝴蝶派的群體想像與自我認同》中有過這樣的論述：「二十年代以後，由於對新文學的模仿，鴛鴦蝴蝶派作家們同樣關注時代熱點問題，如五卅運動、革命文學、一二八事變等等，常見諸這些鴛鴦蝴蝶派的雜誌。因此，在這個意義上，鴛鴦蝴蝶派是以大眾通俗文化的姿態，向代表精英文化的新文學借用資源。」〔註127〕此外，抗戰時期，一

〔註126〕范煙橋《小說話》，選自芮和師、范伯群、鄭學弢、徐斯年、袁滄州編《鴛鴦蝴蝶派文學資料》（上卷），福建人民出版社，1984年，第42頁。
〔註127〕胡安定《鴛鴦蝴蝶派的群體想像與自我認同》，2009年四川大學博士學位論文，第196頁。

大批通俗小說家將創作的關注點轉向民族、國家意識，也是雅俗文學轉化中值得關注的文學現象。受到抗戰主導意識的影響，包天笑、劉雲若等一批通俗文學作家在作品意蘊中表現出通俗走向嚴肅的趨向。但是，如果仔細辨析抗戰時期嚴肅與通俗兩類作家表現抗戰主導意識的作品，我們仍然能在作品內蘊的不同層面上發現兩者的差異，上文對包天笑《甲子絮譚》和葉聖陶《潘先生在難中》的對比就是一個典型的例子。

此外，尤其值得注意的是，張恨水對文學外在形式的理解不同與其他通俗文學作家，特別是他對文學語言革命的一些認識具有啓示意義。針對文學形式之一的語言，1926 年張恨水在《白話文裏的典雅派》一文中寫道：

> 惟有典雅派，卻是屈指可數。……止水德文字，喜歡絕不經意的，把吳老丈要丟到毛廁裏去的舊文典，溶化無痕，插在白話裏用。讀的人雖然知道是由毛廁裏掏出來的東西，而除了不討厭以外，還覺得俏皮。所以止水先生和黎黃陂有同病相憐之感，離開晨報後，僅僅語絲上有一兩篇，也就是魯殿靈光了。現在要丟到毛廁裏的東西，研究的人很少。所以典雅派，也沒有人學。說一句不吉祥的話，止水先生千秋萬歲後，恐怕是廣陵絕散了。〔註128〕

對於文言與白話，張恨水並沒有簡單的認爲兩者只是形式上的區別，也沒有武斷地推崇文言，否定白話，在他看來兩者的融通更爲重要，將文言與白話「溶化無痕」的「典雅派」是他推崇的語言典範。爲了說明自己的觀點，他在《文言之妙用》一文中以周氏兄弟爲例說道：

> 予爲小月旦，有時用語體，有時亦用文言，把筆即來，亦不自知其爲何故，若筆調傾於白話，固無法爲文言，即筆調傾於文言，亦無法作白話。意動於衷，文發於外，其不能強如此。然則斷斷然白話文言之爭者，亦未免過迂矣。……予常見周氏兄弟作白話文，喜插一段文言在內，以示俏皮，而其文言，恰不可以白話易之，此又文言妙用之一證也。〔註129〕

張恨水認爲，白話的明白曉暢無法代替文言的典雅，反之亦然。這一觀點，對我們重新思考文學的語言變革與現代文學雅俗觀的確立具有啓示意義。

〔註128〕張恨水《白話文裏的典雅派》，選自徐永齡主編《張恨水散文》（三），安徽文藝出版社，1995 年，第 15 頁。

〔註129〕張恨水《文言之妙用》，選自徐永齡主編《張恨水散文》（三），前引書，第 44 頁。

　　本章論及的張恨水、包天笑、劉雲若等這些通俗文學作家的個案從一個側面反映出時代的特徵，以及這批作家特殊的精神世界和個體選擇的複雜性。它們始終涉及到在戰爭的大時代背景下作家創作空間的問題。賈植芳先生說道：「新文學作家由於其出生教養和生活世界的局限性，他們的作品的取材面顯得過於狹小和單薄，從所反映的生活場合與人物類型看來，最成功的往往是知識分子和農民這兩個類形象，對於範圍廣闊、結構複雜的中國社會的各式各種生活領域，由於接觸面不廣不深，留下了許多空白之處，而通俗作家卻是另一類人，他們出身教養和求職謀生手段的複雜性和多樣性，正像他們所涉足的社會領域的複雜性和多樣性一樣，這就為他們的作品取材開拓了廣闊的領域，因此，他們筆下出現的生活場景和人物形象的多樣性、豐富性和複雜性往往為新文學作家所望塵莫及。」〔註130〕在抗戰這一主導文化中，通俗文學作家在文學雅與俗自身的品格空間中，如何作出平衡、選擇，使兩者的書寫空間得以拓展。對於這些作家身處的時代來看，在官方意識形態與主導文化的一致統一下的文學創作空間逐漸縮小。他們在狹窄的空間中不斷尋找自己能夠適應的創作方式。事實上，面對繁複的大千世界，任何一種文學樣式只能無限延展自身的特點描述世界、接近人生。我們探討雅俗文學之分的意義，也在於更清晰的認識兩類文學的特質，探討文學表述所能企及的較為理想的表達狀態。

〔註130〕賈植芳《反思的歷史　歷史的反思——為〈中國近現代通俗文學史〉而序》，選自《中國近現代通俗文學史·序言》，江蘇教育出版社，2000年，第2～3頁。

第四章　張恨水與其他作家比較研究（二）
——文學審美品格世俗性與超越性的辯證關係

　　世俗性與超越性是文學審美品格的兩個方面。它們存在文學歷史發展的過程當中，也常常矛盾地體現在同一個作家的文化品格中。「中國文化對於終極價值的追問，與西方文化截然相異，是一種超越的追問。它沒有首先在理想世界與現實世界之間、本體界與現象界之前、天國與人間之間、超自然的秩序與自然的秩序之間，一句話，彼岸與此岸之間，劃下一道不可逾越的鴻溝，然後再通過對後者的否定，奮力一躍，進入彼岸的終極世界，而是把它們看成兩個互相交涉、離中有合、合中有離、因人而宜的世界。」〔註1〕世俗性與超越性彼此消長，貫穿中國文學自古至今的發展歷程之中。文學雅俗之別在審美品格上的最本質的差異也體現在超越性與世俗性的文本質地上，並由中國文化的特殊性呈現出文學雅俗互動的複雜樣貌。

　　本章嘗試在具體作家的對比描述中提升出文學雅俗之辨的一些問題，以使這些問題具體化。選取在審美品格上幡然有別的魯迅與張恨水、審美品格某些層面重疊又同中存異的張愛玲與張恨水進行對比研究，為的是回到文本本身，探討文學雅俗審美品格的辯證統一關係。

〔註1〕潘知常《中西比較美學論稿》，百花洲文藝出版社，2000年，第152頁。

第一節　重評雅、俗文學的雙峰：魯迅與張恨水

一、由雅俗文學「雙峰並峙」的討論想到的

　　一個時代的文學生態和文化精神應該怎樣呈現？高雅文學與通俗文學在社會文化生態中應該處於怎樣的位置？關於這一問題曾經有知識分子展開過關於「我們需要魯迅，還是需要張恨水？」的討論。〔註2〕提出這一問題的動機是一些知識分子重新審視當代中國文化的發展狀況時，表達了自己對當下文化、文學低俗化、媚俗化現象的隱憂。市場化的文化發展狀況與大眾生活世俗化的價值取向，導致知識與權力關係的變化。精英知識分子喪失了原來的啟蒙領袖、生活導師的地位，從中心被拋向了邊緣。

　　消費時代，精英文學已然被邊緣化，通俗文學漸成時代主流，這一文化變遷影響到文學研究視角的改變，一些通俗文學家也越來越多地被學術界關注、逐漸成為學術研究的熱點，比如對金庸小說的經典化確立就是其中一個典型例子。此外，魯迅與張恨水的比較研究也是這一研究趨勢中值得關注的問題。在這一問題當中，「魯迅」顯然並不是單純的指魯迅本人，「張恨水」也並非僅僅指張恨水本人，他們兩位常常做為高雅文學與通俗文學最典型的代表作家被聯繫在一起。對這兩位作家的比較研究，其實是對高雅文學與通俗文學的比較研究。「我們需要魯迅，還是需要張恨水」的論爭，事實上可以看做中國文學從近現代以來就一直存在的雅俗文學之辨這一問題在當代的延續和具體化，其當代意義體現在對我國當代文化價值建構的追問與反思。

　　同時，這一問題，也使筆者想到 20 世紀 90 年代曾經引起學術界廣泛關注的當代中國文化的熱點問題——關於「人文精神」與「世俗精神」的大討論。90 年代，是一個文化反思的年代。文化反思，即是對 20 世紀文化選擇的重新評價。「人文精神」與「世俗精神」是轉型時期的知識分子面對文化選擇時的兩種姿態。文化選擇可以發生在同一個文化系統內部，如雅文化與俗文化之間、精神文化與物質文化之間。隨著中國市場經濟的興起和世俗化時代的來臨，整個中國知識界都在思考、討論人文精神與世俗精神的關係這一問題。這場討論的發軔之作王曉明先生《曠野上的廢墟——文學與人文精神的

〔註 2〕 參見中國作家網 http://www.chinawriter.com.cn/bk/2010-01-06/40771.html，許民彤《需要「魯迅」還是需要「張恨水」》；中國網絡電視臺 http://opinion.news.cntv.cn/20111125/102285.shtml，王聃《我們需要魯迅，也需要張恨水》。

危機》一文中寫道：「一股極富中國特色的『商業化』潮水幾乎要將文學界連根拔起」，「這個社會的大多數人早已對文學失去了興趣」。「今天的文學危機是一個觸目的標誌，不但標誌了公共文化的普遍下降，更標誌著整整幾代人精神素質的持續惡化。文學的危機實際上暴露了當代中國人人文精神的危機，整個社會對文學的冷淡，正從一個側面證實了，我們已經對發展自己的精神生活喪失了興趣」。〔註3〕圍繞世俗化與大眾化的評價問題，當代知識分子形成了「人文精神」派和「世俗精神」派兩大不同的價值體系的紛爭。這是中國社會轉型時代，知識分子無法迴避的文化選擇問題，它從根本上牽涉到中國文化價值建構這一關鍵環節。

今天，我們未嘗不可把「我們需要魯迅，還是需要張恨水」這一問題看做是90年代文化論爭經歷一個時代中斷以後的延續，然而，它的問題意識已與90年代大不相同。中國經濟經過20年的飛速發展，它的完備和成熟已與改革開放的90年代初迥然有別。在今天的商業化、世俗化逐步加深的社會生態中，我們該如何看待文化、文學發展過程中衍生出的新問題、新矛盾？重新將魯迅與張恨水比較、研究、思考無疑是知識分子關注當代文化生態動向的一種回應方式。當然，這種思考也許是從解決具體的文學史問題入手的。

在這裏有必要對學術界從文學雅俗角度出發，關於魯迅與張恨水之間的比較、研究做一個簡要回顧。當代著名作家鄧友梅認為魯迅是純文學大師，張恨水是通俗文學大師，兩者是「雙峰並峙，二水分流」。徐傳禮先生對這一觀點做了更進一步的區分。他認為，雖然魯迅與張恨水代表了精英文學和通俗文學的兩大高峰，但這兩座高峰海拔差距大，無論是作品思想深度，還是藝術特色，張恨水都不足以與魯迅並峙。針對雅俗文學發展歷史，他強調了兩者分中有合、合中有分的辯證觀點並由此認為，魯迅與張恨水各有千秋又互有長短，他們是「雙峰高下相望，二水分合長流」。欒梅健先生在《豐贍的文學之河與研究缺位──兩組不對稱的比較》一文認為，張恨水一生創作頗豐，在當時的社會上具有極大的影響，但文學史中並沒有這類通俗文學的位置，原因在於它們沒有思想性和革命性。當我們回顧中國古代文學史時，會發現通俗文學在特定歷史條件下，可以成為文壇主流，那麼，對張恨水與魯迅為代表的兩類文學應該採取一種什麼樣的態度和評價標準是欒梅健先生提

〔註3〕　王曉明《曠野上的廢墟──文學與人文精神的危機》，載《上海文學》，1993
　　　　年第6期。

出的文學史書寫中的問題。〔註4〕通俗文學研究專家范伯群先生，在其文學「雙翼」框架中，重提魯迅與張恨水。他認為，應該把魯迅、張恨水所代表的純文學、通俗文學兩大「高峰」，納入不同文學領域中的「雙翼」這一框架來理解，雅俗文學是並存、互補關係，因此，兩者是「雙峰並秀」的關係。

不論是「雙峰並峙，二水分流」，還是「雙峰高下相望，二水分合長流」，或是「雙峰並秀」，顯而易見的是，這些觀點在某些層面上存在交叉、重疊。因此，具體的問題還需要在細節中逐一展開加以分析。

高雅文學所追求的「超越」、「輝光」形成了它與大眾之間的距離感和陌生感，這無法使接受者徹底解除心理隔膜，在文本與讀者的「交往方式」中無法做到輕鬆、隨意。王富仁先生說：常人所不可避免的一種趣味，一種人生態度，「因其所表現的情趣的普遍性，這類的詩不再局限在正統文人集團的內部，一個時代的文藝接受者都能與之發生共鳴，而越是過著普通生活，沒有自己不能擺脫的社會責任的人越與之有著更多的共鳴，所以它在當時的社會能獲得更多人的喜愛，成為流行最廣的文學」。〔註5〕通俗文化與精英文化各有其文化趣味和價值指向。任何一個時代的社會主體都是占絕大多數的市民大眾，因而，在一個正常發展的時代，通俗文學也必然佔領大部分的市場份額。任何一個時代，高雅文學與通俗文學是不能相互代替的，它們的存在滿足不同人的正常的心靈需求。在腐敗的時代，低俗的通俗文學會大行其道；而僅存嚴肅文學的時代也是不真實的時代，只閱讀嚴肅文學、提倡嚴肅文學的人也是不真實的人。美國猶太裔人本主義心理學家亞伯拉罕·馬斯洛提出著名的「基本需求層次理論」，將人類的需求分為從低到高，按層次逐級遞陞的五種：生理需求、安全需求、情感和歸屬需求、尊重需求、自我實現需求。〔註6〕這一理論闡釋了人心理動因的豐富性和複雜性，為理解人的行為提供了一定的科學依據。由此出發，我們可以理解，對於不同層次文學的需求可以體現在同一個人的行為選擇上。即便如大學者錢鍾書「讀書還是出於喜好，只似饞嘴佬貪吃美食：食腸很大，不擇精粗，甜鹹雜進。極俗的書他也能看

〔註4〕 欒梅健《豐贍的文學之河與研究缺位——兩組不對稱的比較》，載《文藝爭鳴》，2007年第3期。

〔註5〕 王富仁《柳永：由雅返俗 以俗代雅 由男觀女 以女定男——《定風波》詞賞析》，選自《古老的回聲：閱讀中國古代文學經典》，前引書，第336～337頁。

〔註6〕 參見（美）亞伯拉罕·馬斯洛《動機與人格》，許金聲譯，中國人民大學出版社，2007年。

得哈哈大笑」。〔註7〕事實上，每一個眞實的、正常的人都需要雅、俗兩類文學滿足自我不同層次的心靈需求。

　　毋庸置疑，我們的文學既需要魯迅，也需要張恨水，但對於這一問題的思考需要更進一步。當下，我們之所以有必要重新審視文化的媚俗化問題，是因爲它在許多時候成了嚴肅、高雅的「稀釋劑」，對嚴肅文化形成了全面的消解，造成一些基本的道德價值觀的混淆。在中國當代社會，我們可以經常看的是嚴肅話題被「炒作」、被做爲「作秀」的資本；嚴肅的事件也常常被人們當做笑談；悲劇性、災難性的事件所引發的沉痛感在浮躁、虛華侵襲下，無法持久的深入、觸動人的靈魂。因此，重新審視文學的雅俗問題，具有緊迫的現實意義。同時，對這一問題的推進還需要從更多具體視角加以闡發、豐富。

二、用文學指向「人生」與「人生」的繁複層面

　　如果想要眞正回答我們的文壇需要「魯迅」還是需要「張恨水」這一宏闊的問題，仍然需要回到魯迅、張恨水具體的語言方式和藝術世界的建構中加以分析。通過翻檢文學史，可以發現，魯迅與張恨水在許多方面存在或隱或顯的聯繫。魯迅的母親是張恨水小說迷。民國期間，稿費最高紀錄是一千字十個銀元，創造這個紀錄的兩部作品是張恨水《啼笑因緣》和魯迅《申報‧自由談》。魯迅的第一篇小說《懷舊》投至《小說月報》，經由主編惲鐵樵審閱刊發。同年，張恨水也向《小說月報》投稿，儘管最終沒有被刊用，但他得到了惲鐵樵的親筆回信，信中對其小說才華大加讚賞。此外，魯迅與張恨水在自我文學觀的表述中都將核心指向了「人生」，即魯迅的「爲人生」和張恨水的「敘述人生」。這些或隱或現的聯繫，使魯迅與張恨水的比較具有了可行性。朱周斌先生從「現代日常生活」的角度出發，認爲將兩者對比的意義在於：「走在時代前列的知識分子和精英分子參與日常生活的活動方式，同普通百姓之於日常生活的意義，存在著重大的差別。這也是研究張恨水的日常生活不同於研究魯迅的日常生活的原因。」〔註8〕繁複的人生包含不同層面，它是由世俗的、瑣碎的生活細節和包孕其中又超越其上的人生意義組成的。芸芸眾生，來到這個世界，無不是在每一刻的生活中度過，並只能在自我的生活和行爲中無限的接近和詮釋著「人生」的意義。

〔註7〕楊絳《記錢鍾書與〈圍城〉》，湖南人民出版社，1986年，第32頁。
〔註8〕朱周斌《懷疑中的接受：張恨水小說中的現代日常生活》，前引書，第33頁。

　　魯迅有過一個著名的自我表述——「爲人生」，它是理解魯迅精神和文學的一把鑰匙。李怡先生在其論著《爲了現代的人生——魯迅閱讀筆記》中寫道：「在我看來，認眞閱讀和理解魯迅文學世界中的『爲人生』的實質意義，將有利於我們對魯迅文學基本思維的細緻勘探，有利於我們從魯迅自己的文學基本姿態出發來清理魯迅留給現代中國文學與現代中國文化的重要遺產。」〔註9〕魯迅在《我怎麼做起小說來》一文中寫道：「說到『爲什麼』做小說罷，我仍抱著十多年前的『啓蒙主義』，以爲必須是『爲人生』而且要改良這人生。」〔註10〕進而又說：「我深惡先前的稱小說爲『閒書』，而且將『爲藝術的藝術』，看作不過是『消閒』的新式的別號。」〔註11〕李怡先生認爲「在這裏，魯迅反對的其實是將小說作爲『消閒』，而不是針對『爲藝術而藝術』或『爲藝術』本身」。〔註12〕「爲人生，魯迅以這樣的語義編碼傳達著與當時許多藝術旨趣的差異，他的藝術不是空虛的幻境而是現實人類生存的需要。」〔註13〕「人生」在魯迅的藝術世界中，顯然是剝離了生活的世俗外衣，指向終極價值的一種人生意義。

　　客觀地說，張恨水與嚴肅文學絕非無絲毫共通之處，他的某些觀點甚至相當具有辯證性。他雖然以市民立場進行創作，但也反對媚俗、低俗；他不媚俗也不媚雅，面對鴛鴦蝴蝶派以及新文學家的批判和否定，張恨水都有不少值得我們重新審視與思考的論述。

　　用文學指向「人生」的趨同性與「人生」繁複層面間的張力，在魯迅與張恨水的文學世界中彰顯出雅俗兩類文學之於「人生」所關注的不同焦點。張恨水偏重描寫眞實的社會世俗世界。在本文第二章中，筆者對張恨水「敘述人生」的文學觀做過較爲詳盡的解析。對於小說的功能，張恨水認爲：「有人說小說是『創作人生』，又有人說小說是『敘述人生』。偏於前者，要寫些

〔註 9〕李怡《「爲人生」的小說與魯迅創作的基點問題——對一個舊話題的新思考》，載《小說評論》，2008 年第 2 期。

〔註10〕魯迅《南腔北調集·我怎麼做起小說來》，選自《魯迅全集》第四卷，人民文學出版社，1981 年，第 512 頁。

〔註11〕魯迅《南腔北調集·我怎麼做起小說來》，選自《魯迅全集》第四卷，前引書，第 512 頁。

〔註12〕李怡《「爲人生」的小說與魯迅創作的基點問題——對一個舊話題的新思考》，載《小說評論》，2008 年第 2 期。

〔註13〕李怡《「爲人生」的小說與魯迅創作的基點問題——對一個舊話題的新思考》，載《小說評論》，2008 年第 2 期。

超人的事情；偏於後者，只要是寫著宇宙間之一些人物罷了。」〔註14〕「敘述人生」是張恨水進行文學創作的核心。總體看來，身為報人的張恨水其小說站在大眾立場上，表達的是普通大眾的意願。魯迅則是從批判、質疑從眾的角度出發，其「為人生」文學觀的目的是一個健康、健全社會的建構，具有更為鮮明的知識分子的精英意識。

三、《傷逝》、《金粉世家》之比較

以文學「為人生」的魯迅與以文學「敘述人生」的張恨水，將筆觸不約而同地指向「人生」，那麼，他們所代表的精英文學與通俗文學在敘述同一個「人生」主題時，所關注的層面有哪些不同呢？他們在小說中建構同一人生主題的方式又有何不同？他們通過文學想要展示的究竟是什麼？本節嘗試通過比較現代文學的兩部名作──魯迅《傷逝》與張恨水《金粉世家》，關於「愛情」主題的描寫，來分析上述問題，展開「人生」困頓的一些答案。

在這兩部小說中，從主人公設置到對「愛情」問題的思考，無不代表了兩位作家的創作立場和對社會問題的認識。《傷逝》女主人公子君是一個接受五四新文化思想並不徹底的女學生。小說中對她愛情經歷的敘述擔負著魯迅對現代社會問題的拷問；而冷清秋則是有才華的中學生，她的婚姻悲劇更多的是張恨水對中國傳統人情倫理的重新演繹。

中國現代文學中的「出走」主題是五四新文化運動提倡男女平等、個性解放在文學中的集中反映。《傷逝》、《金粉世家》的結尾都以女主人公的「出走」做終，不同的是子君選擇了死，冷清秋在佛教中找到了寄託，靠自己賣詩詞維持著生活。

1924 年，魯迅著文《娜拉走後怎樣》〔註15〕，「給沉浸在『出走』浪漫激情中的女大學生當頭棒喝」。〔註16〕在魯迅看來，「人生最苦痛的是夢醒了無路可以走。」對於覺醒後的「娜拉」，「她除了覺醒的心以外，還帶了什麼去？倘只有一條像諸君一樣的紫紅的絨繩的圍巾，那可是無論寬到二尺或三尺，也完全是不中用。她還必須更富有，提包裏有準備，直白地說，就是要有錢」

〔註14〕 張恨水《啼笑因緣・自序》，前引書，第 1 頁。
〔註15〕 該文最初發表於 1924 年北京女高師《文藝會刊》第 6 期。
〔註16〕 楊聯芬《新倫理與舊角色：五四新女性身份認同的困境》，載《中國社會科學》，2010 年第 5 期，第 212 頁。

〔註17〕，「自由固不是錢所能買到的，但能夠爲錢而賣掉」〔註18〕。完成於 1925 年 10 月 21 日的《傷逝》，承接《娜拉走後怎樣》這一問題，以小說女主人公子君的死，體現出魯迅在「出走」熱潮中特有的清醒，警示社會對個性解放問題的反思。

《傷逝》沒有告訴我們愛情是怎樣的，卻告訴我們什麼不是愛情。涓生是一個知識分子，對於愛情和生活有深刻的認識。但他的心智並不成熟，當愛情面臨危機時，他考慮的是自我逃避和自我解脫。子君是一個接受個性解放和平等自由思想並不徹底的女性，在她的內心傳統觀念根深蒂固，她具有愛情至上的觀念，在追求自由、愛情的過程中卻無法徹底擺脫對男人的依附心理。她對涓生的愛是盲目的，以愛情爲唯一精神支柱而又缺乏獨立生活能力的子君，在失去愛情之後離開了世界。魯迅由愛情悲劇，延伸至對社會問題的思考，這個思考沒有明晰的答案，但卻有無數的答案擺在我們面前。

「灰姑娘」冷清秋嫁入豪門金家，但婚姻生活僅僅維持了一年，她便決心放棄這段已經沒有愛的婚姻。她內心是相信愛情並願意爲之付出一切的，可是紈絝子弟金燕西的愛情卻是帶有征服欲的，想征服冷清秋的個性，得到結婚的結果，至於愛情似乎並不是他追求的。金燕西、冷清秋兩個根本並非同類的人，注定了勞燕分飛的結局。值得注意的是，小說從愛情主題出發，隨著主人公婚姻走向破裂，小說主題再次回到家庭倫理範疇。上世紀 20 年代末，孫舞陽、莎菲女士、梅行素等一批新女性不再將愛情視爲唯一的精神支柱，她們要求像男人一樣在社會上自立，始終保持人格的獨立。許多新文學作家以舊家庭、舊人物爲描寫對象反映這一社會現象，與這些作家不同的是，張恨水在《金粉世家》中適可而止地描寫了舊家庭婉順的女性。深具才華的女中學生冷清秋，孤傲中所帶的虛榮，軟弱中透出的堅毅，讓我們看到了與子君絕不相同的人物。這也就是社會世態的一角，透過冷清秋的婚姻悲劇，反映了豪門巨族的眞實面貌。

魯迅、張恨水作爲精英文學與通俗文學的典型作家，他們的創作在許多層面上呈現出雅俗兩類文學的特點。他們已經成爲代表精英文學與通俗文學的兩個文化符號，其背後透視出的是中國文學過去經歷的、現在呈現的以及

〔註17〕魯迅《墳·娜拉走後怎樣》，選自《魯迅全集》第 1 卷，人民文學出版社，2005 年，第 167 頁。

〔註18〕魯迅《墳·娜拉走後怎樣》，選自《魯迅全集》第 1 卷，前引書，第 168 頁。

未來可能的複雜、斑駁的文化圖景，這無不警示我們需要重新從不同視點、不同層面打量、思考那一時代的文學。

此外，由這兩位作家的比較研究，可以想到另一個重要問題，即如何將「經典」通俗化。從讀者接受層面來看，張恨水的受眾要多於魯迅。魯迅文學世界的艱深，在很大聲程度上限制了其思想和意義的接受度。張福貴先生曾指出：「魯迅已經成爲經典，具有當代性，爲了實現這種當代價值就必須通過平民化的形式。從目前研究來看，平民化的過程是最爲欠缺的。如果沒有了這一最後過程，一切將沒有意義。」〔註 19〕精英文學的平民化，通俗文學的經典化構成了文學史研究中雅俗互動的有趣現象。這是否是雅俗分野逐漸消弭的又一體現呢？

第二節　「雅俗共賞」新論：張愛玲與張恨水

「雅俗共賞」一詞常常被用來描述文學的審美品格在雅俗之間達到的理想狀態。但是，通過查閱資料，筆者發現學術界對這一詞語的理解存在含義上的偏差。在概念模糊、語義不清的基礎上進行的討論和研究，是導致文學雅俗之辨諸多問題莫衷一是的重要原因。在一些重要問題展開之前，有必要對「雅俗共賞」的內涵重新加以辨析。此外，擇取兼具雅俗品格的代表性作家，從個案分析出發才能使這些問題明瞭化。因此，本節嘗試從張愛玲與張恨水的創作及其當代命運的比較出發，重新審視「雅俗共賞」釋義中存在的問題，進而思考消費語境中文學經典的「俗化」現象。

一、「雅俗共賞」的釋義

文學的雅俗之辨之所以能成爲我們不斷探討的話題，是因爲它的最終意義指向是文學的良性發展和互動。吳宓先生在評述潘又安的小說《人海微瀾》時說道：

> 作小說難，而在今日中國作小說尤難。何者？凡百文章，皆貴精美，企於至上。獨小說寫社會人生之性狀，纖微瑣屑，卑污猥鄙之事實，期於摹影傳神，故常不免庸俗凡近之譏。若託體過高，命意甚深，則易流於空虛板滯，而描繪失眞，不能動人。是故小說家之眞正難

〔註 19〕張福貴《「活著」的魯迅》，社會科學文獻出版社，2010 年，第 247 頁。

> 事，厥爲如何而運理想於事實之中，籍事實以表達其理想。合斯二
> 美，熔於一爐，工爲此者乃稱大家。此作小說之難事也。〔註20〕

將文學的雅與俗結合地恰到好處，做到雅俗共賞，是吳宓肯定的小說品格。
但是，對於文學中雅俗因子所能達到的這一理想狀態，有學者持質疑態度。
王彬彬先生在其論著《文壇三戶》中，對嚴家炎先生評述金庸作品雅俗共賞
的觀點做了反駁。他認爲：「所謂『雅俗共賞』的『共』，如果是指『雅俗』
對一部作品有同等意義同等程度的感受、理解，那是不可思議的。人類文藝
史上從來不曾有過這種荒誕的現象。」〔註21〕王佳泉先生在《論雅俗從來不
共賞》一文中指出，之所以造成雅俗共賞錯覺的兩個原因：「首先是來自被欣
賞的文藝或文化對象的原因。由於這種作品本身的豐富性、多層次性、可多
角度讀解性，使雅人與俗人都可能獲得欣賞的愉悅，於是產生了共賞的假象。
也就是說，雖然面對的是同一類作品、同一個作家的作品、甚至同一部作品，
但是感受到欣賞的愉悅甚至激賞的作品的具體組成部分卻並不相同」；「第二
類情況應當說是更多，也更爲根本的原因，即由於作爲欣賞行爲的主體的人
的豐富性、複雜性，而出現了通常應當被認爲是『雅人』卻與通常的『俗人』
共賞通常比較『俗』的作品或作品比較『俗』的部分的情況」。〔註22〕兩位先
生對這一問題的認識均有自己的價值評判標準，但是這裏仍有一些問題需要
澄清。「雅俗共賞」的「共」並非指審美感受上的一致性、共同性，而是強調
作品接受者的層次的多樣和廣博。此外，王佳泉先生所陳述的第二點原因也
值得商榷。因爲「雅俗共賞」，是側重高雅文學的接受狀態，它是形容高雅、
嚴肅的文藝作品又通俗易懂，能爲各階層的人欣賞。「雅俗共賞」側重高雅文
學的接受，而並非雅俗兩類文學審美品格的互動。通俗文學被「雅人」欣賞，
在嚴格意義上並不涵括在「雅俗共賞」內涵中。

朱自清先生在《論雅俗共賞》一書中寫道：「雅化程度的深淺，決定這種
地位的高低或有沒有，一方面也決定『雅俗共賞』的範圍的小和大——雅化
越深，『共賞』的人越少，越淺也就越多。所謂多少，主要是俗人，是小市民
和受教育的農家子弟」。「『雅俗共賞』雖然是以雅化的標準爲主，『共賞』者
卻以俗人爲主。固然，這在雅方得降低一些，在俗方也得提高一些，要『俗
不傷雅』才成；雅方看來太俗，以至於『俗不可耐』的，是不能『共賞』的」。

〔註20〕吳宓《人海微瀾・序》，選自《人海微瀾》，天津大公報館，1929 年，第 1 頁。
〔註21〕王彬彬《文壇三戶》，大象出版社，2001 年，第 20 頁。
〔註22〕王佳泉《論雅俗從來不共賞》，載《藝術評論》，2011 年第 6 期。

〔註 23〕他把雅人與俗人都能欣賞得來的唐、五代、北宋的詞，元朝散曲、雜劇，平話、章回小說、皮簧戲都稱爲「雅俗共賞」的作品。進而他分析了「雅俗共賞」形成的原因。「起初成群俗士蜂擁而上，固然逼得原來的雅士不得不理會到甚至遷就著他們的趣味，可是這些俗士需要擺脫的更多。他們在學習，在享受，也在蛻變，這樣漸漸適應那雅化的傳統，於是乎新舊打成一片，傳統多多少少變了質繼續下去。」〔註 24〕

二、同中存異的世俗審美品格

　　張愛玲與張恨水的文學是在世俗之維上展演社會百態的，從這一點來看，他們無不投射出中國文化特有的底色。他們均以南北方的俗世社會爲描寫對象，在文學創作上卻不盡相同並由此形成不同的文學品格。李澤厚先生認爲，「世俗中有高遠，平凡中見偉大，這就是孔子爲代表的中國文化精神。這種文化精神以『即世間又超世間』的情感爲根源、爲基礎、爲實在、爲『本體』」。〔註 25〕文學的世俗審美取向，更具體的說，是指文學中表現出的人間情懷。「文學表現人，關切人的生活，必然要在這些重要的生活構成中顯明自己的立場，給人以必要的滿足、感染和教益。人間情懷，是文學接近生活，進入人們心靈世界的最基本的方式。它體現出來的價值，構成文學價值體系中最爲直觀的也最易爲人所接受的部分，可以說，它是文學整體價值的基礎。」〔註 26〕張愛玲與張恨水都將目光投向民國的世俗社會並將其在他們的文學世界中進行了精彩演繹。中國文化特有的世俗性，色彩斑斕地投射在他們的文學中。中國文化「在對待神靈、鬼神、死後、彼岸這些與現世人生相對的範疇問題上，先秦哲人們普遍採取迴避、淡化、利用甚至否定的態度，而把思索的重點放在了人間和現世，這就使先秦時代沒有形成如同古希臘神界、印度佛教及西方基督教等文化強烈的宗教情懷，而是充滿了世俗的人間的情味。」〔註 27〕但是，即便同樣是立足民間，張愛玲與張恨水的文學也展現出不同的世俗審美品格。

〔註23〕朱自清《論雅俗共賞》，前引書，第 4 頁。
〔註24〕朱自清《論雅俗共賞》，前引書，第 4 頁。
〔註25〕李澤厚《論語今讀》，安徽文藝出版社，1998 年，第 29 頁。
〔註26〕董學文、張永剛《文學原理》，北京大學出版社，2001 年，第 248 頁。
〔註27〕郭延禮主編，王培元、廖群《中國文學精神》（先秦卷），山東教育出版社，2003 年，第 28 頁。

民國文壇，能做到「雅俗共賞」的作家非張愛玲莫屬。「在她的小說裏扮演角色的，多是些俗世裏的人——市民。最具俗世的特徵的，怕就是上海了。……而發生在上海的故事，則更具俗世的情調。」〔註28〕「俗世裏的人」是從德行、趣味、追求上劃分出的人群。他們是以世俗生活享受和實際的現實追求爲生命的主要內容。張愛玲的小說描寫的就是這樣的一些人的「俗世的故事」。

不僅如此，更重要的是張愛玲小說在世俗性中表現出對俗世的超越性。陳思和先生認爲：「衰敗的舊家庭、沒落的貴族女人、小奸小壞的小市民日常生活，與新文學傳統中的作家對人性的深切關注和對時代變動中道德精神的準確把握成功地結合起來，再現出市民間文化精神。因此她的作品在精神內涵和審美情趣上都是舊派小說不可望其項背的。……那些亂世男女的故事，深深打動了都市動蕩環境下的市民們。」〔註29〕「張愛玲的藝術本能，使她在諸種矛盾的藝術因素間，找打並組成了她所需要的那一種和諧、統一。這裏最基本也是最足構成『特色』的是舊小說情調與現代趣味的統一。……她對於生活、對於形象的接受、把握方式，是古典小說和流行的通俗小說所不能拘限的。她的作品使人看到，她怎樣較爲成功地調和了兩者——中國舊小說與西方現代小說的不同情調，在似乎『相剋』的藝術元素的化合中，找到自己的那一種『調子』。」〔註30〕

如前所述，文學的世俗性與超越性既矛盾又統一，超越性又往往包含在世俗性當中。可以說，張愛玲使兩者達到了協調統一的極佳狀態。孔慶東在《超越雅俗——抗戰時期的通俗小說》一書認爲，張愛玲的小說「誰都可以讀得懂，但懂的深度不同。雅的糖塊溶解在不透明的俗的咖啡中，這裏已經分不清是誰征服了誰，可以說是雅文學的勝利，也可以說是俗文學的再生」。〔註31〕張愛玲的小說告訴我們，不是以「雅」文學形式呈現出來的文學就是眞正的雅文學；以「俗」的形式，表現俗世社會的文學也可以隱含作家自覺的文學追求和對生

〔註28〕王安憶《世俗的張愛玲》，轉引自子通、亦清主編《張愛玲評說 60 年》，中國華僑出版社，2001 年，第 389 頁。

〔註29〕陳思和《張愛玲現象與現代都市文學》，轉引自子通、亦清主編《張愛玲評說 60 年》，前引書，第 494 頁。

〔註30〕趙園《開向滬、港「洋場社會」的窗口——讀張愛玲小說集〈傳奇〉》，載《中國現代文學研究叢刊》，1983 年 10 月。

〔註31〕孔慶東《超越雅俗——抗戰時期的通俗小說》，前引書，第 141 頁。

命意義的追問。「這正是張愛玲作品的兩面性，即既通於『俗』，又不同於『俗』；既有異於『雅』文學，卻又有『雅』的成分。」〔註32〕

三、消費語境下的世俗化轉向：張愛玲、張恨水在當代

　　正如前文所述，「雅俗共賞」是指高雅文學能被普通大眾接受。而通俗文學、大眾文學也可能被雅文化人所接受，這種接受的基礎不是從它的消費意義出發的，而是從作品本身的社會性、人生的意義重新賦予其意義的。它表現在審美形態上則是從娛樂趣味向審美趣味的轉換。當然，這種轉換並不是單一層面的變化，而是文體、語言、形式等文學諸要素發生變化、轉換的結果。此外，文學的變化是隨著社會歷史的變化而變化的。因此，探討文學審美形態的轉換，歷史因素的影響是思考這一問題的基礎。文學史上的諸多現象都說明了這一點。例如，近現代以來小說由不登大雅之堂的「小道」轉換為「文學之最上乘」，文體的轉化賦予文學「雅」的意義；《紅樓夢》、《牡丹亭》等小說、戲曲等通俗文學也是經過歷代文人解讀、闡釋被確立為古典文學經典的。此外，由詩向《詩經》的轉換，是由民間歌謠向儒家經典轉換的過程，同樣是文學雅化的典型文學現象。

　　文學在當代消費語境下面臨著新的命運。大眾的審美趣味表現出「消解審美的神聖化原則，強調欲望的直接表達和實時體驗，通過欲望的表達進入主客體消融和審美距離消失的虛幻狀態，欲望美學和快樂原則成為日常生活審美的至高無上的價值標準。」〔註33〕在張愛玲、張恨水重新「熱」起來時，其中可能會產生的問題同樣值得我們警惕。消費文化與大眾文化雖然在形式上都具有大眾性特徵，但前者的主體實際上是商業操縱下的中產階級，後者才是與精英文化相對的，在審美上具有典範意義的大多數人的文化。90年代，學界完成了對張愛玲「經典化」的論證，繼而她的影響力超越了學術圈，向社會擴散，呈現出傳播世俗性、普及性的特徵。張愛玲的作品陸續出版，又頻繁地被盜版，同時她的小說也成為影視圈的「寵兒」。在市場商業操控下的「張愛玲」越來越成為一個文化符號，頻繁地出現在大眾文化的視野中，印證了傑姆遜關於消費

〔註32〕吳秀亮《中國現代小說雅俗新論》，前引書，第171頁。
〔註33〕馬爾庫塞《作為現實形式的藝術》，選自《西方文藝理論名著選編》（下），北京大學出版社，1988年，第724頁。

社會中精英文化與大眾文化相融合的觀點。〔註34〕無獨有偶，張恨水在當代亦引發了同樣的熱潮。無論是學術界還是媒體，張恨水受到越來越多的關注。根據其作品翻拍的電視劇佔據著各個電視臺的黃金時段。

張愛玲與張恨水這兩位作家均以民國世俗社會爲描寫對象，由「世俗」出發在文學雅俗之路上顯示出各自風格和特點。無論是在民國，還是在當代，他們無疑都是值得關注的文化現象，爲我們重新思考消費時代文化空間的建設提供著可借鑒的文化資源和經驗。

第三節　小結

人類的文化是生活模式和思維模式的總和。文學作爲集中展現文化的一種方式，在審美品格上表現爲世俗性與超越性的辯證統一關係。透過文學世俗性與超越性的辯證關係，文學與人生、生命的意義聯繫在一起，也許，這正是文學之所以使人著迷，世代傳承的魅力所在。當然，「世俗性」與「超越性」遠遠不能體現文學審美的複雜性和多元化，正如文學的雅俗之分一樣，它們只是我們進入文學世界的一道「窄門」，也僅僅是解讀文學的一種思維方式而已。即便如此，當我們邁進這道「窄門」之後，發現一些問題並非如之前想像的那樣簡單。

正是因爲文學世俗性與超越性的辯證統一，所以「對於生命的存在意義的回答，自古以來有兩種代表性思路：一是迴避對個體生命終極意義的追索，力求在個體的現實的生命活動中肯定生存的意義，由此導致人的現世、現實意義，比如貴生、利己主義等，這一方面的需求注重或側重個體價值的實現；一是超越個體死亡之路，從具有永恒性的生命體上來說明個體生存的意義。」〔註35〕在一定意義上，這兩種對待生命存在的根本態度決定了精英知識分子與普通大眾思考問題的不同方式和文化選擇的不同態度。這兩種思路投射至不同作家的創作理念中，即產生了精英文學與通俗文學的根本差異，一如上文已論述的「爲人生」的魯迅與「敘述人生」的張恨水。當然，任何超越性都是以現實性爲基礎的，它必然包含在現實的世俗性當中。同時，文學的審

〔註34〕參見傑姆遜《後現代主義與消費社會》，選自（美）傑姆遜《晚期資本主義的文化邏輯》，陳清僑譯，生活・讀書・新知三聯書店，1997年。
〔註35〕朱忠元、劉朝霞《世俗化與中國文學的演進》，前引書，第3頁。

美品格在世俗性中又展現出各異的姿態，一如張愛玲與張恨水同中存異的文學世界。陳思和先生曾用「先鋒」與「常態」概括總結現代文學發展的兩種基本形態。他說：「我想把『五四』新文學或者整個 20 世紀現代文學分為兩個層面。一個層面是，以常態形式發展變化的文學主流。它隨著社會的變化而逐漸發生變異。時代變化，必然發生與之想吻合的文化上和文學上的變化，這種變化是常態的，是指 20 世紀文學的主流。我在談這個問題時，有意把過去新文學、舊文學的問題懸置起來了。這樣講，可以既包括新文學，也包括傳統文學，還包括通俗文學。就是說，常態的文學是隨著社會的變化而變化的。比如說，有了市場一定會有通俗文學，一定會有言情小說，古代也有，現代也有，它總是這樣變化的。」〔註 36〕「另外一個層面，就是有一種非常激進的文學態度，使文學與社會發生一種裂變，發生一種強烈的撞擊，這種撞擊一般以先鋒的姿態出現。作家們站在一個時代變化的前沿，提出社會集中需要解決的問題，而且預示著社會發展的未來。這樣的變化，一般通過激烈的文學運動或審美運動，知識分子、作家一下子將傳統斷裂，在斷裂中產生新的範式或新的文學。」〔註 37〕「常態文學的發展，總是與市場和讀者緊緊結合在一起的。」〔註 38〕「先鋒」與「常態」兩種文學基本形態相應的審美品格是文學的「超越性」和「世俗性」。不同的是，世俗性與超越性的辯證關係不僅體現於現代文學演進的不同層面。即便是在一部作品中，也常常包含著兩者的彼此消長，彼此融合的狀態，並由此形成文本的複雜面貌。

　　在很多情況下，世俗性與超越性並不是涇渭分明，而是呈現混沌狀態。文學、文化細微的問題也往往隱含於這些尚不明晰的地帶中。比如，一些作家難以簡單地以雅俗分類，那麼，他們的文學的審美品格該如何定位？再如，嚴肅文學的意義如何普世化，大眾消費時代，應該以怎樣的態度看待「俗」對「雅」的全面消解？思考這些問題都有必要重新回到文化的世俗性與超越性的辯證關係之中。

　　90 年代中國進入消費社會後，文學和文化活動呈現出去精英化的趨勢。

〔註36〕陳思和《先鋒與常態──現代文學史的兩種基本形態》，載《文藝爭鳴》2007年第 3 期。

〔註37〕陳思和《先鋒與常態──現代文學史的兩種基本形態》，載《文藝爭鳴》2007年第 3 期。

〔註38〕陳思和《先鋒與常態──現代文學史的兩種基本形態》，載《文藝爭鳴》2007年第 3 期。

精英文學已經沒有了那種對先鋒敘述形式的迷戀，那種超拔的精神追求，沉重的使命感和嚴肅的政治主題已然消失不見。〔註 39〕經典的消費化、文學性的擴散、大眾文化等新的文化現象不斷湧現。文化、文學的雅俗流變在當代中國新的歷史語境中，呈現出更爲複雜的面貌。在這一過程中，精英知識分子的文化姿態尤爲值得注意。對文化超越性的認同，實際上，成爲精英知識分子自我身份認同的一種方式。文化的超越性意味著與現實世界自覺地保持一定的距離，這與知識分子對社會現實始終保持反思、批判的文化姿態相契合。邊緣性、先鋒性是知識分子在文化系統中應有的位置。精英知識分子在文化系統中的作用面臨新的挑戰。當前，知識分子面臨的選擇是「要麼熱情地投向市民主義的懷抱，走向經濟大潮，這肯定是要以喪失良知爲代價的」，要麼「尋找一個信仰，並得著這個信仰作生命，這是眞正的超越、唯一的出路」，「要麼服從欲望的引導，要麼接受良知的引導，這永遠是一對矛盾」。〔註 40〕如何應對這些新問題也是我們需要進一步思考的。

〔註39〕 參見陶東風《文學活動的去精英化》，載《文化與詩學》，2008 年第 1 期；《新文學三十年：從精英化到去精英化的歷程》，載《語文建設》，2009 年第 1 期；《祛魅時代的文化圖景》，載《文學與文化》，2010 年第 1 期。
〔註40〕 參見南帆《人文環境與知識分子》，載《上海文學》，1994 年第 5 期。

第五章 「張恨水現象」：雅俗文學典律建構的社會文化機制

第一節 雅俗文學典律建構的尺度與分歧

雅俗文學典律建構的尺度仍是懸而未解的問題，其中存在的分歧與尺度仍需探討。通俗文學「經典」確認的尺度，是通俗文學研究的一個重要問題。通俗文學是否有「經典」；如何衡定通俗文學「經典」的標準，都是有待於進一步探討的話題。

一、兩種經典與「張恨水現象」的典範意義

作為文學的一種文類，通俗文學具有文學的共性特徵，但更重要的是它還應具備自身的文學特質。既然，通俗文學具有與高雅文學不同的特質，那麼，它也應該與高雅文學有著完全不同的研究視角和評價體系，通俗文學與高雅文學應該有各自的文學經典。這些經典不僅具備通俗文學的特性，而且也應區別於主流文學史普遍認同的典範作品。

經典的確立，是一個逐步發展、前後相繼的過程，其間會受到文學觀念、評判標準變化的影響。經典的序列也會隨時代變遷而發生變化。從這個意義上看，經典永遠不會完成，它是一個面向讀者並期待讀者參與的開放的「召喚結構」。經典的意義和價值更多的不在於落實在紙面上的文本，而是在閱讀的體味、想像和創造中。由於文學史對經典的確定和解讀，既有知識積累上

的前後相繼的穩定性，也滲透著時代變換的印記。正是在這「變」與「不變」之間，作家的創作面貌得以清晰，文學的歷史進程得以明確。此外，經典不僅僅是一部文學作品，如果將它放在文學生產的歷史語境中加以考察，會發現它與社會物質文明的發展進程存在呼應關係。趙毅衡先生在《兩種經典更新與符號雙軸位移》一文中區分了通俗文學經典與高雅文學經典在讀者接受層面的差別：「群選經典，本來就是群體連接的產物，閱讀和引用這些經典，就能加強社會歸屬感覺。人多勢眾，社會關係中分散的節點，就被共同的愛好串結起來。在與經典作者的抽象聯繫中，同崇拜者組成的社會具體接觸中，個人不再是孤獨的個體。讀者給出的是全奉獻式的、不帶任何功利心的追隨，他們得到的是全身心的迷醉和狂喜。」〔註1〕這裏是以「受眾」為主體，論述了群選經典在傳播過程中的特點。

筆者認為，通俗文學的「經典」除了在消遣、娛樂、商業消費這些方面具有通俗文學的基本特徵，還要具備典型的「範式」意義。這類作品引領了一個時代的閱讀熱潮，具備較高的文學價值，是通俗文學的「典範」。由於世俗生活，休閒娛樂本來是人類的共性，因此在受眾層面上，這些作品往往能「超越雅俗」，不僅被廣大市民讀者所追捧，而且被具有較高文化修養的知識分子階層所喜愛。那麼，創造這些具有典範意義作品的作家理應為我們研究的焦點。他們的作品不僅引領了之後通俗文學的發展路向，而且某種程度上規約了通俗文學向其他方向發展的可能。在民國通俗文學創作中，張恨水及其作品都是那個時期的代表。無論其作品受眾廣度還是其作品的文學價值都稱得上通俗文學創作的「典範」。因此，以張恨水及其創作為典型，在他之前或其後都出現過與之或多或少具有相似性的作家和文學現象，筆者將之稱為「張恨水現象」。這些文學現象出現在民國歷史的不同時段並貫穿整個民國歷史，因此，關於「張恨水現象」的考察，對於深入理解民國雅俗文學的形成機制以及民國通俗文學創作的歷史面貌具有極為重要的意義。

民國雅俗文學的形成機制必然涉及民國社會其他重要方面的歷史性轉變。例如，民國大眾文化的興起為通俗文學接受群體的聚合提供了必要的物質和文化基礎；大眾傳播的發達改變了文學生產、傳播的方式等等。文學的雅俗因子在這些歷史轉換中呈現出界限彌合的趨勢。從大眾文化這一角度來看，張恨水無疑是民國時期屹立於大眾文化潮頭的驕子。張恨水所取得的成

〔註1〕趙毅衡《兩種經典更新與符號雙軸位移》，載《文藝研究》，2007年第12期。

功既屬於個別的、具體的、可直接觀察的文學個案，又是具有經驗型和典型性的文化現象。通過考察民國大眾文化潮中的文學嬗變，會發現民國大眾文化發展每個轉折點上取得成功的作家，似乎都能找到與張恨水之間或多或少的聯繫。值得思考的是，他的小說文本與當時的社會發生了怎樣的聯繫？其中有著怎樣的契合與裂隙？在民國初期、中期、末期三個不同時段中，大眾文化影響下的文學走向又是怎樣的？本章嘗試從「張恨水現象」入手，考察民國大眾文化發展的社會理路以及大眾文化如何參與了文學雅俗典律的建構。

二、民國大眾文化的興起與雅俗文學的彌合

對於中國傳統文學觀中的「雅」、「俗」關係，筆者已在本文第一章中有所論及。總體上說來，崇「雅」抑「俗」一直主導著中國傳統的文學觀。儘管晚明以後，通俗文學、民間文學進入文人知識分子的關注視野，大眾的審美活動受到重視，但在文學的評價機制中「雅」與「俗」仍然是存在明顯等級差異的審美評價。這種情況直到標誌著中國封建社會徹底結束的民國建立後，中國傳統文化中的「道統」、「政統」、「學統」的運作機制在某種意義上的終止，在某些層面的本質改變，才直接影響到文學雅俗觀的嬗變。

在整個社會由傳統向現代的演進過程中，民國都市大眾文化的興起是改變「雅」、「俗」對立局面最直接的力量。正如有學者指出的那樣：大眾文化「有能力破壞曾經建立的精英文化與通俗文化之間的差別」。〔註 2〕雖然，現代文學的雅俗觀仍然不可避免得受到來自政治、意識形態的左右，但是大眾所具有的主動性已經在積極地參與現代雅俗觀的形成和建構。美國著名學者傑姆遜曾對後現代的大眾文化有如此論述：「到了後現代主義階段，文化已經完全大眾化了，高雅文化和通俗文化、純文學和通俗文學的距離正在消失。」〔註 3〕那麼，從民國開始興起的大眾文化在雅俗文化界限消弭的過程中起到了怎樣的作用？如何看待民國大眾文化中雅俗因子在文學中的聚合與分散？顯而易見，在二十一世紀，文化、文學進入後現代階段，重新審視二十世紀大

〔註 2〕 （英）多米尼克·斯特里納蒂《通俗文化理論導論》，閻嘉譯，商務印書館，2001 年，第 23 頁。

〔註 3〕 （美）弗雷德里克·傑姆遜《後現代主義與文化理論》，唐小兵譯，陝西師範大學出版社，1987 年，第 147 頁。

眾文化潮與文學的雅俗嬗變成爲當代文化反思必不可少的參照之維。

晚清民初，伴隨著西潮的湧動和中國社會的現代轉型，都市大眾文化逐漸興起。新興的商業都市是在中國傳統文化與外來殖民文化的共同合力下短時間內發展起來的。在這些城市，雅文化沒有在普通城鎮居民中形成穩固的文化心理模式。因此，隨著商業繁榮，以娛樂、休閒爲主要特徵的通俗文化很容易爲市民階層所接受。上述這些原因決定了這種文化本身所具有鮮明特徵。首先，以滿足市場消費需求爲根本目的大眾文化，爲了尋求最大數量的接受者，必然在審美趣味上做出策略性的選擇。那種極端化的「雅」與「俗」都不符合市場運作機制。作家必然會在「雅」、「俗」之間尋求一種審美趣味的平衡，以贏得更多的讀者。其次，大眾文化的主體──現代大眾，本身就是一個複雜的群體，他們擁有各異的文化身份和審美趣味，任何單一的文化趣味都無法滿足多元的文化需求。大眾主觀的文化需求在客觀上彌合了「雅」、「俗」文化的界限。如果深入考察特定時代中產生的暢銷書，會發現它們無一不是在「雅」與「俗」兩極品位之間找到最恰切位置的作品。

第二節　民國通俗文學繁榮的社會機制

近現代大眾文化的形成與崛起，是中國由近代進入現代社會的表徵之一。報刊日益普及，逐漸發展成重要的大眾傳播媒介，深刻地影響了都市市民的生活。城鎮市民成爲大眾文化潮的主體。「人們一旦發現某種文化能夠滿足自己的需要，或不招而自來，或欲求而前往，必任其能，竭其力，以謀求之。」〔註 4〕夾裏於都市經濟大潮中的這批特殊的消費群體形成一股強勢力量，不僅改寫了現代中國的文化版圖，還深刻地影響了現代文學的嬗變。正如唐小兵先生所說：「如果說現代『通俗文學』這一概念更多的是認指此種文學形態的娛樂功能和消遣性質，凸現其在形式和內容兩個層次上的廣發的流通性，那麼，『通俗文學』所體現的實際上是市場經濟的邏輯；其所追求的最終是文學作品的交換價值化，與商品的運作方式是同構同質的。因此，通俗文學作品可以說是城市／市民文化的必然產物。」〔註 5〕

〔註 4〕司馬雲傑《文化社會學》，中國社會科學出版社，2001 年，第 286 頁。
〔註 5〕唐小兵《我們怎樣想像歷史》，選自唐小兵《再解讀：大眾文藝與意識形態》，北京大學出版社，2007 年，第 1 頁。

一、物質基礎：「公共文化空間」的形成

作爲中國的縮影，上海的歷史相當程度上代表了近現代中國的歷史。研究上海大眾文化潮中的文學嬗變，對於我們瞭解民國雅俗文學的流變、通俗文學的興起具有重要啓示意義。李歐梵先生說道：「在一般中國人的日常想像中，上海和『現代』很自然就是一回事」；「城市文化本身就是生產和消費過程的產物。在上海，這個過程同時還包括社會經濟制度，以及因新的公共構造所產生的文化活動和表達方式的擴展，還有城市文化生產和消費空間的增長」。〔註6〕晚清以來，作爲重要的通商口岸，上海很快成爲繁華的都市，具有了成熟的工業文明特徵。到了民國，上海開埠已近一百年，租界、華界並存的城市格局依然存在。1937年以前，特別是租界維持著長期的相對和平，爲上海市民文化的繁榮提供了難得的社會條件。此外，租界的生活方式向人們展示了西方現代物質文明，上海新一代的城市居民將追逐西式休閒、娛樂捧爲一種時尚。摩登上海將「都市」與「現代」聯繫在一起，滿足了轉型期國人的現代日常想像。在晚清，上海市民消遣娛樂、增長見識的一個重要渠道是小說、畫報、電影、廣告等大眾媒介。它們以大眾喜聞樂見的形式吸引了大批讀者，有效地向他們灌輸了現代意識，它們也是大眾文化得以形成的媒介支持。

李歐梵先生在《上海摩登——一種新都市文化在中國（1930～1945）》一書中描繪了上海這個新興都市的物質世界輪廓。它與傳統的鄉村、城鎮呈現出截然不同的風貌，預示著一種嶄新的都市文化的興起。休閒活動的繁榮帶來了現代文明。范伯群先生認爲：「除報刊、出版和學堂之外，晚清上海還擁有眾多貼近民眾的、更爲通俗化、大眾化的大眾藝術樣式，如畫報、戲曲、小說、電影、曲藝等等，它們以自己獨具的魅力吸引讀者和觀眾的視線，成爲他們增長見識和休閒解悶的另一渠道。……不少學者認爲各種大眾化的藝術樣式就是市民文化。就其功能而言，主要體現在兩方面：一是娛樂消遣，豐富市民的閒暇生活；二是市民喜聞樂見的形式有效地灌輸近代意識……其實，雲蒸霞蔚的大眾文化，並不僅僅具有娛樂功能，對絕大多數城市民眾而言，它更是近代市民意識萌生與滋長的觸媒，或者說是近代市民的啓蒙教科書」。〔註7〕比如：「電影院既是風行的活動場所，也是一種新的視聽媒介，

〔註6〕 李歐梵《上海摩登——一種新都市文化在中國（1930～1945）》，上海三聯書店，2008年版，第7頁。

〔註7〕 范伯群《建構多元「中國現代文學史」的史實與理論依據——撰寫〈中國現代通俗文學史〉時思考的幾個問題》，載《文藝爭鳴》2008年第5期。

與報刊、書籍和另外的出版種類一起構成了上海特殊的文化母體。」〔註8〕
民國以來，以上海爲中心前後成立數十家電影製品廠。看電影，成爲流行的
休閒方式。時人寫道：「上海影戲院多至三十餘家，有聲、無聲皆備，營業
發達。」〔註9〕有學者指出：「儘管『此樂只應天上有』得霓裳羽衣舞『盡
善盡美』，至高至雅，但在上海卻遠不如鬧鬧的滑稽戲與淺白入俗的越劇、
申曲有人緣。」〔註10〕在中、西文化的交彙中，既有融合、又有衝撞，所以
在 20 世紀初的上海文化顯得相當混亂，亦中亦西，不中不西，新中有舊，
舊中有新。

在現代化進程中，精神層面的轉變相對滯後也明顯地體現在對文學趣味
的選擇上。「新文學以驚人的速度發展著，一下子邁過西方幾十年乃至上百年
的文學進程。它打得舊小說丟盔棄甲，無招架還手之力。然而，這種局面又
很快漸趨穩定。因爲文學的更新不是一蹴即就的，需要持久的努力，才能改
變人們的觀念和興趣愛好。新的一代學生和青年接受了新文學，但老的一代
知識分子及廣大市民階層，依然欣賞舊小說。特別是新文學在理論上完全排
斥了文學的娛樂功能，甚至把『趣味』也作爲一種罪名，加上作品語言歐化，
又缺少故事性，頗不合中國人的表達習慣和閱讀心理。這種變化雖然是社會
的進步現象，但要真正爲全社會所接受還需要一個過程，其中文化水平較低
的社會下層恰恰是受習慣力量影響最大的讀者。因而新文學對他們的影響甚
小。」〔註11〕雖然這些變化程度不一，發展也不夠充分，而且與大量舊生活
方式因素混雜並存，能夠較多享受新生活方式的還主要集中在占總人口少數
的城市居民，但新生活方式已經在社會制度上得到確立，在社會生活中全面
推行並成爲主導，引領著整個社會人們生活的發展方向。都市文化生活由家
庭村社封閉式逐漸演變爲現代都市的商業化、大眾化、多樣化與世俗化，形
成了跨階層的「公共文化空間」。

〔註 8〕 李歐梵《上海摩登——一種新都市文化在中國（1930～1945）》，前引書，第
93 頁。
〔註 9〕 余槐青《上海竹枝詞》，選自顧炳權編著《上海洋場竹枝詞》，上海書店出版
社，1996 年，第 272 頁。
〔註10〕 忻平《從上海發現歷史——現代化進程中的上海人及其社會生活（1927～
1937）》，前引書，第 450 頁。
〔註11〕 袁進《張恨水評傳》，湖南文藝出版社，1988 年，第 227～228 頁。

二、傳播機制：現代傳媒興起與大眾傳播

　　休閒雜誌、畫報的暢銷，大批小報的湧現和流行，既說明上海人文化休閒的繁榮，又說明市民文化休閒的世俗化特徵。1940 年代，鴛鴦蝴蝶派創辦的《萬象》雜誌「自出版到現在，還雖只有短短的一年餘歷史，但擁有的讀者不僅遍及於知識階層，同時在街頭的販夫走卒們手裏，也常常可以發現《萬象》的蹤迹」。〔註 12〕李歐梵先生論及上海現代印刷文化在現代性建構中所起的重要作用時說：「我覺得報紙的『副刊』是值得深入研究的，它非但代表了中國現代文化的獨特傳統，而且也提供了一個『媒體』的理論：西方學者認為現代民族國家的建構和民主制度的發展是和印刷媒體分不開的，也就是說報章雜誌特別重要，然而西方報紙並沒有一種每日刊行的副刊」。〔註 13〕范伯群先生在其論著《中國現代通俗文學史》中，也從不同的角度得出了相同的結論，認為晚清以來上海的市民意識是「讀」來的。對於商品化的通俗文化對都市市民的影響，曾有學者如此論述：「1933 年的京劇界及京劇觀眾，所能接觸和感受到的，則是底一層的通俗文化，張恨水、陳慎言反映市井生活的小說對他們是有影響的，甚至一些談俠論怪的小說也受到歡迎，否則尚小雲在三十年代中期就不會排演《青城十九俠》及《虎乳飛仙傳》了」。〔註 14〕

　　傳媒的發達程度直接決定著大眾文化的繁榮程度。都市文化的根基應當是信息傳播方式與文化形態的內在聯繫，也就是媒介的內在運作機制和建立於這一機制之上的文化的獨特狀態。以印刷媒介或電子媒介為傳播手段、遵循市場經濟運作規律、以賺取最大利潤為目的、旨在滿足人眾消遣、娛樂需要的文化形態——大眾文化孕育而生。積極主動的參與市場運作、憑藉現代傳媒技術生存是大眾文化的兩個主要特徵。為適應市民讀者的需要，報刊對自身體式作出調整的例子不勝枚舉：《小說時報》首先將長篇小說一次登完；《小說大觀》首創小說雜誌季刊；《小說月報》刊登的有獎徵文廣告，首開報刊徵文先河；《禮拜六》根據讀者閒暇時間，制訂本刊的出版時間等等。以現代傳媒為基礎的大眾文化具有完全不同於古典傳統的傳播方式，這也意味著必將衍化出一種全新的文化生態。有學者指出：「現代通俗文學存在的必要條件在於都市社會傳媒驅使下的大眾精神消費欲望熱潮。而且，都市文化那快

〔註 12〕陳蝶衣《通俗文學運動》，載《萬象》第 2 年第 4 期，1942 年 10 月。
〔註 13〕李歐梵《現代性的追求》，北京三聯書店，2000 年，第 4 頁。
〔註 14〕徐城北《梅蘭芳與二十世紀》，北京三聯書店，1990 年，第 28 頁。

捷的生活節奏，迅疾多變的文化色彩，使大眾精神消費欲望呈旋轉流動態，而非恒定持久狀。」〔註15〕此類文學對社會事件、社會思潮保持了較高的興趣和快速的反應。求新驅時，善於捕捉當下社會民眾的心理是通俗文學所具有的特質。

有學者曾對二十世紀的大眾化運動作過如此總結：「可以這樣說，20 世紀以來共有五次大眾化運動：第一次是上個世紀的早期，啓蒙者們以同情者的姿態爲民眾呼號，那是一次情感大眾化；第二次是在上個世紀的三十年代，由左翼知識分子唱主角的大眾化運動，那是知識分子的大眾化；第三次是上個世紀的延安時期，解放區的知識分子在毛澤東《講話》精神的指引下，掀起向農民、士兵學習的高潮，那是一次思想大眾化運動；第四次是上個世紀的五六十年代，右派被改造，知識青年上山下鄉，那是一次身份的大眾化。……」〔註16〕「五四」新文化運動中的「平民文學」、30 年代關於「文藝大眾化」的論爭、抗戰時期關於「民族形式」的討論以及後來的「工農兵方向」的文藝創作道路等文學現象中的「大眾」只是把大眾作爲被動的受體，「大眾化」背後的眞正主體是主流意識形態和精英知識分子。而在二十世紀二三十年代，伴隨著現代工業文明興起和市民社會形成，才催生出眞正的大眾文化。

三、創作機制：報刊生態中的文學嬗變

李歐梵先生提出的「文學新聞業」〔註17〕一語概括出上世界二十年代文學與傳媒的密切關係。早在 1901 年，梁啓超曾斷言「自報章興，吾國之文體，爲之一變」。《小說林發刊詞》中寫著：「新聞紙報告欄中，異軍特起者，小說也。」〔註18〕黃伯耀指出：「故小說一門，隱與報界相維繫。」〔註19〕眞可謂「自報章興，吾國之文體，爲之一變……」。〔註20〕上海報館林立，報刊業之

〔註15〕李俊國《都市文學：藝術形態與審美方式》，華中科技大學出版社，2007 年，第 37 頁。
〔註16〕林喦《身份認同、消費文化與新制度主義：「百家講壇」三人談》主持人語，載《洛陽師範學院學報》，2010 年 12 月第 6 期。
〔註17〕李歐梵《中國現代作家中的浪漫一代》，選自徐小群《民國時期的國家與社會：自由職業團體在上海的興起（1912～1937）》，新星出版社，2007 年，第 257 頁。
〔註18〕《小說林發刊詞》，載《小說林》第 1 期，1907 年。
〔註19〕耀公《小說與風俗之關係》，載《中外小說林》第 2 卷第 5 期，1908 年。
〔註20〕佚名《中國各報存佚表》，載《清議報》第 100 冊，1901 年。

發達的情形，可以從鄭逸梅、徐卓呆編著的《上海舊話》中的《一稱報館街的望平街》一文窺見一斑：

> 望平街雖只短短的一段，在從前卻爲報館彙集地，所以有報館街之稱。如洞庭出席氏所辦的《新申報》，大有取《申報》而代之的野心。又如和《申報》、《新聞報》鼎足而三的《時報》，特在望平街福州路轉角處建一浮圖型的崇樓，很引人注目。隔壁的有正書局，也是《時報》主人狄平子所辦的……其他如《大共和日報》、《中華民報》、《天鐸報》、《太平洋報》、《民強報》、《時事新報》、《民國新聞》，畢倚虹手創的《上海畫報》，鼓吹革命最激烈的《民立報》，爲袁世凱帝制張目連吃兩次炸彈的《亞細亞報》，民族性質的《回民日報》，資格很老的《神州日報》，以及從《神州日報》蛻化出來的《晶報》，都設在望平街。那時候的報紙，逢十月十日辛亥革命紀念日，各家都要增刊到五六張甚至十餘張不等。爲什麼要增加這麼多呢？這是因爲趁此時機，可以吸收大量廣告，那筆廣告費是很可觀的。報館方面樂得弄些不痛不癢的作品，和廣告混合著撐滿篇幅。這天的報紙批給報販是不加價的。可是報販卻奇貨可居，獲得額外的利潤。所以在前一天，報販特別擁擠，把整個望平街塞斷了，車輛都須繞道而行。那些報販都在這兒等待增刊報紙的出版。他們爲便利分發起見，特自己出錢，在各報館面門前裝著大電燈，光照路衢，如同白畫。〔註21〕

爲滿足上海廣大市民階層的消費需求，以消遣、娛樂爲辦刊宗旨的通俗報刊大量湧現。據不完全統計，「鴛鴦蝴蝶派」刊物僅在上海就有 180 餘種之多，「在民國初年至『五四』以前這一時期，文藝雜誌，大報副刊、各種小報，幾乎是鴛蝴派作家的一統天下」。〔註22〕面對小說異常繁榮的狀況，梁啓超也曾說道：「舉國士大夫不悅學之結果，《三傳》束閣，《論語》當薪，歐美新學，僅淺嘗爲口耳之具，其偶有執卷，捨小說外殆無良伴。」〔註23〕魯迅說：「我到上海後，所驚異的事物之一是新聞記事的章回小說化，無論怎樣的慘事，都要說的有趣——海式的有趣。」〔註24〕1923 年 11 月，「以教授小說文學，造就小說人才爲

〔註21〕鄭逸梅、徐卓呆編著《上海舊話》，上海文化出版社，1986 年，第 64 頁。
〔註22〕魏紹昌《我看鴛鴦蝴蝶派》，香港中華書局，1990 年，第 21 頁。
〔註23〕梁啓超《告小說家》，載《中華小說界》二卷一號，1915 年版。
〔註24〕魯迅《集外集拾遺補編〈某報剪注〉按語》，選自《魯迅全集》（第 8 卷），人民文學出版社，1982 年，第 203 頁。

宗旨」〔註25〕的上海小說專修學校成立，由張舍我任校長，周瘦鵑、包天笑、嚴獨鶴、畢倚紅等通俗小說家爲教員。學校每五個月招收一期學員，考試成績合格者頒發畢業證書。大量報紙副刊的出現，促生了數量豐富的長篇連載小說的誕生。大眾媒介不僅在技術和形式上深刻地影響了文學的傳播方式、傳播速度、傳播範圍，而且也在很大程度上改變了文學的精神及內蘊，使文學呈現出媒介化特徵。比如本章第三節將要討論的三部暢銷小說《玉梨魂》、《啼笑因緣》、《秋海棠》都是在報紙副刊運作機制下催生出的。劉少文博士以《論報人生活對張恨水及其小說創作的影響》爲題論述了報人職業對張恨水的創作及其人生價值選擇的深遠影響，他認爲：「在張恨水的生活及創作意識中，報人職業的核心影響是鮮明的：它不僅改變了他的生存狀態，矯正了他的消極避世的傳統文人觀念，而且決定了他積極入世、干預生活的創作意識。」〔註26〕受制於報紙篇幅，連載小說與單行本小說在故事結構局部、情節安排上有著完全不同的創作要求。連載小說不僅要求作家著眼整個故事大局，而且爲了吸引讀者「眼球」，要求作家必須保證每次推出故事單元要有趣味。由於這種特殊的創作方式也導致連載小說的一些先天性缺陷，「一部小說數十回，其全體結構，首尾相應，煞費苦心，故前此作者，往往幾經易稿，始得一稱意之作。今依報章體例，月出一回，無從顛倒損益，艱於出色。」〔註27〕

面對每天大量出刊的報紙雜誌，依靠稿酬賺取生活的作家成了應付現代傳媒的「文字機器」。張恨水曾回憶自己「忙的苦惱」：「在民國十九年至二十年間，這是我寫作最忙的一個時期。……當時，我給《世界日報》寫完《金粉世家》，給晚報寫《斯人記》，給世界書局寫《滿江紅》和《別有天地》，給瀋陽《新民報》寫《黃金時代》，整理《金粉世家》舊稿，分給瀋陽東三省《民報》轉載。而朋友們的約稿，還是接踵不斷，又把《黃金時代》改名爲《似水流年》，讓《旅行雜誌》轉載。我的慈母非常的心疼我，她老人家說我成了文字機器，應當減少工作。殊不知這已得罪了許多人，約不著我寫的稿的『南方小報』，罵得我一佛出世，二佛涅槃。」〔註28〕

〔註25〕《上海小說專修學校招生及章程》，載《紅》雜誌第 2 卷第 13 期，1923 年 11月。
〔註26〕劉少文《論報人生活對張恨水及其小說創作的影響》，吉林大學 2005 年博士學位論文，第 1 頁。
〔註27〕《新小說第一號》，載《新民叢報》第 20 號，「紹介新刊」欄，1902 年。
〔註28〕張恨水《寫作生涯回憶》，選自《寫作生涯回憶》，前引書，第 53 頁。

　　早期報刊如《申報》闢有專門刊登來稿詩文的欄目。這些詩文大多是文人吹捧妓女女優的「花稿」、「花榜」等消遣文字，以適應有閒文人和商賈使命的娛樂消遣需求，這就是報紙副刊的雛形。1897 年，上海《字林滬報》增設我國第一張報紙副刊《消閒報》，日出一張，隨報贈送。此後，許多報紙紛紛騰出版面增設文藝副刊。副刊從置於報紙最後，不被讀者關注的報刊「邊角料」逐漸成為能與新聞「平起平坐」的報刊重要組成部分，並聚合起一大批固定的撰稿人。報紙副刊是它們生存、傳播的媒介生態，並由此聚集起一大批讀者。張恨水被稱為「副刊聖手」，「把握副刊，他有一套超人的絕活」。〔註29〕在張恨水幾十年的報人生涯中，他的報人職業的支撐點當落在副刊上。

　　19 世紀後半葉，上海成為出版業的中心。到 20 世紀初，上海的商業中心已彙聚了多家大型出版社、書局。著名作家曹聚仁在《棋盤街上的滄桑》一文中描述道：

> 五十年前，上海的商業中心在棋盤街，直到筆者來到上海（1922年）時，上海租界向西南東北延伸，南京路上的繁榮，已經代替了棋盤街。在我們的記憶中，提到棋盤街，就等於說是提到了全國出版業的中心。（也好似提起瞭望平街，即喚起了新聞事業中心的印象）。商務印書館、中華書局這兩家書業重鎮，雄踞在河南路、福州路的轉角上；在從前，我們應該從「商務」、「中華」數起，往南再說到文明書局、群益書社、民智書局、掃葉山房、中華圖書公司、神州國光社，作縱的伸展；後來呢，卻沿著福州路作橫的發展，從黎明書局算起，「開明」、「大東」、「北新」、「世界」、「科學」、「生活」，一直到福州路西頭，還有那家大規模的中國文化服務社。（正中書局在河南路上）其他小型書店，如「光明」、「現代」、山海雜誌公司、「春明」，不下五六十家。〔註30〕

出版印刷業的興盛，為小說的出版、傳播提供了有利的物質條件。有的小說先在副刊連載，後又出版單行本。小說《海上繁華夢》「年必再版，所銷已不知幾

〔註29〕張濤甫《張恨水的報人角色》，載《中國現代文學研究叢刊》，1998 年，第 4期，第 67 頁。

〔註30〕曹聚仁《棋盤街上的滄桑》，選自《山水‧思想‧人物》，北京三聯書店，2007年，第 56 頁。

十萬冊」，僅由點石齋書局出版的《九尾龜》版本就達十幾種。一時間，小說報刊、小說書籍大量出現。時人曾在《小說閒評敘》中記述了當時的情形：

> 十年前之世界爲八股世界，近則忽變爲小說世界，蓋昔之肆力於八
> 股者，今則鬥心角智，無不以小說家自命。於是小說之書日見其多，
> 著小說之人日見其夥，略通虛字者無不握管而著小說。循是以往，
> 小說之書，有不汗牛充棟者幾希？顧小說若是其虛，而求一良小說
> 足與前小說媲美者幸鮮。何則？昔之爲小說者，抱才不遇，無所表
> 現，借小說以自娛，息心靜氣，窮十年或之力，幾經鍛鍊，幾經刪
> 削，藏之名山，不敢速出以問世，如《水滸》、《紅樓》等書是已。
> 今則不然，朝脫稿而夕印行，一刹那間已無人顧問。蓋操觚之始，
> 視爲利藪，苟成一書，售諸書賈，可博數十金，於願已足，雖明知
> 疵累百出，亦無暇修飾。甚有草創數回即印行，此後竟不復續成者，
> 最爲可恨。〔註31〕

寅半生的這一段話道出了文人走「科舉之路」與「小說之路」兩種文化選擇的趨同心理。社會教育機制的轉變爲小說繁榮出現提供了充足的人力、智力資源。根據在《中國文化史年表》中提供的數據統計，1885～1911 年間刊行創作小說 479 種，1882～1913 年間刊行翻譯小說 628 種〔註32〕，小說合計出版成冊的就達 1000 餘種。〔註33〕進入民國以後，報紙副刊、小說刊物等文學報刊逐漸擁有了一批固定的撰稿人，在欄目設置上變得更加豐富，極大地增加了報紙的娛樂色彩。「那時報上的新聞受到極大的鉗制，許多新聞是無中生有、濤張爲幻，而副刊有時倒是可能替老百姓說幾句話，喊叫喊叫，尤其是小說，有人物，有內幕，往往能從中推出不少政局內幕來。有時上層人物幹了什麼見不得人的事，社會上傳遍了，可是從不見諸新聞。而小說卻能影影綽綽地把這些人和事都透露出來，使人一看便心領神會。於是小說便成了野史，所謂此種之人，呼之欲出，讀者帶勁，細按起來更是其味無窮。」〔註34〕蔣其章在《昕夕閒談小序》中，闡述了小說受讀者歡迎的原因，一是，娛樂讀者耳目；二是，

〔註31〕寅半生《小說閒評·敘》，載《遊戲世界》1906 年第一期，選自陳平原、夏曉
　　　紅編《二十世紀中國小說理論資料》（第一卷），北京大學出版社，1989 年，
　　　第 182 頁。
〔註32〕參見《中國文化史年表》，上海辭書出版社，1990 年，第 812 頁。
〔註33〕參見阿英《晚清小說史》，人民文學出版社，1980 年，第 1 頁。
〔註34〕左笑鴻《是野史》，《春明外史》重版代序，群眾出版社，1997 年，第 2 頁。

使不關心世事者藉以瞭解大概。顧頡剛就認為張恨水《啼笑因緣》反映了當時軍閥統治時期的社會現狀，將其作為「雜史」來讀。〔註35〕

第三節 作為一種文化現象的「張恨水熱」

楊義先生曾以「張恨水：熱鬧中的寂寞」為題，論述過張恨水在學術界遭遇的「冷遇」。他說：「張恨水是什麼？他的讀者很多，但真正的知音者少，他是一個名副其實的熱鬧中的寂寞。」〔註36〕在論述中他指出，張恨水在文學史上所具有特殊意義並認為：「文學史永遠是一個過程，而張恨水是最有文學史過程感的作家之一。對他的研究最終將深入為對一種文化現象的探討」。〔註37〕

近幾年，張恨水遭受「冷遇」的狀況發生了翻天覆地的變化，甚至可以用「熱鬧中的熱鬧」來描述張恨水受到的追捧。他的《金粉世家》、《啼笑因緣》、《紙醉金迷》等小說不斷被翻拍成電視劇熱播。張恨水可以算是民國作家中小說被翻拍最多的人。央視收視率頗高的《百家講壇》欄目及時抓住觀眾的興奮點，連續推出五期「張恨水系列」講座，邀請袁進、孔慶東、徐德明、張中良、湯哲聲五位張恨水研究專家為觀眾解讀張恨水小說。學術界近幾年對張恨水的研究也取得了頗豐的成果，張恨水的家鄉安徽省潛山縣前後舉辦多次國際性的張恨水研討會，海內外的專家、學者對這位民國小說家給予了多方位的關注。張恨水研究在新世紀突然「熱」了起來。

一時間，張恨水的知音似乎一下子多起來，從「冷遇」到「熱捧」固然是個令人興奮的轉變，但前後如此極端的轉變也讓人感到迷惑。張恨水在民國和當下兩度「熱」起來的緣由何在？在「冷」與「熱」兩種極端情緒背後是否說明作為一種文化現象的「張恨水熱」有更多值得我們深入探究的地方？今天我們應該如何考量民國大眾文化潮中的「張恨水現象」？這些問題，都未被學術界予以足夠的關注。從這些問題出發，如果繼續追問下去，會發現楊義先生在九十年代提出的張恨水研究中存在「熱鬧中的寂寞」的質疑，今天仍具有警示意義。

〔註35〕參見顧頡剛著，何啟君整理《中國史學入門》，北京出版社，2002 年，第 110 頁。
〔註36〕楊義《張恨水：熱鬧中的寂寞》，載《文學評論》，1995 年第 5 期。
〔註37〕楊義《張恨水：熱鬧中的寂寞》，載《文學評論》，1995 年第 5 期。

一、走進「驚世揚名的角逐場」：「張恨水熱」在上海

探討「張恨水現象」還要從他小說本身的質素進行深入尋繹。張恨水在北方小說圈「熱」起來，是自《春明外史》開始的。民國十二年，張恨水第一部有影響的長篇小說《春明外史》開始在《世界晚報》副刊《夜光》連載，全書約百萬字。據一些資料記載：當時讀者爲了讀此小說，每天下午兩點多鐘，就有人在報社門前等著晚報售賣。「書中人物，皆有所指。在《世界晚報》連載的時候，讀者把它看做是新聞版外的『新聞』，吸引力是非常之大，很多人花一個『大子兒』買張晚報，就爲的是要知道版外新聞如何發展、如何結局的。當時很多報紙都登載有連載小說，像《益世報》一天刊載五六篇，卻從來沒有一篇像《春明外史》那麼叫座。」〔註 38〕這部小說自民國十二年夏開始在《世界晚報》連載，到民國十八年寫完，小說刊載時間歷經七年之久，可以說創造了當時小說連載時間之久的記錄。對於小說的熱銷，連張恨水自己也沒有預料到：「在寫第二集的時候，許多朋友，慫恿我將第一集出版。二弟嘯空，他並願主持發行，於是我就籌了筆款子，把書印起來。那時，我並沒有多大的指望，只印了一千多本，事有出於意料的，僅僅兩個月就銷完了。」〔註 39〕

民國十六年 2 月 14 日，以北京內閣總理金銓家族的興衰爲故事背景創作的小說《金粉世家》開始在《世界日報》連載。這部小說的銷售業績也遠遠超出了張恨水的預料。「《金粉世家》的銷路，卻遠在《春明》以上。這並不是比《春明外史》寫得好到那裏去，而是書裏的故事輕鬆，熱鬧，傷感，使社會上的小市民層看了之後，頗感親切有味。尤其是婦女們，最愛看這類小說。我十幾年來，經過東南、西南各省，知道人家常常提到這部書。在若干應酬場上，常有女士們把書中的故事見問。」〔註 40〕《春明外史》、《金粉世家》的連載、出版可謂是「張恨水熱」的「預熱期」。隨著張恨水轉戰上海寫作圈，其文名也隨著《啼笑因緣》的刊載如日中天。張恨水流傳最廣的小說當推《啼笑因緣》，它使張恨水小說家的盛名無以復加。

《啼笑因緣》的發表、出版，其影響從上世紀 30 年代以至於今日，從接

〔註38〕張友鸞《章回小說大家張恨水》，選自《張恨水研究資料》，前引書，第 105 頁。
〔註39〕張恨水《寫作生涯回憶》，選自《寫作生涯回憶》，前引書，第 36 頁。
〔註40〕張恨水《寫作生涯回憶》，選自《寫作生涯回憶》，前引書，第 42 頁。

受美學的角度看，文本既有作者創造的「文本潛能」，又有各種傳播方式的不斷參與，同時也產生了強烈的「讀者反應」。但是，我們應該看到，這一文本的傳播和接受具有很大的特殊性，它的意義、它的存在價值更多需要從文本外圍界定，不僅僅取決於文本內部的故事性，而是取決於小說文本被傳播與被接受的廣泛度，特別是其傳播形式與過程的特殊性。報刊連載、單行本發行、電影拍攝三種傳播形式共同構成了《啼笑因緣》特殊的傳播路徑。當我們重新回顧歷史會發現，這一文本在三種不同傳播形式的流通中遭遇了來自法律層面的不同阻力，具體地體現在圍繞《啼笑因緣》引起的版權糾紛中。但是，在張恨水與《啼笑因緣》的研究中，關於它的版權糾紛事件常常作為文壇軼事一帶而過，其中隱含的法律與張恨水的創作心態及創作身份的關係卻常常被忽視。對文學與法律關係的忽視實際上意味著遮蔽了某些可能至關重要的問題。下文通過考察「世界書局契約」事件、《啼笑因緣》引發《新聞報》與《世界日報》南北兩大報紙版權糾紛、大華與明星兩家電影公司之間的《啼笑因緣》「雙包案」三起涉及張恨水小說版權的法律事件之間隱匿的各種社會因素，分析張恨水在三次事件中所持的態度及其在事件運作過程中所起的作用，探討職業作家身份意識是如何在張恨水身上逐漸強化並確立起來的。

如果討論《啼笑因緣》的傳播途徑，那麼有必要將「世界書局契約」事件納入討論範圍，因為它是張恨水憑藉《啼笑因緣》在上海名聲大噪的前奏。1930 年秋，張恨水南遊期間經趙苕狂介紹，認識了世界書局總經理沈知方。在趙、沈的勸說下，張恨水將《春明外史》、《金粉世家》兩部小說交由上海世界書局出版，並言明，《春明外史》可以一次付清稿費，條件是要把北平的紙型銷毀；《金粉世家》的稿費分四次支付，每收到 1／4 的稿子，支付一千元。此外，趙苕狂又約張恨水專門為世界書局寫四部小說，每三個月交出一部，字數是每部十萬字以上，二十萬字以下，每千字八元。次日，趙苕狂與張恨水雙方簽訂合同。趙苕狂交付四千元支票一張。當時的上海小報盛傳張恨水在十幾分鐘內，收到了幾萬元的稿費，在北平買了一座王府和一部汽車。這就是轟動文壇的「世界書局契約」事件。正是「世界書局契約」事件使張恨水成功地打入了上海的寫作圈，並與上海的圖書出版市場直接聯繫起來。同時，契約將張恨水與出版社連接成一個利益共同體。所謂契約，就是市場交易雙方之間，基於各自的利益要求所達成的一種協議。訂立契約的目的是

為滿足各自的需要，因為交易者每一方所擁有的全部商品，不可能都滿足自己的各方面的需要，但其中的一些商品可能滿足對方的需要。於是，通過契約，雙方各自讓渡了自己的部分產品或所有權，同時又從對方得到了自己所需要的東西。因此，契約是雙方之間的一種合意。這種合意從根本目的來說，是受功利目的驅使的。通過契約，雙方都擴大了自己的需要。出版社的贏利需求與寫手的創作結合起來，這種結合是通過交換為主要形式的交往，也就是合作性質、契約性質的交往。但是與之前為報紙寫小說不同的是，這種契約賦予了個人一份工作，而這份工作又給張恨水帶來了一種身份感，張恨水基於契約有為出版社工作的義務。當一部作品與具體的「個人」發生上述關係，「個人」對作品享有自始至終的著作權時，作為作家的身份意識才可能確立。

對於轟動文壇的「世界書局契約」事件，小報的傳言固然有誇張的成分，但是在民國中期，上海刊物稿酬的行情一般在一元到三元不等，但「張恨水是小說界的紅客，千字賣八元，還是你搶我奪」。可是，在外界看來獲得豐厚收入的張恨水本人的態度卻完全不同。張恨水的兒子張伍回憶父親對這一事件的看法時說道：「父親說，這話如同夢囈，在中國靠耍筆桿子賣文糊口的人，永遠不會有這樣的故事發生，過去如此，將來亦無不然。」張恨水的的態度頗耐人尋味。事實上，在以交換為基礎的契約事件中，張恨水並非出於主動的位置，在整個事件中他居於參與者的位置。簽訂契約這件事給他帶來了名聲，但在他看來，獲得名聲不是一種理想，而成了必須要履行的義務。張恨水的創作從基於編輯身份而為副刊撰稿的義務中獲得解放，代之以為出版社創作小說的契約義務。

晚清以來，受西方文明的浸染，上海逐漸成為中國的報業中心，大眾文化、娛樂傳媒空前繁榮。書局、報館林立，使上海成為許多作家驚世揚名的角逐場。在《啼笑因緣》連載之前，張恨水已憑藉《春明外史》、《金粉世家》享有盛名，但由於交通阻隔和連年軍閥混戰，他的這種影響範圍基本在以北平為中心的北方地區。「我在北方，雖有多年的寫作，而在上海所發表的，卻是很少很少。上海有上海一個寫作圈子，平常是不容易突入的，我也沒有在這上面注意。」不久，張恨水遇到了進軍上海寫作圈的契機。民國十八年，閻錫山邀請上海記者團北上參觀，通過友人、被喻為小報界「教父」的錢芥塵〔註41〕介紹張恨水認

〔註41〕參見蔡登山《小報界的「教父」錢芥塵》，載《讀書文摘》，2010 年第 11 期。

識了時任上海《新聞報》副刊《快活林》主編的嚴獨鶴。嚴獨鶴約張恨水寫一篇小說。據張恨水回憶：「於是我就想了這樣一個並不太長的故事。稿子拿去了，並預付了一部分稿費。」〔註42〕1930 年張恨水創作的《啼笑因緣》開始在《新聞報》上連載。小說連載後，在讀者群中造成極大的狂熱，當時，《啼笑因緣》一度成為上海市民見面時的談資，談論故事人的性格喜好，預測故事的結局，很多平時不看報紙的人，也因為小說的連載開始訂起報來。報紙廣告來源隨之大增，許多客戶為了吸引更多眼球，紛紛要求把廣告盡量安排在與張恨水小說靠近的位置。張恨水成了《新聞報》的「財神」，讀者崇拜的偶像。〔註43〕目睹了《啼笑因緣》巨大的市場需求，嚴獨鶴與《新聞報》另外兩位編輯，緊急成立「三友書社」，搶先取得了小說《啼笑因緣》的出版權，於 1930 年出版小說單行本。這種專為一本書而組建出版社的現象，恐怕在中國出版史上也是少之又少。嚴獨鶴在《啼笑因緣・序》中寫道：「我……腦海中印著『小說家張恨水』六個字的影子，卻差不多已有六七年了……在近幾年來，恨水先生所作的長篇小說，散見於北方各日報；上海畫報中，也不斷的載著先生的佳作。我雖忙於職務，未能一一遍讀，但就已經閱讀者而論，總覺得恨水先生的作品，至少可以當得『不同風俗』四個字。」〔註44〕

　　單行本出版兩年後，三友書社在《新聞報》刊登小說的銷售啟事：

> 張恨水先生所著之《啼笑因緣》，為近十年來小說界之維一傑作，出
> 版以還，銷去五萬餘部，突破出版界之新紀錄，此則非唯恨水先生
> 出諸意外，即敝社同人，亦非初料所及也。〔註45〕

也正是在《啼笑因緣》這種廣發的流通過程中，引發了兩次關於它的版權糾紛。第一次版權糾紛發生在《啼笑因緣》的報刊連載過程中，當事人是南北兩大報刊《新聞報》與《世界日報》。在解決這次糾紛的過程中，雙方並未訴諸法律手段，而是通過張恨水主動出面協調解決的。

　　1930 年 2 月張恨水因對成舍我苛刻的給薪方式不滿，辭去《世界日報》和《世界晚報》的編輯職務。之後的一段時間，張恨水有了難得的閒暇，也

〔註42〕張恨水《寫作生涯回憶》，選自《寫作生涯回憶》，前引書，第 43 頁。
〔註43〕參見張友鸞《章回小說大家張恨水》，選自《張恨水研究資料》，前引書，第 100 頁。
〔註44〕嚴獨鶴《啼笑因緣一九三○年序》，選自張恨水《啼笑因緣》，北嶽文藝出版社，1993 年，第 1 頁。
〔註45〕參見《新聞報》，1933 年 1 月 30 日。

讓他有更多的精力專注於寫作。這段時期可以說是他的創作高峰期，寫下了大量膾炙人口的作品，其中最值得關注的是《啼笑因緣》的連載。自 1930 年 3 月 17 日始，上海《新聞報》副刊《快活林》陸續刊載該小說，直至當年的 11 月 30 日連載完畢。該報主編嚴獨鶴在 12 月 2 日發表的《關於啼笑因緣的報告（二）》一文中指出：

> 最近有北平某報亦刊載《啼笑因緣》小說，以此頗引起一部分人的懷疑，以爲《啼笑因緣》，何以同時刊於南北兩報，實則係北平某報，完全未得本報同意，亦未得恨水先生同意，自行轉載。現此事已由本報請恨水先生就近向之直接交涉，現該報已承認即此停止。（所刊亦只八回）關於此點，是本報和恨水先生均不能不切實聲明的。〔註46〕

這則義正言辭的聲明中所提及的北平的報紙便是《世界日報》的副刊《明珠》。《啼笑因緣》自 1930 年 9 月 24 日連載於該報。兩家報紙爲何能同時連載同一部小說？這是否觸及了當時的著作權法？這起事件又是如何繞開法律的管制得以解決的呢？

事實上，將兩家報刊連載的小說加以對比，可以發現它們並非同一版本。兩報連載的小說無論在回目撰寫，還是在小說情節營造上均存在較大差異。當時出版界執行的是 1928 年國民黨政府頒佈的著作權法，該法律第二十一條明確規定：「揭載於報紙、雜誌之事項，得注明不許轉載。其未經注明不許轉載者，轉載人須經注明其原載之報紙或雜誌。」〔註47〕據此規定，《新聞報》可以以未注明轉載爲依據，在報紙發表聲明勒令《世界日報》停止連載。但是《世界日報》所刊載的文字並非完全意義上的轉載，它是經過修改之後的完全不同的另一個版本，所以《新聞報》僅以未注明轉載爲由狀告《世界日報》理由並不充分。但是 1928 年的《著作權》第十七條又指出：「出資聘人所成之著作物，其著作權歸出資人有之。」〔註 48〕嚴獨鶴在張恨水完成《啼笑因緣》之前就已預付了稿費。張恨水說道：「稿子拿去了，並預付了一部分

〔註46〕獨鶴《關於啼笑因緣的報告（二）》，載《新聞報》副刊《快活林》，1930 年 12 月 2 日十一版。

〔註47〕周林、李明山《中國版權史研究文獻》，中國方正出版社，1999 年，第 227 頁。

〔註48〕周林、李明山《中國版權史研究文獻》，中國方正出版社，1999 年，第 227 頁。

稿費。」〔註 49〕因此，根據法律規定《新聞報》是該小說的出資人，理應享有《啼笑因緣》的小說著作權。所以，《新聞報》在此次版權糾紛事件中佔據著法律上的主動權。但是由於《世界日報》與張恨水的淵源深厚，所以嚴獨鶴請張恨水出面協調此事，並未訴諸法律手段。通過這起事件可以看出，《啼笑因緣》同時連載於不同報刊，恰恰就是打了法律的擦邊球。

繼之，《啼笑因緣》電影改編權又引起激烈的爭奪。關於《啼笑因緣》的版權糾紛，爲人所熟知的並非上文所提及的《新聞報》與《世界日報》之間圍繞小說連載引發的紛爭，而是明星與大華兩家電影公司爲爭奪《啼笑因緣》電影攝製權引發的糾紛，文壇將這一事件稱爲「《啼笑因緣》『雙包案』」。

《啼笑因緣》問世後，引起很大的社會反響。明星影片公司通過三友書社向張恨水購得了版權（演出改編權），計劃拍攝電影，並在報上刊登了不許他人侵犯權益的廣告正當明星公司全力以赴投入《啼》劇拍攝時，上海北四川路榮記廣東大舞臺正擬上演同名京劇。明星公司馬上由公司常年法律顧問顧肯大、鳳昔醉出面，提出警告，要求他們立即停止演出。後由黃金榮出面調解，明星公司同意他們改名爲《戚笑姻緣》繼續演出。無獨有偶，顧無爲在南京辦大世界遊樂場，正巧也在演出《啼笑因緣》舞臺劇。由於明星公司對此劇寄予厚望，於是，顧無爲被明星公司以侵犯版權爲由提起控告。顧無爲向明星公司老闆張石川、周劍雲疏通，要求私了。豈料明星公司老闆有恃無恐，並不買賬。面對侵權一事，顧無爲疏通無效，被迫對簿公堂，準備出庭應訴。正在走投無路之時，顧無爲意外地得知明星公司雖然擁有《啼笑因緣》的小說版權，但未曾向國民黨內政部領到電影攝製許可證。顧無爲得此信息，經過一個通宵的苦思冥想，完成了《啼笑因緣》的電影劇本稿。第二天一大早，手捧墨漬未乾的劇本稿，興沖沖跑到國民黨內政部，呈請簽發上演舞臺劇和攝製電影《啼笑因緣》許可證。顧無爲呈請的許可證，內政部當天就審查通過，隔天就把執照發到了他手裏。顧無爲拿到了執照後，立即趕到上海。第二天在上海出版的大報上，刊出一則醒目的啓事，並配發了執照照片，聲稱他的影片公司已向內政部呈請取得《啼笑因緣》正式攝製電影和上演舞臺劇的專項權，以後任何人不經許可，不得攝製影片和上演舞臺劇。根據 1928 年《著作權法》第一條：「凡書籍、論著、說部、樂譜、劇本、圖畫、字帖、照片、雕刻、模型、及其他關於文藝學術或美術之著作物之著作權，一經依法註冊，得就該著作物享有著作權，而就

〔註 49〕張恨水《寫作生涯回憶》，選自《寫作生涯回憶》，前引書，第 43 頁。

樂譜、劇本有著作權者，並得專有公開演奏或排演之權。」〔註50〕第十九條規定：「就他人之著作闡發新理或以原著作物不同之技術製成美術品者，得視爲著作人，享有著作權。」〔註51〕據此，大華電影公司取得了《啼笑因緣》的攝製權。明星公司與之對簿公堂。最後，黃金榮、杜月笙出面調停，由明星公司給付十萬，大華退出爭奪告終。

在這次法律事件中，當事人之間的社會關係極爲複雜，而作爲《啼笑因緣》作者的張恨水卻未被捲入這部錯中複雜的社會關係網中，而他自己也樂得置身度外。「令人啼笑皆非的是，如此熱鬧的『雙包案』，倒是與作者無干，不管他們雙方如何鬥法，父親始終置身事外，既無人來徵求父親的意見，父親也樂得不招惹是非，有那個工夫，他還可以多寫幾萬字的小說呢。」〔註52〕面對紛擾的利益紛爭，張恨水沒有深陷其中，而是以置身度外的姿態、達觀的態度獲得了一種自由的愉快和悠閒。這種自由的身心狀態對職業作家的創作來說是極爲重要的。

通過考察「世界書局契約」事件、《啼笑因緣》引發《新聞報》與《世界日報》南北兩大報紙版權糾紛兩起涉及張恨水小說版權的法律事件之間隱匿的各種社會因素，可以發現張恨水在兩次事件中所持的態度及其在事件運作過程中所起的作用是不同的。在面對、處理這兩次法律事件時張恨水的角色表現爲參與者、主持者，他的主體姿態則呈現出從被動接受到自主、自由的變化，其身份認同也顯現出從寫手到作家的轉變。這些或隱或現的轉變是職業作家身份意識在張恨水身上逐漸強化並最終確立的表徵。

通過上文考察《啼笑因緣》兩次版權糾紛，可以發現通俗文學在形式與內容上所具有的廣發的流通性是引發版權之爭的誘發因素。通俗文學廣發的流通性，流通過程中遭遇到的來自法律層面的阻力以及面對這種阻力文學場中各方力量的相互作用爲我們分析張恨水的創作心態提供了一個新的闡釋視角。在民國通俗文學的發展歷程中，張恨水及其小說是絕對值得深入探究的文學現象，但是僅僅從文本出發來解讀其作品似乎不足以說明他的小說得以流行背後的深層動因。張恨水個人的文學才華及其小說迎合了市場需求，最

〔註50〕周林、李明山《中國版權史研究文獻》，中國方正出版社，1999 年版，第 225 頁。

〔註51〕周林、李明山《中國版權史研究文獻》，中國方正出版社，1999 年版，第 227 頁。

〔註52〕張伍《我的父親張恨水》，春風文藝出版社，2002 年，第 121 頁。

終成就了張恨水。那麼，他的小說為何能夠迎合大眾審美趣味？在民國文學史上，還有沒有像張恨水一樣在文學與市場的兩極中取得成功的作家？如果有，那麼這些文學現象的共性與個性又有哪些？張恨水的創作高峰處於民國中期，它是承接民初與民末社會的中間階段、過渡階段。因此，對張恨水現象的文化解讀是理解民國文學重要的一個剖面。

二、民國三次「言情小說熱」的文化解讀

薩特在《什麼是文學》一書中說：「閱讀是作者的豪情與讀者的豪情締結的一項協定；每一方都信任另一方，每一方都把自己託付給另一方，在同等程度上要求對方和要求自己。因為這種信任本身就是豪情，誰也不能迫使作者相信他的讀者將會運用自己的自由；誰也不能迫使讀者相信作者已經運用了自己的自由。這是他們雙方作出的自由決定。」〔註53〕作為個性化的文學創作，在特定歷史背景下，是否一定是暗合了時代情緒才成為暢銷書？作家本人在這個過程中，是被動的迎合時代，還是伴隨著主體的自覺？如果有這種主體的自覺，它與大眾之間的關聯又是怎樣的？在不同歷史階段，這樣的關聯具有哪些特點？本節通過考察民國三次「言情小說熱」的興起和內在動因，嘗試探究上述問題。

張贛生先生在其著作《民國通俗小說論稿》中把民國通俗小說的發展分為三個階段：「自1912年至1949年，這將近四十年中，民國通俗小說的發展可大體分為三個階段：1912年至1919年是第一階段，這是由晚清小說向民國小說的過渡階段；1920年至1929年是第二階段，這是民國南派小說的興盛時代；1930年至1949年是第三階段，這是民國北派小說崛起的時代。當然，以上只是大致的劃分，其間存在著某些交叉現象。」〔註54〕如果從上述三階段的時間劃分來看，《玉梨魂》、《啼笑因緣》、《秋海棠》這三部言情小說分別誕生於1912年、1929年、1941年，它們恰好處於民國通俗文學發展的三個階段的關鍵點上，並且都是當時紅極一時的暢銷書，可謂民國通俗文學三個發展階段的代表作。將這三部小說置於民國時期的社會歷史背景中去考察，在它們所引發的小說熱潮背後折射出的中國現代化進程中社會、文化的嬗變值得我們進一步挖掘。

〔註53〕（法）薩特《什麼是文學》，選自施康強譯《薩特文集》（第7卷），人民文學出版社，2005年，第134頁。

〔註54〕張贛生《民國通俗小說論稿》，前引書，第28頁。

在二十世紀的通俗文學中，民國言情小說是極為主要的組成部分。蔡元培曾說：「綜觀我國小說，強半多涉男女之情，其故由於我國男女之防素嚴，作小說者，往往多借文字以發洩其懷抱。」〔註55〕由明清才子佳人小說發展而來的言情小說是適應現代中國社會心理的一類通俗小說。男女主人公的才貌，對愛情的追求、堅守，戀愛過程的艱難曲折，是這類小說通常的敘述模式。民國初期徐枕亞的《玉梨魂》，民國中期張恨水的《啼笑因緣》以及「孤島時期」秦瘦鷗的《秋海棠》是民國不同時段具有代表性的言情小說，都曾引發市民競相購買的熱潮。一部暢銷書與特定的時代精神、時代風潮之間有這怎樣的聯繫？這三部小說所引導的熱潮背後有什麼不同的動因？它們所切合的大眾接受心理有什麼不同？「大眾生活觀念、價值觀念的轉變，使得閱讀與大眾生活的關係發生了深刻變化，並直接影響到大眾對閱讀對象的選擇標準的變化。從閱讀社會學的角度看，閱讀活動只有獲得社會文化價值與大眾生活理想的支撐，才能有生存與發展的土壤。不同的閱讀取向在整個閱讀系統內部的等級關係，常常取決於它與一個時代流行的文化價值觀念及大眾需要的關係。」〔註56〕對比民國不同時段出現的三次「言情小說熱」現象，無疑有助於我們理解民國中期出現的「張恨水熱」這一文化現象。

（一）

辛亥革命後到五四前的 1912～1919 年，是我國近代歷史和近代文學史上的一個特殊時期——民初。西方學者對中國的這段歷史曾評價道：「清朝的覆滅並沒有使傳統社會隨之湮滅，而是使它越來越陷入混亂。……這種混亂不只是遍及各地，而且是上上下下無不如此。」〔註57〕「辛亥革命失敗以後，袁世凱、張勳復辟，軍閥混戰，高壓政策下的專制黑暗和復古潮流，使此前昂揚激奮的社會情緒驟然冷卻。」〔註58〕民國初年，受時代風潮的感染，社會一度出現過虛浮的民主氣象。政治上，人們擁護盧梭的人權說，並由此影

〔註55〕蔡元培《在北京通俗教育研究會演說詞》，選自《蔡元培全集》（第二卷），中華書局，1984 年，第 493 頁。

〔註56〕陶東風《「過日子」時代的大眾閱讀》，載《中國圖書評論》，2010 年第 4 期。

〔註57〕（美）費正清、劉廣京編《劍橋中國晚清史（1800～1911）》，下卷，中國社會科學院歷史研究所編譯室譯，中國社會科學出版社，1985 年，第 685～686 頁。

〔註58〕張華《論清末民初通俗小說的娛樂主義傾向》，載《山東大學學報》，2000 年第 1 期。

響至社會整體的人生價值選擇。接受新式教育的人逐漸增多，但是恪守傳統包辦婚姻的狀況並沒有得到改善，這與追求戀愛自由的新一代年輕人發生嚴重衝突。雖然他們也追求政治進步與解放，但動盪不安的時局並未使政治主題成爲當時的主流。反而是倡導「非孝」，反對包辦婚姻，追求自主、自由的婚戀成爲當時的風潮。反映這種時代精神，描寫自由戀愛的言情小說一度風靡。以當時小說創作極爲繁榮的上海爲例，有人如此描述道：「上海發行之小說，今極盛矣，然按其內容，則十八九爲言情之作」。〔註59〕「在憑弔『過去』的時代氛圍中，小說也成爲腸斷傷心的寄託」。〔註60〕被喻爲「哀情巨子」的徐枕亞在《小說叢報》發刊詞中的一段話頗能代表當時文壇的風潮：

　　嗟嗟，江山獻媚，獅夢重酣，筆墨勞形，蠶絲自繞。冷雨淒風之夜，

　　鬼唱新聲；落花飛絮之天，人溫舊淚。如意事何來八九，春夢如痕；

　　傷心人還有二三，劫灰共瀉。〔註61〕

中國古代文學傳統中不乏悲劇、哀情故事，但是在才子佳人大團圓、行俠仗義的俠客除惡揚善的故事結構中，很少能表現出深層的悲劇意識。在西潮湧入的二十世紀初，國人前所未有的意識到國家、民族的未知命運，新生的民國未來的道路又將怎樣？舊制度已經遠去，新制度尚未成熟，對傳統的反叛情緒又被反叛後將何去何從的憂慮所困惑。這種內在矛盾的心理很容易外化爲哀傷的情緒，那個時代，便被這情緒所籠罩。劉納先生談到自己對這一時期文學作品的閱讀感受時說：「閱讀 1912～1919 年間的文學作品，我彷彿能聽到從文句與詩句間溢出的『嗚呼哀哉』的哭聲。這是這一時期文學的一個獨特現象：持有對立的政治立場的人共同地追挽過去的年代。」〔註62〕「一時間，哀情小說汗牛充棟。實際上，『婚姻不自由』的題旨一般只表現在小說情節的浮面，更重要的是作者們以哀慘的故事與人物完成了使自己『傷心』的感情世界境界化、形象化的過程。」〔註63〕這一類「淫啼浪哭」小說的泛濫，以眼淚和鼻涕淹沒了民初小說界，甚至也籠罩過早期的新文學部分作品。袁進先生說：「這些作家也領導了當時的文壇，就連魯迅、劉半農、周作人、葉聖陶等五四新文學作家，在當時小說雜誌上發表作品，用的也是文言，其

〔註59〕姚公鶴《上海閒話》，上海古籍出版社，1989 年，第 124 頁。
〔註60〕劉納《嬗變——辛亥革命時期至五四時期的中國文學》，前引書，第 125 頁。
〔註61〕徐枕亞《小說叢報·發刊詞》，載《小說叢報》第一期，1914 年。
〔註62〕劉納《嬗變——辛亥革命時期至五四時期的中國文學》，前引書，第 133 頁。
〔註63〕劉納《嬗變——辛亥革命時期至五四時期的中國文學》，前引書，第 133 頁。

風格與他們在五四後發表的作品，有很大的不同，而與民初小說的風格，卻有許多切近的地方。」〔註64〕小說《玉梨魂》就是在這種背景下誕生的。

《玉梨魂》作者徐枕亞（1889～1937），常熟人，名覺，字枕亞，別署東海三郎、泣珠生等，民初「鴛鴦蝴蝶派」的代表作家，被當時世人稱作「哀情巨子」。1912 年，《玉梨魂》在《民權報》連載。小說敘述了小學教員何夢霞寄居在遠親崔氏家中，併兼任他家的家庭教師。崔氏有一個出身大家的寡媳白梨影，她的兒子鵬郎跟隨何夢霞讀書。夢霞與梨影由相識而相戀，但是兩人內心所遵從的傳統道德注定這是一段沒有結果的愛情。梨娘出於無奈，用「接木移花之計，僵桃代李之謀」，將自己的小姑筠倩嫁給了夢霞。但是梨娘心理上並未斷絕對夢霞的感情，她自覺自己的行為對不起死去的丈夫，自殺而死。筠倩是新式學堂培養出的新女性，嚮往自由婚姻的她不滿寡嫂包辦的婚姻。後來又發現嫂子與自己丈夫的戀情，覺得是自己害了梨娘，也自殺而死。夢霞悲痛欲絕，也想殉情，但又認為大丈夫應當死於國事，於是出國留學，回國後參加武昌起義，以身殉國。小說在才子佳人的纏綿悱惻中，敘寫了一場「發乎情而止乎禮」的愛情悲劇。「這也是中國小說史上第一次出現令人同情、為之灑淚的戀愛的寡婦，其超前意識也是顯然的。」〔註65〕

《玉梨魂》中哀婉傷感的悲情故事與當時整個時代的感傷情緒極為合拍。小說尚未刊完即引起轟動，使徐枕亞紅透半邊天，甚至「紅」出了國界，熱至東南亞。〔註66〕為滿足讀者市場的需求，民權出版部運用廣告這一促銷手段擴大小說影響。《玉梨魂》的廣告寫道：

> 枕亞為小說界巨子，近頃著作，洛陽為之紙貴，而玉梨魂一書尤其
> 最初之傑作，匠心運去，彩筆揮來。有縝密以果之功，無汎濫難收
> 之弊。計自懸價而後風靡海內，雖續版已至五次而購買者尤絡繹於
> 途。〔註67〕

小說大賣，給徐枕亞帶來了極為豐厚的收益，僅憑《玉梨魂》所賺取的稿費，他就創辦了一家出版社——清華書局。儘管新文學家們批判《玉梨魂》「很是

〔註64〕袁進《試論晚清小說讀者的變化》，載《明清小說研究》2001 年第 1 期。
〔註65〕袁進《試論晚清小說讀者的變化》，載《明清小說研究》，2001 年第 1 期。
〔註66〕《玉梨魂》編者言，參見吳組緗等編《中國近代文學大系》（小說集六），上
海書店，1991 年，第 426 頁。
〔註67〕此廣告載於《民權素》，1915 年第五集。

肉麻」〔註68〕；「畫出了一幅幅脂香飄散而又醜陋不堪的怪相」〔註69〕，但它「贏得了彷徨無度、多愁善感的青年學子和有閒市民的爭相購閱，於十餘年中銷到三十多版幾十萬冊，開民初小說暢銷的新紀錄」。〔註70〕出版家張靜廬記述到：《玉梨魂》「出版不到一二個月，就二版三版都賣完了」，又說道「我們如果替民國以來的小說銷路做統計，誰都不會否認這部《玉梨魂》是最近二十年銷行最多的一部。」〔註71〕范煙橋說：「晚近長篇小說銷行之廣，當以此書爲最，因此書詞藻妍麗，當時頗爲一般社會所喜。」〔註72〕

　　之後的 1924 年《玉梨魂》被拍成電影，1926 年被改編成話劇。魯迅的母親也甚是喜愛《玉梨魂》。有學者指出：「徐枕亞纏綿、誇飾的『言情』道出了一個時代人的痛苦。『玉梨魂』體以其散發性的訴說方式，充當了『社會／個人』心理宣泄的代言人」。〔註73〕民初複雜的社會狀態是催生「《玉梨魂》熱」最根本的原因。

　　民初，處於中國由傳統向現代的轉折期。盧浮的民主氣象下所包含的是中國人從傳統向現代過渡過程中的艱難的步履。中外文化的對撞，新舊觀念的矛盾共存是這一時期的時代特徵。社會制度的求「新」與國民心態的趨「舊」形成了離合的張力，這些複雜的社會矛盾體現在民初社會的方方面面。西方學者如此描述當時的社會狀態：「在 1840 年後的將近半個世紀以內西學的輸入是緩慢的，它對中國士大夫的影響是表面的，特別是和西方文化在十九世紀日本的迅速發展及其改造影響相比就更加明顯，這是重要的然而經常被忽略了的事實。這個世紀中葉以後，當西學在日本迅速成爲全民族注意中心之際，它在中國卻數十年被限制在通商口岸範圍之內和數量有限的辦理所謂『洋務』的官員之中。在 1860 年以後的數十年間，基督教傳教士向中國內地的滲透，就思想交流而言，收效甚少；但事實上，這種滲透引起了社會文化的衝突，擴大了中國和西方之間心理上的隔閡。中國大多數的士大夫們仍然生活在他們自己傳統的

〔註68〕周作人《中國小說裏的男女問題》，選自嚴家炎編《二十世紀中國小說理論資料》（第二卷），北京大學出版社，1997 年，第 83 頁。
〔註69〕楊義《中國現代小說史》（第一卷），人民文學出版社，1986 年，第 26 頁。
〔註70〕楊義《中國現代小說史》（第一卷），前引書，第 51 頁。
〔註71〕張靜廬《在出版界二十年》，上海雜誌公司，1938 年，第 37 頁。
〔註72〕范煙橋《中國小說史》，蘇州秋葉社，1927 年，第 268～269 頁。
〔註73〕姚玳玫《雅俗制衡與中國文學的價值重建——以近現代四組歷史個案爲例》，載《華南師範大學學報》，2007 年第 1 期。

精神世界裏。」〔註77〕楊義先生在評價《玉梨魂》時說，它「既具有對封建禮教的離心力，又有對封建禮教的向心力」，〔註75〕這句話集中的概括了民初文學所具有的內在精神傾向。因此，《玉梨魂》中的才子佳人敘述已完全不同與古代的類似模式。「身份和思想的差異導致了《玉梨魂》中兩位主角和才子佳人小說中風流儒雅，自信成功的才子以及溫柔含蓄的佳人的區別，何夢霞失去了經世致用、修齊治平的道路後，苦悶中不再節制自己悲傷的情緒，白梨影身份尷尬，只得靠著隱晦曖昧的文字，書寫自己的心聲。正由於此，書信和詩詞成爲了小說敘事的主要組成部分，這些哀感頑豔，情感泛濫的詩句透露出一個先天的悖論。一方面是內心至眞至誠的熾烈情感，一方面是頭腦中具有權威性的封建禮法。整部小說沒有出現一個對兩人愛情眞正具有破壞力地反對者，有的就是相互間思想的隔膜和自己反對自己的內心衝突。」〔註76〕

　　如果將歷史回溯至辛亥革命剛剛勝利不久的 1912 年的社會語境中理解晚清譴責小說退潮，民初言情小說熱銷的動因，也許更具有歷史穿透力。辛亥革命，結束了中國長達兩千的封建社會，以揭露晚清社會黑暗的譴責小說已沒有了批判的對象。人們的注意力由社會、民族轉向對自我、人生的內在關注。「晚清的『言情小說』缺乏表現『人』的意識，民初的『言情小說』儘管也缺乏『人』的意識，但它們似乎更注重揭示愛情悲劇的內在性，因而在作品展示的客觀形象上，具有比晚清『言情小說』更爲豐厚的內涵。」〔註77〕也正如范煙橋先生所說：「民初的言情小說，其時代背景是：辛亥革命以後，『父母之命、媒妁之言』的傳統婚姻制度漸漸動搖，『門當戶對』又有了新的概念，新的才子、佳人就有了新的要求，有的已有了爭取婚姻自主的勇氣，但是形隔勢禁，還不能如願以償，兩性的戀愛問題，沒有解決，青年男女，爲此苦悶異常，從這些社會現實和思想要求出發，小說作者就側重描寫哀情，引起共鳴。」〔註78〕從何夢霞與白梨影的愛情悲劇來看，在他們的情感漸進當中並沒有出現阻撓兩者相愛的人物，導致他們猶豫不前的根本原因恰是來自於自我內心的掙扎。傳統禮教

〔註77〕（美）費正清、劉廣京編《劍橋中國晚清史（1800～1911）》，下卷，前引書，第 323～324 頁。

〔註75〕楊義《中國現代小說史》（第一卷），前引書，第 51 頁。

〔註76〕潘盛《「淚」世界的形成——徐枕亞小說創作研究》，2009 年復旦大學博士學位論文，第 107 頁。

〔註77〕袁進《試論民初言情小說的貢獻與局限》，載《濟南大學學報》，2011 年第 4 期。

〔註78〕范煙橋《民國舊派小說史略》，選自魏紹昌、吳承惠編《鴛鴦蝴蝶派研究資料》（上卷），前引書，1984 年，第 272 頁。

觀念對人內心的禁錮在不自覺中造成的悲劇更具悲劇感，小說在這種內心的矛盾掙扎中展現了人物豐富的內心世界。在「情」與「禮」發生衝突時，小說主人公試圖調和兩者矛盾的辦法是放棄「情」，恪守「禮」。《玉梨魂》中欲求不能的愛情悲劇正是現代中國社會從傳統向現代轉換過程中普遍存在的「提倡新政體，保守舊道德」，彼此矛盾、複雜的文化心態在愛情、婚姻態度上的體現。正是這些因素，契合了社會轉型期大眾的閱讀心理。夏志清先生曾說：「我們現在讀《玉梨魂》可能會發笑，但當時年輕孀婦不能再嫁的事實放在讀者面前，讀了真會令人痛苦流涕的。」〔註79〕《玉梨魂》之後，出現了大量模仿之作。針對這一現象，美國學者佩里‧林克說道，《玉梨魂》「幾乎沒有在青年讀者中喚起任何對浪漫愛情的鑒戒。恰恰相反，它卻引起了讀者對『情』的更加迷戀」，「使得徐枕亞及其模仿者們所創作的同類作品源源湧現」。〔註80〕毫不誇張的說，《玉梨魂》影響了民初文學的創作主流。

　　以徐枕亞為代表的民初言情小說潮，不僅僅是作為一個小說流派存在於文學史當中，它對其後言情小說的發展具有更為深遠的意義。「因此，今天講中國近代小說的轉型離不開講民初小說，它為中國小說的發展作出過重要的貢獻」。〔註81〕其中，作為民初小說主潮的言情小說更值得注意。它在清末民初「啟蒙」與「救亡」的時代主潮中，將言情變為了一個社會問題。使這個問題從精英的「反傳統」的層面下延至市民階層。

（二）

　　在《玉梨魂》風行十年之後，張恨水憑藉小說《啼笑因緣》名震上海。《啼笑因緣》所引發的閱讀熱潮並不是偶然現象，如果我們將它作為一種文化現象解讀，可以說，在追捧熱潮的背後折射出民國中期特定的社會文化心態。

　　《啼笑因緣》引發的熱潮在「張恨水現象」中具有典型的意義。臺灣學者趙孝萱曾如此描述《啼笑因緣》掀起的熱潮：「這種風潮，大概只有十年前徐枕亞的《玉梨魂》可堪比擬」。〔註82〕《玉梨魂》與《啼笑因緣》創作於不同年代，它們分別流行於民國初期和中期，都是它們所處時代的暢銷書。如

〔註79〕夏志清《人的文學》，臺灣純文學出版社，1984年，第143頁。
〔註80〕（美）佩里‧林克《鴛鴦蝴蝶派——二十世紀初期中國城市通俗文學》，轉引自劉揚體《鴛鴦蝴蝶派作品選評》，四川文藝出版社，1987年，第625頁。
〔註81〕袁進《試論晚清小說讀者的變化》，載《明清小說研究》，2001年第1期。
〔註82〕趙孝萱《世情小說傳統的繼承與轉化：張恨水小說新論》，前引書，第92頁。

果說《玉梨魂》體現了主人公現代意識的萌發，但整體上恪守傳統的文化選擇，《啼笑因緣》則在現代化進程中更進一步，它是從反叛傳統到曲折認同的民國中期社會心態的反映。

在民初哀情、黑幕小說成潮之際，張恨水並未真正展露其小說創作才華。雖然，1910 年他的小說《真假寶玉》、《小說迷魂遊地府》相繼連載於《民國日報》，但他作為一個小說家真正崛起則是在民國中期的二十年代。在《春明外史》、《金粉世家》的「預熱」期之後的三十年代，張恨水憑藉《啼笑因緣》成了婦孺皆知的作家。該小說描寫富家公子樊家樹與唱大鼓的貧民姑娘沈鳳喜，富家小姐何麗娜之間的愛情糾葛。《啼笑因緣》面世後所引發的閱讀熱潮甚至超過了民國初年的《玉梨魂》。這無疑與《啼笑因緣》獨特的藝術風格有關。袁進先生評說道：「文學發展的歷史表明，很難有一部藝術性十分低劣的作品能夠歷久不衰。《啼笑因緣》轟動當時文壇，影響至今不息，這與它的藝術魅力是分不開的。並非只有純文學才需要藝術魅力，通俗小說同樣也需要藝術魅力，它也有著自己獨特的藝術規律」。〔註 83〕對於《啼笑因緣》的成功，張恨水是這樣看待的：「在那幾年間，上海洋場章回小說，走著兩條路子，一條是肉感的，一條是武俠而神怪的。《啼笑因緣》和這兩種不同」。〔註 84〕范煙橋也說：「在那看厭了黑幕小說、黃色小說和武俠小說的當兒，《啼笑因緣》確乎是別有風味的。」〔註 85〕

《啼笑因緣》在當時獲得成功具有特殊的意義。上海是當時新文學最重要的基地，也是舊章回小說最大的營壘，新舊小說展開著激烈的鬥爭。可以說，新文學與張恨水當時是站在對立位置上的。伴隨「大眾化」的討論，左聯開展了對鴛鴦蝴蝶派的第三次批判，這時恰恰是《啼笑因緣》風行之際。但是，「大眾化」的討論並未使新文學作家佔領「大眾」和小說市場，「『大眾化』的討論並未促成產生一部在通俗文學領域真正成為暢銷書的作品，更不要說去佔領這個陣地了。新文學的這一失誤以致無法在通俗文學領域裏構成張恨水最有力的競爭對手，在客觀上反而幫助了張恨水小說的暢銷」。〔註 86〕張恨水用傳統的章回小說形式細膩的呈現了中國進入現代以來所面對的新問

〔註 83〕袁進《張恨水評傳》，前引書，第 134 頁。
〔註 84〕張恨水《我的創作和生活》，選自《寫作生涯回憶》，前引書，第 126 頁。
〔註 85〕范煙橋《民國舊派小說史略》，前引書，第 298 頁。
〔註 86〕袁進《張恨水評傳》，前引書，第 229 頁。

題。「《啼笑因緣》作為一部成功的改良型章回小說首次在上海問世，實際上為舊章回小說的改革提供了一條新路。」〔註87〕「《啼笑因緣》在思想上藝術上呈現出新舊雜糅極為複雜的面貌，也因為這種『雜糅』而適應了各種不同讀者的不同需要，擴大了它的讀者面。」〔註88〕《啼笑因緣》中的「新舊雜糅」與《玉梨魂》中的主人公對待新舊文化的矛盾心態有了明顯的不同。這種顯著的差異明顯的體現在兩部小說中主人公追求愛情時的心態和選擇中。

民國中期，隨著現代啓蒙意識的深入，西方文明與中國傳統文化激烈碰撞，這時的人們逐漸具有了明晰的現代意識，但在心理層面又常常表現出徹底衝破傳統文化的艱難。出身於富裕家庭的樊家樹比何夢霞更具有獨立的人格意識以及追求婚姻自主的現代意識。具有樸素的平等觀念的富家少爺面對同樣癡情與自己而出身懸殊的沈鳳喜和富家小姐何麗娜，常常表現出情感態度的遊移，體現出樊家樹在傳統與現代之間既游離又趨同的複雜狀態。他身上攜帶著那一代人在社會文化變革、文化選擇中所表露出的矛盾的特徵。從樊家樹眼中看到的何麗娜和沈鳳喜兩人形象、性格的差異明顯的反映了這種態度。在生活方式上，他喜歡沈鳳喜樸素的生活，對何麗娜迷戀舞場和影院的奢侈作風非常看不慣。他認為何麗娜「貴氣逼人」「是不能成為同調的」。但從外在條件來看，何麗娜無論從學識、修養都超過了沈鳳喜，這一點樊家樹是很清楚的。但是面對一個處處優於沈鳳喜的美麗女性，樊家樹的感情天枰始終是偏向沈鳳喜的。他特別欣賞沈鳳喜身上所具有的含蓄、嬌羞、清新、自然的中國傳統女性美。以沈鳳喜的美麗標準，來評價濡染西方現代文明的摩登女郎何麗娜，樊家樹自然從本能的喜好上有種天然的排斥。小說結尾，樊家樹與何麗娜走到一起，其中很重要的原因是何麗娜已經洗去鉛華。

《啼笑因緣》表現了主人公面對愛情抉擇時的彷徨。造成這種彷徨的原因則是對新舊文化的曖昧態度，處於新舊文化夾縫中，受到啓蒙思想影響的現代中國人對傳統既反叛又依戀的心態。

（三）

袁進先生曾這樣評說《秋海棠》：「它在取材和寫法上，明顯受到《啼笑因緣》的影響。它也獲得了與《啼笑因緣》相似的成功。所以，《啼笑因緣》在章回小說和通俗小說發展史上，是一部極為重要的作品，對它的作用和影

〔註87〕袁進《張恨水評傳》，前引書，第 149 頁。
〔註88〕袁進《張恨水評傳》，前引書，第 148 頁。

響應當有充分的估價。」〔註89〕張贛生先生說：「《秋海棠》引起的轟動，是在張恨水《啼笑因緣》之後十年間罕見的盛況」。〔註90〕袁進先生的觀點是側重論述《啼笑因緣》在通俗小說史上的位置，《秋海棠》取得成功正是因為敘述方式和《啼笑因緣》相似；張贛生先生的觀點肯定了《秋海棠》在不同歷史時代所產生的轟動效應。兩位先生都極為敏銳地把握了這兩部小說存在某些內在聯繫的可能性。但是，這兩部小說在不同的歷史時期打動了無數的讀者，僅僅是憑藉其類似的小說情節嗎？小說情節的敘述模式對讀者來說是否具有永久的吸引力？

「通俗文化中的小說在本質上經常是公式化的，很多這樣的小說可以被劃歸特別的樣式。」〔註91〕著名符號學家艾柯從敘述與符號的角度論述了模式化作品的接受過程：「真實的和原則的故事仍然是不可改變的，懸念在完全是事先確定好的一個事件序列的基礎上難以理解地被固定下來……沒有基本的變化，倒是有慣常的計劃的重複，讀者能從中識別出他們早已見過並漸漸喜歡上的某些東西……（讀者）在一種富有想像力的懶散之中……通過敘述……事實上再證實了……那『早已知道的東西』……讀者發現自己沉浸在一種他們瞭解片段和規則——也許還有結果——的遊戲之中，並單純地從跟隨那些最小的變化中變得愉悅，而那勝利者則隨著那些變化實現自己的目標。」〔註92〕也就是說，模式化的作品更能契合讀者的閱讀期待，是大眾讀者更易於接受的藝術形式。誠然，目前對通俗小說類型以及敘述模式的探討在一定程度上能夠解釋同樣類型的敘述模式在讀者接受層面上所具有的心理塑形作用，這是類型小說得以流行的一個重要原因。但是，表面類似的情節結構背後所蘊含的不同的文化內涵契合了當時的讀者怎樣的心理？筆者認為，從這一問題出發，揭示文學敘述模式背後更加細微的差異，從而辨析豐富而複雜的文學發展的歷史細節，揭示其中蘊含的社會文化意義，對文學的文化研究來說則更有意義。

四十年代，上海「孤島」時期秦瘦鷗的小說《秋海棠》在取材和情節安

〔註89〕 袁進《張恨水評傳》，前引書，第149頁。
〔註90〕 張贛生《民國通俗小說論稿》，前引書，第165頁。
〔註91〕 （美）阿瑟‧阿薩‧伯格《通俗文化、媒介和日常生活中的敘事》，姚媛譯，南京大學出版社，2002年，第138頁。
〔註92〕 轉引自（英）多米尼克‧斯特里納蒂《通俗文化理論導論》，前引書，第117頁。

排上明顯受到《啼笑因緣》的影響。與《啼笑因緣》相比，《秋海棠》中主人公的現代意識更為明確，因此，這部愛情悲劇與前兩部小說在文化內涵上有了明顯的差異。

《秋海棠》作者秦瘦鷗（1908～1993），原名秦浩，上海嘉定人。幼年時受祖父影響，醉心於京劇、昆曲。稍長，喜愛結識戲曲界藝人朋友，為其撰寫《秋海棠》打下基礎。以「民國第一言情小說」著稱的《秋海棠》，無疑是中國現代文學史上言情小說的經典，有學者如此評價這部小說「《秋海棠》是一部充滿了感情力量的佳作，常常有催人淚下的描寫，從始至終筆力不懈，這在民國通俗社會言情小說中並不多見，確是難能可貴」。〔註93〕小說的故事原型是上海新舞臺的兩名年輕京劇藝人——劉漢臣與高玉奎到天津演戲，得與天津的直隸督辦褚玉璞的姨太太結識，發生戀情。山東土匪出身的褚玉璞，隨張宗昌投靠奉系，組成直魯聯軍，佔據天津，成為一方土皇帝。他得悉此事時，劉、高二人已轉赴北京，褚隨即派人將二人抓迴天津。戲班託人轉請奉係首領張學良講情，褚置之不理，於1927年1月18日將二人槍決。事發後，轟動天津。上海《申報》、《新聞報》均報導了事件內幕。當時身在上海的秦瘦鷗也深受震動，遂有意以此事為原型創作小說。1941年1月6日，秦瘦鷗綜合京劇藝人的生涯，首次將這個故事改編為小說，連載於《申報》副刊《春秋》上，至1942年2月13日結束，共332回。《秋海棠》以北洋軍閥統治為背景，描寫了伶人秋海棠與軍閥的小老婆——女學生羅湘綺之間的愛情悲劇。1942年7月，上海金城公司推出小說單行本，出版後速成為「孤島」時期的暢銷書。「1943年4月，日本人創辦的日語月刊《上海》開始連載《秋海棠》。編輯部將此小說譽為『中國現在文壇的大眾小說名作』，據編輯部說，自四月號連載後，出於意料，在各書店雜誌期期都售空。」〔註94〕

秦瘦鷗曾回憶說：「記得我在構思期間，有幾位較接近的朋友曾勸告我，不要寫軍閥和姨太太這類人物，免得給人家以題材陳舊之感。」〔註95〕但是這個軍閥姨太太與戲子偷情遭殺的舊軼聞，在十五年之後依然在大眾讀者中引起了轟動。張贛生先生從時間距離的角度分析過「《秋海棠》熱」的原因：

〔註93〕張贛生《民國通俗小說論稿》，前引書，第166頁。

〔註94〕邵迎建《張愛玲看〈秋海棠〉及其它——沒有硝煙的戰爭》，載《書城》，2005年第12期。

〔註95〕秦瘦鷗《故非嘉卉列，聊作野花看——我寫〈秋海棠〉的經過及其它》，選自《小說縱橫談》，花城出版社，1986年，第179頁。

「秦氏經十餘年的醞釀，才執筆作《秋海棠》，這為他的成功提供了一個有利的時間距離」。「時間的流逝改變了客觀氛圍，昔年轟動一時的新聞已被人們淡忘，人們對那宗桃色案件已失去了探聽內幕的好奇心，只有拉開這一段時間距離之後，社會與作者都由熾熱轉為冷靜，才有利於把一個真人真事的醜聞改造成充滿人道主義精神的《秋海棠》」。〔註 96〕「時間距離」固然是《秋海棠》填補大眾獵奇心理的有效因素，但是不足以說明這部小說的特殊性。許多以紅塵舊事為題材創作的小說，在時間距離的對望中，並不是每一部小說都能成為那個時代的暢銷書。因此，如何看待「《秋海棠》熱」僅僅從「時間距離」去考察顯然是不夠的。

面對愛情，秋海棠和羅湘綺表現出不同於前兩部小說主人公對傳統的依戀與回歸。他們在對愛情與理想伴侶的追求中儘管也會表露出些許的猶豫不決，但堅決的勇氣和態度很快戰勝了這種心理。羅湘綺不同於白梨影面對愛情時的怯弱、保守，也不同於沈鳳喜面對富貴、金錢時的淪落，她是充滿自我獨立意識的女性。

群體閱讀心理是特定時期社會意識形態的組成部分，因此，有必要將上述三次「言情小說熱」置於民國發展的歷史進程以及社會文化變遷中去考察。通過解讀這三部小說主人公對愛情的態度，可以看出民國社會在三個不同歷史時段中的大眾文化心態。在對傳統反叛、依戀、沖決曲折複雜的社會文化心態的呈現中，民國由傳統向現代過渡的歷史細節變得豐富和清晰起來。

第四節　如何成「迷」？──「張恨水迷」的群體與認同

「文學活動是一項社會性活動，從作家創做到讀者閱讀可以被理解為一個運行過程。這個過程有三個要素：作家、文本、讀者。作家創作，製作出文本，文本一旦脫離了作家，便成為獨立的存在，經過傳播，如買賣、贈送、傳抄、印刷等等，與讀者見面，經過讀者的接受，意味著這部文學作品為社會承認。」〔註 97〕張恨水是依託現代大眾傳媒，投合大眾讀者的閱讀趣味而取得成功的作

〔註 96〕張贛生《民國通俗小說論稿》，前引書，第 166 頁。
〔註 97〕袁進《中國文學觀念的近代變革》，上海社會科學院出版社，1996 年，第 28頁。

家。「在這數以千計的報人隊伍中，報人的成分相當複雜，他們所承負的歷史、文化的使命也各有不同，所追求的人生理想也各見差異。大致地切分，可把報人歸於三類：政治型報人；文化型報人；市民型報人。張恨水則屬於後者：市民型報人。張恨水是市民文化的代表，他的文化影響力集中在市民文化圈。」〔註98〕他的小說「眞正呈現了過渡時代中國現代市民精神、心理狀態和文化風俗畫面。」〔註99〕市民文化內涵寬泛，它的主要構成人員主要集中於現代城鎮，相對於精英文化來說，它處於文化圈的中下層。但是，市民文化也存在與精英文化相滲透的層面。這一點在「張恨水迷」的讀者構成中體現的很明顯。

市場與張恨水之間有著密切的聯繫。朱周斌先生在自己的論著《懷疑中的接受——張恨水小說中的現代日常生活》一書中，分析了現代市民的日常需求對張恨水創作的滲透作用。他認爲，在讀者的認同和關注中，張恨水周圍形成了一個互動的閱讀空間。不同於個人化的寫作，他與讀者的關係更多是以市場爲衡量標準，因此更多的帶有文學——文化生產的性質。〔註100〕對張恨水與市場間關係的重要性，他認爲「張恨水不是第一個市場化的作家，卻是 20 世紀 30 年代最重要的一個。他當時的聲譽和以後的文學史地位的難以評定，都與此有關」。〔註101〕那麼，這種互動的閱讀空間是如何形成的？文學——文化生產的運作機制又是怎樣的？

趙毅衡先生認爲：「現代之前大眾喜好『平話』、唱本；20 世紀上半期大眾愛讀鴛鴦蝴蝶派小說；90 年代之前一直有爲數驚人的武俠言情小說迷，他們屬於另有一套規則的亞文化『次場』。」〔註102〕法國心理學家古斯塔夫·勒龐有關大眾心理的理論以及美國大眾文化研究專家約翰·費斯克關於「積極能動的大眾」的觀點，爲我們理解「屬於另有一套規則」的大眾文化迷這一現象提供了有力的理論支撐。本節將從大眾文化迷的群體與認同分析「張恨水迷」的聚合力與創造力。

〔註98〕張濤甫《張恨水的報人角色》，載《中國現代文學研究叢刊》，1998 年，第 4 期。

〔註99〕溫奉橋《張恨水新論》，前引書，2009 年，第 93 頁。

〔註100〕參見朱周斌《懷疑中的接受——張恨水小說中的現代日常生活》，前引書，第 78 頁。

〔註101〕朱周斌《懷疑中的接受——張恨水小說中的現代日常生活》，前引書，第 78 頁。

〔註102〕趙毅衡《兩種經典更新與符號雙軸位移》，載《文藝研究》，2007 年第 12 期。

一、「迷」：大衆文化的聚合力

提到「迷」，通常我們會聯想到大衆文化，而大衆文化生態中催生的文學必然是通俗文學。通俗文學作家「追求的是作品的『趣味性』，對讀者能產生強大的磁場，要吸引讀者達到癡迷的程度。讀者中產生了『《啼笑因緣迷》』、『《金粉世家》迷』、『《霍桑探案》迷』，是他們的莫大榮耀。他們在故事性上下工夫，他們在生動的新鮮事物與令人拍案叫絕的細節上下工夫，無論如何要使讀者『手不釋卷』、『欲罷不能』。」〔註103〕分析「迷」的聚合與特點不僅是剖析大衆文化的有效視角，而且是辨析通俗文學產生、流行的社會文化心理的關鍵。

約翰‧費斯克在《理解大衆文化》一書中提出了「生產者式文本」、「迷」的生產力等有關大衆文化的具有啓發意義的理論。他認爲，大衆文化迷並非被動的接受者而是主動的生產者。大衆文化迷是過度的讀者：這些狂熱愛好者的文本是極度流行的。作爲一個『迷』，就意味著對文本的投入是主動的、熱烈的、狂熱的、參與式的。這些著迷行爲會激發他們去生產自己的文本。迷有能力將原始的文本轉化爲一種文化資源，從中可以生產出新的文本。如肥皂劇觀衆對劇情的預測、影迷與歌迷對影視歌星的模仿等等。〔註104〕

在市場運作機制下，讀者成了主導文化市場走向的一隻「無形的手」。爲了獲得讀者群的認同，大衆文化比個人化的創作更熟知、契合大衆的審美趣味和道德標準。「作品一旦成爲了暢銷書之後，新聞報紙和創作者就得到較大的社會效益和經濟效益，這就引起了傚仿者群起，產生了通俗文學特有的『群體效應』。……一旦形成了『群體效應』以後，那一點創新在群起的仿傚者的手中也就很容易流於模式化了。」〔註105〕因此，類型化和模式化是大衆文化所具有的普遍特徵。也正是因爲這類文學與文化的「模式化」、「類型化」，通俗文學遭到一部分學者的批判。迎合潮流，趨向時尚，消費追求模式化、一律化的傾向，正是同個性的消失聯繫在一起的。劉納先生認爲：「從古至今，通俗小說的主流始終圍繞著『情』與『俠』這兩個基本母題展開故事。……

〔註103〕范伯群《論新文學與通俗文學的互補關係》，載《中國現代文學研究叢刊》，2003年第1期。

〔註104〕參見（美）約翰‧費斯克《理解大衆文化》，前引書，2001年，第173～179頁。

〔註105〕范伯群、湯哲聲、孔慶東著《20世紀中國通俗文學史》，前引書，第117～118頁。

通俗小說作者不需在精神探索方面彈思極慮，他們只須考慮怎樣能使讀者輕鬆而輕易地獲得閱讀樂趣。定位於『通俗』的作者勢必急於實現自己作品的商業價值，他們的『媚俗』是不可避免的。而作為社會組成多數的『俗』者，從來與『和宗教與哲學處在同一境界』的藝術精神無緣。在任何形態的人類社會中，多數人儘管持有不相同的人生觀念，卻總能有心有腸地活著。無論艱辛和困苦，無論千劫百難還是九死一生，都無法使多數人進入對世界與人生的深層探究。為了走向市場，走向『流行』，通俗作家必然背離精神探索，去適應和迎合俗眾的趣味。因此，『通俗』下滑為『庸俗』往往是順理成章的事。」〔註106〕馬爾庫塞面對大眾文化的泛濫曾說：「藝術不是（或不應該是）一種在人們日常生活中加以消費的使用價值，它的效用是一種超越的效用。」〔註107〕大眾文化所奉行的「刺激」、「快感」恰恰是對「超越」的否定。高雅文學所倡導的思想性、個性、批判意識在平面化的大眾文化中都不復存在。

在大眾文化的環境中立足的「作者自身當然有自己的主體意識，但同時他的主體意識不能不考慮讀者的需求、希望。這已不僅是簡單的『接受美學』範疇內的事，而是應當考察『報刊──讀者』本身對於文學生產的能動性作用。」〔註108〕「迷」作為大眾文化接受者中的一類特殊的群體，他們既是大眾文化的接受者，又對大眾文化起到主動再創造的作用。著迷是一種尋求身份認同、積極參與式的行為。因此，「迷」群體的認同在讀者身份的建構中起著極為重要的作用。

二、「張恨水迷」的群體構成

現代大眾傳媒對「迷」們起到了「集納」作用，使他們走出了個人封閉的圈子，在身份認同與想像中融為一個群體，從而獲得精神上的安慰和愉悅。這一點與晚清到民初中國人生活方式的變遷軌跡具有非常相似的特徵。「迷」的產生與聚合是現代中國社會生活方式由封閉單一逐漸演變為「公共文化空間」的歷史軌迹中具體的一個社會文化現象。

「大眾」（Mass）一詞的中文譯意為一堆、一群。法國著名社會心理學家

〔註106〕劉納《嬗變──辛亥革命時期至五四時期的中國文學》，前引書，第187～188頁。

〔註107〕轉引自董學文《現代美學新維度》，北京大學出版社，1990年，第249頁。

〔註108〕朱周斌《接受中的懷疑──張恨水小說中的現代日常生活》，前引書，第81頁。

古斯塔夫・勒龐關於大眾心理與群體行為的經典著作《烏合之眾——大眾心理研究》一書認為，現代生活逐漸以群體的聚合為特徵。他把暫時聚合起來的群體描述為雜亂的、毫無秩序而言的烏合之眾。他指出，個人一旦進入群體中，他的個性便湮滅了，群體的思想佔據統治地位；群體的行為表現為無異議、情緒化。民國十六年（1927 年）商務印書館曾出版過《烏合之眾》一書的譯本，書名譯為《群眾心理》。同年，張恨水的小說《金粉世家》開始連載。這僅僅是一個巧合，但《群眾心理》一書中關於群體心理、群體的不同性質與特點的論述對我們理解、分析「張恨水迷」的群體與認同恰恰具有一定的啓發意義。

勒龐認為：「我們就要進入的時代，千真萬確將是一個群體的時代」〔註109〕，這些群體的特徵是「有意識人格的消失，無意識人格的得勢，思想和感情因暗示和相互傳染作用而轉向一個共同的方向，以及立刻把暗示的觀念轉化為行動的傾向，是組成群體的個人所表現出來的主要特點」。〔註 110〕在某些影響的作用下，有兩種人群可以轉變成有機的群體。這兩種群體分為：異質性群體與同質性群體。〔註 111〕異質性群體包括 a.無名稱的群體（如街頭群體）、b.有名稱的群體（如陪審團、議會等）。同質性群體包括 a.派別、b.身份團體、c.階級。同質性群體是具有共同信仰、相同職業、類似教養、相當一致的社會地位等個人組成。異質性群體是有著各種特點、各種職業、各種智力水平的個人組成的。根據上述劃分的類別，「張恨水迷」具有異質性群體的特徵。

張恨水小說受眾群體的身份構成複雜。前文所論及張恨水小說所掀起的熱潮，充分凸顯了它是大眾文化語境中一個獨特的現象。張恨水小說之所以在當代與民國兩度受到追捧，說明它確實有讓大眾迷戀之處。對此，臺灣學者趙孝萱在她的論著《世情小說傳統的繼承與轉化：張恨水小說新論》自序《張恨水小說的讀者反應篇》中曾對「張恨水迷」作過別有趣味的論述。她記述了從書香世家的外公外婆、臺大校長到時尚的年輕小姐對張恨水小說的喜愛：「研究進行時，發現周圍竟然存在著那麼多張恨水的隱性讀者」，「他們對張恨水的小說，念念不忘」，「在臺灣，本以為大多數人不知道我在作什麼，

〔註109〕（法）古斯塔夫・勒龐《烏合之眾——大眾心理研究》，馮克利譯，中央編譯出版社，2005 年，第 6 頁。
〔註110〕（法）古斯塔夫・勒龐《烏合之眾——大眾心理研究》，前引書，第 22 頁。
〔註111〕詳見（法）古斯塔夫・勒龐《烏合之眾——大眾心理研究》，前引書，132 頁。

原來張恨水竟還那麼膾炙人口，到處都是對他小說難以忘情的讀者」。她記述了自己周圍的一個例子，可謂「張恨水小說迷」的典型。「2001 年夏天在上海又遇到兩個學院派知識青年，對《啼笑因緣》幾乎是倒背如流，令我大感詫異。其中一位以調侃戲謔的口吻，侃侃大談《啼笑因緣》對他的影響。那為仁兄說因為何麗娜與樊家樹後來留學德國，所以他也決定留德去也。」「他倆甚至聊到對《啼笑因緣》三位女性（何麗娜、沈鳳喜、關秀姑）的選擇和品位。」由此，她認為，「張恨水應該是二十世紀讀者最多的小說家。如今可堪比擬者，大概只有金庸」。〔註 112〕張恨水的讀者反映是不該被忽視的獨特現象，其小說的受眾層極為廣泛，他們對其小說的喜愛達到了癡迷的程度。夏徵農《讀〈啼笑因緣〉──答伍臣君》「中國畸形社會，反映到人民的生活思想上，也成為畸形的。《啼笑因緣》所攝取的，雖然是些浮雕，但這樣融合『上下古今』千餘年的不同的生活樣式於一處，正是它能迎合一般游離市民層的脾胃地方。《啼笑因緣》的讀者，無疑的正是那些游離不定的市民以及一般的閒者。」「在大動亂的時代內，在從某一社會到另一社會的過渡期內，小有產市民層常是一方面追尋那紙醉金迷的高級生活，別一方面卻在毒恨當前萬惡社會。在《啼笑因緣》內，對於這種群眾心理，卻恰巧投射了一副興奮劑。」「《啼笑因緣》也和其他武俠戀愛小說一樣，對於小有產者市民層，是能射入一些暫時的快感的。」「此外，《啼笑因緣》又點綴了一些悲歡離合的情節，樊家樹初與沈鳳喜『情致纏綿』，終而至於『裂券飛蚨』，這些都是合乎小市民層生活情趣的。」〔註 113〕張恨水本人對作品的讀者定位是，「新派小說，雖一切前進，而文法上的組織，非習慣讀中國書，說中國話的普通民眾所能接受。正如雅頌之詩，高則高矣，美則美矣，而匹夫匹婦對之莫名其妙。我們沒有理由遺棄這一班人，也無法把西洋文法組織的文字，硬灌入這一批人的腦袋。竊不自量，我願為這班人工作。」〔註 114〕同時，作為全國兩大報之一的《新聞報》，發行量大，讀者面寬，為《啼笑因緣》提供了廣泛的傳播渠道和固定、龐大的讀者群。

〔註112〕參見趙孝萱《世情小說傳統的繼承與轉化：張恨水小說新論》，前引書，第 1～3 頁。

〔註113〕夏徵農《讀〈啼笑因緣〉──答伍臣君》，選自《張恨水研究資料》，前引書，第 256～260 頁。

〔註114〕張恨水《總答謝──並自我檢討》，選自《寫作生涯回憶》，前引書，第 103 頁。

三、「張恨水迷」的再創造

　　費斯克的《理解大眾文化》一書，將讀者群體的特徵分為具有「讀者式」傾向和「作者式」傾向的兩類接受群體，並論及兩類讀者所進行的閱讀實踐。他認為，大眾文化應該是主動的、參與再創造的「生產者式」（producerly）的。《理解大眾文化》中這樣寫道：

> 簡單說來，『讀者式文本』吸引的是一個本質上消極的、接受式的、被規訓了的讀者。這樣的讀者傾向於將文本的意義作為既成的意義來接受。它是一種相對封閉的文本，易於閱讀，對讀者要求甚微。與此相對的是『作者式文本』，它不斷地要求讀者去重新書寫文本，並從中創造出意義。『作者式文本』凸顯了文本本身的『被建構性』（constructedness），邀請讀者參與意義的建構。巴特在闡釋這兩種文本的傾向時，主要關注的是文學作品，並總結道，『讀者式文本』更容易理解且更流行，而『作者式文本』則更難、更具有先鋒性，因此只對少數人有吸引力。『生產者式文本』這個範疇，是用來描述『大眾的作者式文本』的，對這樣的文本進行『作者式』解讀，不一定困難，它並未要求讀者從文本中創造意義，也不以它和其他文本或日常生活的驚人差異，來困擾讀者。它並不將文本本身的建構法則強加於讀者身上，以至於讀者只能依照該文本才能進行解讀，而不能有自己的選擇。『生產者式文本』像『讀者式文本』一樣容易理解，而且在理論上，那些在主流意識形態中優哉遊哉的讀者，也可以輕鬆地閱讀這種『生產者式文本』。但是，『生產者式文本』並不要求這種『作者式』的主動行為，也不設定規則來控制它。〔註115〕

費斯克認為：「迷的閒聊填補了文本的裂隙。它說明了文本中省略或掩埋了的動機和結果，它擴展了解釋的空間，提供了另一種或者額外的洞見；它再詮釋，再表現，再創造。原初的文本是一種文化資源，從中可以生產出無數的新文本。」〔註116〕「迷」的這種再創造、再生產的活動在張恨水小說的讀者接受中表現的尤為突出。《啼笑因緣》出版後，許多讀者寫信要求張恨水寫續集。「因此我後來寫了一篇《作完〈啼笑因緣〉的說話》，其中說：『《啼笑因

〔註115〕（美）約翰・費斯克《理解大眾文化》，王曉珏、宋偉傑譯，中央編譯出版社，2001年，第127～128頁。
〔註116〕（美）約翰・費斯克《理解大眾文化》，前引書，第175頁。

緣》萬比不上古人，古人之書，尚不可續，何況區區……《啼笑因緣》自然是極幼稚的作品，但是既承讀者的推愛，當然不願它自我成之，自我毀之。若把一個幼稚的東西再幼稚起來，恐怕也有負讀者之愛了。所以歸結一句話，我是不能續，不必續，也不敢續。』」〔註117〕張恨水是主張小說結尾「留些缺憾，才令人過後思量」。〔註118〕但是，《啼笑因緣》大量仿寫、續寫之作的作者以原初文本為創作資源，想像、創造出了眾多的新文本。時人華嚴一丐曾著文記述道：

> 張恨水自出版《啼笑因緣》後，電影，說書，京劇，粵劇，新劇，歌劇，滑稽戲，木頭戲，紹興戲，露天戲，連環圖畫，小調歌曲等，都用為藍本，同時還有許多『續書』和『反案』。就予所知，『啼笑因緣續』有三種：一為《啼笑因緣續集》，乃張恨水自著；二為《續啼笑因緣》，乃啼紅館主所著；三為《續啼笑因緣》，乃無無室之所著，曾見登載於寧波出版之小報《大報》。『反啼笑因緣』亦有三種：一為徐哲身著，予則聞名而未見；二為吳承選著，披露於《禮拜六》周刊上，後更名《啼笑皆非》；三為沙不器、趙逢吉合著，刊載於上海出版之《大羅賓漢》報，名稱乃《反啼笑》，後忽不見。『新啼笑因緣』有兩種：一為某人所作，出版於上海紫羅蘭書局；二刊載於武漢之《時代日報》，作者未詳。『啼笑因緣補』，三友書社曾登報徵求是項稿件，後以應徵者寥寥，致未能印成單行本。此外，尚有杭州妻薇紅所著之續二回的《啼笑因緣》，某君所著之《啼笑因緣》，曹凝公所著之《啼笑因緣》，俞雲牖所著之《嘻笑因緣》。又有某報紙『何麗娜』創作小說，市上流行之《關秀姑寶卷》與《沈鳳喜十歎唱本》等等。海上無線電所播《啼笑因緣彈詞》亦有三種：一為姚民哀作，一為戚飯牛作，一為陸澹盦作。翻印本，予曾見長安、香港、杭州三種，惟香港所印最精緻。〔註119〕

面對大量續作湧現的狀況，張恨水曾說：「過了三年，由於讀者的愛好，我自己沒有續，卻出現了一些由別人寫的《續啼笑因緣》、《反啼笑因緣》、《啼笑

〔註117〕張恨水《作完〈啼笑因緣〉後的說話》，選自魏紹昌編《鴛鴦蝴蝶派研究資料》（上卷），前引書，第218頁。

〔註118〕張恨水《作完〈啼笑因緣〉後的說話》，選自魏紹昌編《鴛鴦蝴蝶派研究資料》（上卷），前引書，第216～217頁。

〔註119〕華嚴一丐《啼笑種種》，載《珊瑚》，1933年第二十一期。

因緣零碎》……等等，全都是違反我本意的。為了這個緣故，我正躊躇著，原來印書的三友書社又不斷來催促我續著。」〔註120〕1933 年 1 月 1 日《新聞報》刊登張恨水續寫《啼笑因緣》的啓事：

> 拙著《啼笑因緣》小説刊佈以後，迭承多數讀者撰著續集具微，雅愛受廣續原書情節，更著續《啼笑因緣》說部，現已脫稿，仍由三友書社發行，一俟排印完竣，即可與讀者相見，特此預告。〔註121〕

對於創作的續集，張恨水並不滿意。他說道：「當時正值日軍大舉進攻東北，我想如果將原著向其他方面發展，也許還不能完全算是蛇足。所以就在續集中寫了民族抗日的事。但至今回想起來，就全書看還是不續的好，抗日的事可以另外寫一部書嘛」。〔註122〕

通俗文學經典作為群選經典，探討「迷」在這類經典建構中的聚合與認同是非常重要的。本節對「張恨水迷」這一群體的分析只是獲得重新認識、評價雅俗文學典律建構機制的一條線索。雅俗文學典律建構過程中的其他因素仍有待於今後的探討。

〔註120〕張恨水《我的創作和生活》，選自《寫作生涯回憶》，前引書，第 127 頁。
〔註121〕參見《新聞報》，1933 年 1 月 1 日。
〔註122〕張恨水《我的創作和生活》，選自《寫作生涯回憶》，前引書，第 127 頁。

餘　論

　　今天，我們必須承認當代文化空前的繁榮、豐富。現代傳播媒介的發達使「全球化」都市間的生活方式、流行文化變得越來越同步、趨同。精英文化與通俗文化之間的位階也被不斷更新的文化觀念所消解。在這樣一個文化認同「多元」，甚至「無元」的時代，很難說精英文化與通俗文化哪一個才是時代思潮的主流。隨著張恨水的小說被頻繁地翻拍成電視劇，對於那些喜愛它們的當代觀眾而言，從電視劇中感受到的也許更多的是對過往年代的想像，以及跌宕起伏的故事情節帶來的娛樂性。那麼，除此之外，張恨水的意義究竟何在？張恨水何以能成為獨特的文學「現象」？都是值得我們這些處於當代文化語境中的學人重新思考的問題。

　　正如有學者指出的那樣：「張恨水的創作在中國現代文學史中獨具意義，他的作品不只由文字構成，還有其刊行方式、讀者期待以及資本運作，這些因素勾連在一起，構成了張恨水的作品。張恨水的作品代表的是一種新的文學活動方式、一種獨特的文學表達、一種新的文學生產方式、一種新的文學閱讀方式，乃至一種新的娛樂方式、一種新的生活方式」。[註 1]本文將張恨水與民國文學的雅俗之辨作為一個問題提出，並非是要提出另一種統攝性的文學雅俗之別的標準，而是在反思當代文化現狀的基礎上，為文化的健康發展提供另一種觀照角度。

　　民國的社會、文化在二十世紀現代中國歷史上佔有極為重要的位置，「民國經驗」至今仍在當前中國社會、文化現實中產生著深遠影響。如李怡先生

〔註 1〕 劉曉麗《何爲張恨水的作品──對張恨水文學活動方式文學史意義的重新闡釋》，載《蘇州教育學院學報》，2009 年第 2 期，第 1 頁。

所說：「中國現代史上的『中華民國』是現代中國歷史進程的重要環節，無論是作爲『亞洲第一個共和國』的歷史標誌，還是包括中國共產黨人在內的全體中國人都曾爲『民國』的民主自由理想而奮鬥犧牲的重要事實，『民國』之於現代中國的意義都是值得我們加以深究的」。〔註2〕概括而言，本文以民國最具代表性的通俗小說家張恨水爲考察對象，重新返顧這一特殊的歷史，清理出文學雅俗之辨複雜的歷史脈絡和思想線索，使其呈現爲較爲立體的面貌。在梳理、辨析的過程中，參照對象不僅針對20～40年代的文學現象，也針對90年代以來當代複雜的文化、文學語境。或許，只有在這樣的多重歷史與現實的視野中，才有可能擺脫單一的肯定或否定的研究方式，呈現出文學雅俗流變較爲豐富、眞實的歷史圖景，並在某種程度上與現實構成一定的互動關係。

　　當然，筆者在就張恨水的典型性提出問題時，試圖將屬於同一問題序列的作家引入討論之中，或在比較、參照的意義上提及不同作家如包天笑、劉雲若、無名氏、徐訏、魯迅、張愛玲。但是，這樣的選擇也可能遮蔽了另外一些具有同樣典型性的作家及其揭示問題的脈絡，比如錢鍾書、劉半農以及「鴛鴦蝴蝶派」作家。如果能將他們納入本書的討論之中，將更爲豐富對民國文學雅俗之辨的理解。這一工作需要筆者在以後的研究中進一步推進和補充。

　　文學的雅俗之辨本身是一個十分宏富的論題，筆者尚處於學術起步階段，學術積澱尚淺，對許多問題的探討也只停留在現象的描述與分析，未能深入展開。論文中存在的不足之處，敬請各位專家批評指正。

〔註 2〕 李怡《從歷史命名的辨正到文化機制的發掘——我們怎樣討論中國現代文學的「民國」意義》，載《文藝爭鳴》，2011 年第 7 期。

參考文獻

（一）論著類

A

1. 阿英《晚清小說史》，人民文學出版社，1980 年。

B

1. 包天笑《釧影樓回憶錄》，香港大華出版社，1971 年。

2. 包天笑《釧影樓回憶錄續編》，香港大華出版社，1973 年。

C

1. 曹聚仁《文壇五十年》，東方出版社，1997 年。

2. 曹聚仁《山水・思想・人物》，北京三聯書店，2007 年。

3. 曹順慶、李天道《雅論與雅俗之辨》，百花洲文藝出版社，2005 年。

4. 陳平原《二十世紀中國小說史》（第一卷），北京大學出版社，1989 年。

5. 陳平原、夏曉虹主編《二十世紀中國小說理論資料》（第一卷），北京大學出版社，1989 年。

6. 陳平原《小說史：理論與實踐》，北京大學出版社，1993 年。

7. 陳平原主編《現代學術史上的俗文學》，湖北教育出版社，2004 年。

8. 陳平原《文學的周邊》，新世界出版社，2004 年。

9. 陳平原《千古文人俠客夢》，百花文藝出版社，2009 年。

10. 陳平原《中國小說敘事模式的轉變》，北京大學出版社，2010 年。

11. 陳子善等編《施蟄存七十年文選》，上海文藝出版社，1996 年。

12. 陳子善《夜上海》，經濟日報出版社，2003 年。

13. 陳大康《通俗小說的歷史軌迹》，湖南出版社，1993 年。

14. 陳乃欣等《徐訏二三事》，臺北爾雅出版社，1980 年。

15.《蔡元培全集》（第二卷），中華書局，1984 年。

D

1. 戴錦華《隱形書寫——90 年代中國文化書寫》，江蘇人民出版社，1999年。

2. 董學文、張永剛《文學原理》，北京大學出版社，2001 年。

3. 董學文《現代美學新維度》，北京大學出版社，1990 年。

F

1. 范伯群主編《中國近現代通俗作家評傳叢書》（1～12 卷），南京出版社，1994 年。

2. 范伯群主編《中國近現代通俗文學史》，江蘇教育出版社，2000 年。

3. 范伯群、湯哲聲、孔慶東《20 世紀中國通俗文學史》，高等教育出版社，2006 年。

4. 范伯群《中國現代通俗文學史》（插圖本），北京大學出版社，2007 年。

5. 范煙橋《中國小說史》，蘇州秋葉社，1927 年。

6. 范伯群《禮拜六的蝴蝶夢》，人民文學出版社，1989 年。

7. 方志強編著《黃世仲大傳》，夏菲爾國際出版公司，1999 年。

8. 符家欽編著《張恨水故事》，山西教育出版社，1998 年。

9. 馮光廉、朱德發、查國華、姚健、韓之友、蔣心渙《中國現代文學史教程》，山東教育出版社，1984 年。

G

1. 郭延禮主編，王培元、廖群《中國文學精神》，山東教育出版社，2003年。

2. 顧炳權編著《上海洋場竹枝詞》，上海書店出版社，1996 年。

3. 顧頡剛著，何啓君整理《中國史學入門》，北京出版社，2002 年。

H

1.《胡適文集》，北京大學出版社，1998 年。

2. 胡風《論民族形式》，上海海燕書店，1949 年。

3. 黃霖、韓同文選注《中國歷代小說論著選》，江西人民出版社，2000 年。

4. 黃修己《中國現代文學簡史》，中國青年出版社，1984 年。

5. 黃善祿《美國通俗小說史》，譯林出版社，2003 年。

K

1. 孔另境輯錄《中國小說史料》，古典文學出版社，1957 年。

2. 孔凡禮點校《蘇軾文集》（卷七十一），中華書局，1986 年。

3. 孔慶東《超越雅俗——抗戰時期的通俗小説》，重慶出版社，2008 年。

L

1. 李怡《爲了現代的人生——魯迅閲讀筆記》，上海教育出版社，2004 年。

2. 李怡、顏同林、周維東《被召喚的傳統——百年中國文學新傳統的形成》，中國社會科學出版社，2009 年。

3. 李澤厚《論語今讀》，安徽文藝出版社，1998 年。

4. 李歐梵《上海摩登——一種新都市文化在中國（1930～1945）》，上海三聯書店，2008 年版。

5. 李歐梵《現代性的追求》，北京三聯書店，2000 年。

6. 李長莉《中國人的生活方式：從傳統到近代》，四川人民出版社，2008 年。

7. 李俊國《都市文學：藝術形態與審美方式》，華中科技大學出版社，2007 年。

8. 李歐梵《現代性的追求》，三聯書店，2000 年。

9. 羅志田《20 世紀的中國：學術與社會——史學卷》，山東人民出版社，2001 年。

10. 樂梅健《通俗文學之王——包天笑》，上海書店出版社，1998 年。

11. 劉納《嬗變——辛亥革命時期至五四時期的中國文學》，中國社會科學出版社，1998 年。

12. 劉揚體《鴛鴦蝴蝶派作品選評》，四川文藝出版社，1987 年。

M

1. 毛澤東《在延安文藝座談會上的講話》，選自《毛澤東選集（第三卷）》，人民出版社。

O

1. 歐力同《法蘭克福學派研究》，重慶出版社，1993 年。

P

1. 潘知常《中西比較美學論稿》，百花洲文藝出版社，2000 年。

Q

1. 《瞿秋白文集》，人民文學出版社，1985 年。

2. 邱煒菱《菽園贅談》，1897 年刊本。

3. 秦瘦鷗《小説縱橫談》，花城出版社，1986 年。

4. 錢理群、孫紹振、王富仁《解讀語文》，福建人民出版社，2010 年。

R

1. 任劍濤《倫理政治研究：從早期儒學視角的理論透視》，中山大學出版社，1999 年。

2. 芮和師、范伯群、鄭學弢、徐斯年、袁滄州編《鴛鴦蝴蝶派文學資料》，福建人民出版社，1984 年。

S

1. 司馬長風《中國新文學史》，昭明出版，1978 年。

2. 司馬雲傑《文化社會學》，中國社會科學出版社，2001 年。

3. 孫遜主編《都市文化研究》（第一輯），上海三聯書店，2005 年。

4. 時萌《晚清小說》，上海古籍出版社，1989 年。

5. 施蟄存《施蟄存七十年文選》，上海文藝出版社，1996 年。

T

1. 湯哲聲主編《中國當代通俗小說史論》，北京大學出版社，2007 年。

2. 譚帆《中國雅俗文學思想論集》，中華書局，2006 年。

3. 唐弢主編《中國現代文學史》（第三卷），人民文學出版社，1980 年。

4. 唐小兵編《再解讀——大眾文藝與意識形態》，北京大學出版社，2007 年。

W

1. 王富仁《中國文化的守夜人——魯迅》，人民文學出版社，2002 年。

2. 王富仁《古老的回聲：閱讀中國古代文學經典》，四川人民出版社，2003 年。

3. 王富仁《中國現代文化指掌圖》，人民文學出版社，2004 年。

4. 王彬彬《文壇三戶》，大象出版社，2001 年。

5. 王文英《上海現代文學史》，上海人民出版社，1996 年。

6. 溫奉橋《張恨水新論》，濟南齊魯書社，2009 年。

7. （清）吳楚材、吳調侯選編《古文觀止》，中華書局，2002 年。

8. 魏紹昌、吳承惠編《鴛鴦蝴蝶派研究資料》，上海文藝出版社，1984 年。

9. 魏紹昌《我看鴛鴦蝴蝶派》，香港中華書局，1990 年。

10. 吳秀亮《中國現代小說雅俗新論》，人民出版社，2010 年。

11. 吳功正《中國文學美學》，江蘇教育出版社，1990 年。

12. 吳義勤《都市的漂泊之魂——徐訏論》，蘇州大學出版社，1993 年。

13. 吳組緗等編《中國近代文學大系》，上海書店，1991 年。

14. 楊義《中國現代小說史》（第一卷），人民文學出版社。

15. 范煙橋《中國小說史》，蘇州秋葉社，1927 年。

16. 張靜廬《在出版界二十年》，上海雜誌公司，1938 年。

17.《無名氏代表作》，華夏出版社，1999 年。

18. 無名氏《無名氏集：沉思瑣語》，上海漢語大詞典出版社，1996 年。

X

1.《寫作生涯回憶》，北嶽文藝出版社，1993 年。

2.《新詩雜話》，作家書屋，1947 年。

3.《徐訏文集》，上海三聯書店，2008 年。

4.《徐訏作品系列》，安徽文藝出版社，1996 年。

5.《現代中國文學過眼錄》，臺北時報文化出版企業有限公司，1991 年。

6.《西方文藝理論名著選編》，北京大學出版社，1988 年。

7. 忻平《從上海發現歷史——現代化進程中的上海人及其社會生活（1927
～1937）》，上海人民出版社，1996 年。

8. 謝慶利《中國近現代通俗社會言情小說史》，群眾出版社，2002 年。

9. 徐城北《梅蘭芳與二十世紀》，北京三聯書店，1990 年。

10. 徐小群《民國時期的國家與社會：自由職業團體在上海的興起（1912～
1937）》，新星出版社，2007 年。

11. 徐德明《中國現代小說雅俗流變與整合》，中國社會科學文獻出版社，2000
年。

12. 夏志清《人的文學》，臺灣純文學出版社，1984 年。

Y

1. 姚公鶴《上海閒話》，上海古籍出版社，1989 年。

2. 余冠英《說雅》，中華書局，1987 年。

3. 楊義《中國現代小說史》，人民文學出版社，1988 年。

4. 楊義主編《張恨水名作欣賞》，中國和平出版社，1996 年。

5. 楊絳《記錢鍾書與〈圍城〉》，湖南人民出版社，1986 年。

6. 楊金亭主編《中國抗戰詩詞精選》，北京燕山出版社，1997 年。

7. 袁進《張恨水評傳》，湖南文藝出版社，1988 年。

8. 袁進《中國文學觀念的近代變革》，上海社會科學院出版社，1996 年。

9. 嚴家炎《中國現代小說流派史》，人民文學出版社，1989 年。

10. 嚴家炎編《二十世紀中國小說理論資料》（第二卷），北京大學出版社，
1997 年。

Z

1. 朱自清《論雅俗共賞》，生活・讀書・新知三聯書店，1983 年。

2. 朱光潛《朱光潛全集》第 2 卷，安徽教育出版社，1987 年。

3. 朱棟霖、丁帆等著《中國現代文學史 1917～1997》，高等教育出版社，1999 年。

4. 朱周斌《懷疑中的接受——張恨水小說中的現代日常生活》，廣西師範大學出版社，2010 年。

5. 朱忠元、劉朝霞《世俗化與中國文學的演進》，內蒙古人民出版社，2008 年。

6. 趙孝萱《世情小說傳統的繼承與轉化：張恨水小說新論》，臺灣學生書局，2002 年。

7. 趙毅衡《禮教下延之後：中國文化批判諸問題》，上海文藝出版社，2001 年。

8. 趙超構《延安一月》，南京新民報館，民國三十五年一月初版。

9. 鄭振鐸《中國俗文學史》，東方出版社，1996 年。

10. 鄭逸梅、徐卓呆編著《上海舊話》，上海文化出版社，1986 年。

11. 鍾叔河編訂《周作人散文全集》，廣西師範大學出版社，2009 年。

12. 《張恨水全集》，北嶽文藝出版社，1993 年。

13. 張占國、魏守忠編《張恨水研究資料》，知識產權出版社，2009 年。

14. 張贛生《民國通俗小說論稿》，重慶出版社，1991 年。

15. 張伍《雪泥印痕：我的父親張恨水》，春風文藝出版社，2006 年。

16. （清）漲潮《幽夢影》，中央書店，1935 年。

17. 張元卿《民國北派通俗小說論叢》，山西古籍出版社，2001 年。

18. 張福貴《「活著」的魯迅》，社會科學文獻出版社，2010 年。

19. 張靜廬《在出版界二十年》，上海雜誌公司，1938 年。

20. 子通、亦清主編《張愛玲評說 60 年》，中國華僑出版社，2001 年。

21. 《中國文化史年表》，上海辭書出版社，1990 年。

譯著類：

1. （美）費正清、劉廣京編《劍橋中國晚清史（1800～1911）》，中國社會科學院歷史研究所編譯室譯，中國社會科學出版社，1985 年。

2. （美）林毓生《中國意識的危機：「五四」時期激烈的反傳統主義》，穆善培譯，貴州人民出版社，1986 年。

3. （美）弗雷德里克・傑姆遜《後現代主義與文化理論》，唐小兵譯，陝西師範大學出版社，1987 年。

4. （美）托‧英奇編《美國通俗文化簡史》，董樂山等譯，瀟江出版社，1988年。

5. （美）詹姆遜《晚期資本主義的文化邏輯》，陳清僑譯，生活‧讀書‧新知三聯書店，1997年。

6. （美）約翰‧費斯克《理解大眾文化》，王曉珏、宋偉傑譯，中央編譯出版社，2001年。

7. （美）阿瑟‧阿薩‧伯格《通俗文化、媒介和日常生活中的敘事》，姚媛譯，南京大學出版社，2002年。

8. 《薩特文集》（第7卷），施康強譯，人民文學出版社，2005年。

9. （美）亞伯拉罕‧馬斯洛，《動機與人格》，許金聲譯，中國人民大學出版社，2007年。

10. （匈）阿多諾‧豪澤爾，《藝術社會學》，居延安編譯，學林出版社，1987年。

11. （英）多米尼克‧斯特里納蒂《通俗文化理論導論》，閻嘉譯，商務印書館，2001年。

12. （德）沃爾夫岡‧韋爾施《重構美學》，陸揚、張岩冰譯，上海人民出版社，2002年。

13. （德）漢斯—格奧格爾‧伽達默爾《眞理與方法》（上卷），洪漢鼎譯，上海譯文出版社 2004年。

（二）論文類

C

1. 陳子平《通俗作家包天笑與張恨水的人格心理》，載《文學評論》，1992年第6期。

2. 陳國城《一個具有深刻矛盾性的靈魂——張恨水文化心態略論》，載《安慶師院社會科學學報》，1995年第1期。

3. 陳金泉《從〈紅樓夢〉到張恨水小說：中國小說藝術一條永永不竭的長河》，載《南昌教育學院學報》，2004年第4期。

4. 陳思和《先鋒與常態——現代文學史的兩種基本形態》，載《文藝爭鳴》，2007年第3期。

5. 陳美霞《現代性與臺灣日據時期通俗文學論述》，載《華文文學》，2009年第2期。

6. 陳平原《作爲一種生活方式的讀書》，載《秘書工作》，2010年第3期。

7. 陳豔《〈北洋畫報〉時期的劉雲若研究》，載《中國現代文學研究叢刊》，2011年第4期。

8. 陳永萬《張恨水筆下的重慶形象》，載《重慶三峽學院學報》，2010年第1期。

F

1. 范伯群《論新文學與通俗文學的互補關係》，載《中國現代文學研究叢刊》，2003 年第 1 期。

2. 范伯群《超越雅俗融會中西——論 20 世紀 40 年代新市民小說代表作家的創作經驗》，載《西北大學學報》（社科版），2006 年第 6 期。

3. 范伯群《建構多元「中國現代文學史」的史實與理論依據——撰寫〈中國現代通俗文學史〉時思考的幾個問題》，載《文藝爭鳴》2008 年第 5 期。

4. 傅建安《轉型與混亂：張恨水的都市自由女》，載《求索》，2010 年第 2 期。

5. 馮濤、楊茜茜《唯美與通俗——論「鄉下人」沈從文與「報人」張恨水的寫作風格》，載《陝西職業技術學院學報》，2005 年第 2 期。

G

1. 高小康《市民文學中的士人趣味——凌濛初「二拍」的藝術精神闡釋》，載《文藝研究》1997 年第 3 期。

2. 耿傳明《「理想」和「夢」的差異——論無名氏的前期創作及其與時代主導文學的疏離》，載《天津師範大學學報》，2001 年第 4 期。

3. （法）古斯塔夫·勒龐《烏合之眾——大眾心理研究》，馮克利譯，中央編譯出版社，2005 年。

H

1. 黃美娥《二十世紀初期的「西洋」:〈漢文臺灣日日新報〉通俗小說中的文化地景、敘事倫理與知識想像》，選自《臺灣文學現代性學術研討會論文集》，廈門大學出版社，2008 年。

2. （埃及）侯賽因·伊卜拉欣《張恨水小說的俗與雅》，載《東北師範大學學報》，2000 年第 5 期。

3. （埃及）侯賽因·伊卜拉欣《張恨水小說的話語世界與傳統因緣》，載《北華大學學報》，2001 年第 2 期。

4. 胡安定《一個故事的兩種講法——從〈過渡時代〉、〈藝術之宮〉看張恨水的轉型》，載《蘇州教育學院學報》，2009 年第 2 期。

J

1. 焦玉蓮《論張恨水小說文體形態蘊含的文化意味》，載《太原大學學報》，2009 年第 2 期。

L

1. 李怡《痛感：魯迅現代思想的催化劑》，載《武漢大學學報》，2011 年第 5 期。

2. 李怡《從歷史命名的辯證到文化機制的發掘——我們怎樣討論中國現代文學的「民國」意義》,載《文藝爭鳴》,2011 年第 7 期。

3. 李怡《辛亥革命與中國文學的「民國機制」》,載《鄭州大學學報》,2011年 9 月。

4. 李曉潔《消閒與責任——論張恨水創作的文化心態》,載《齊齊哈爾大學學報》,2001 年第 6 期。

5. 李曉潔《高雅化的通俗——論張恨水小說的藝術品貌》,載《哈爾濱學院學報》,2003 年第 12 期。

6. 李永東《論陪都語境下張恨水的重慶書寫》,載《中國文學研究》,2009年第 4 期。

7. 李玉秀《以俗爲主,俗中有雅——張恨水 20 世紀 30 年代小說創作的特點》,載《黔東南民族師範高等專科學校學報》,2002 年 6 月。

8. 冷成金《武俠小說與文學雅俗之分的文化機制》,載《西南師範大學學報》,2005 年 1 月。

9. 樂梅健《豐贍的文學之河與研究缺位——兩組不對稱的比較》,載《文藝爭鳴》,2007 年第 3 期。

10. 劉悅笛《「政統」、「道統」與「學統」——中國社會轉型中「士人」向「知識分子」的身份轉變》,載《中國政法大學學報》,2008 年第 4 期。

11. 劉熹《試析張恨水武俠小說之俠義觀》,載《文藝爭鳴》,2011 年第 9 期。

12. 劉東黎《北京的紅塵舊夢》,載《時代文學》,2011 年 8 月(下半月)。

13. 劉玉芳《傳統與現代的交融——論張恨水及張恨水小說》,載《船山學刊》,2010 年第 2 期。

14. 劉明坤、羅釗《簡論清末民初世情小說作家的文化心理轉型》,載《廣西社會科學》,2011 年第 4 期。

15. 劉霞《張恨水與張愛玲小說創作的同質性》,載《山東文學》2006 年第 2 期。

16. 羅常群《民主·人格·超脫——張恨水早期通俗小說文化意蘊評析》,載《遼寧教育學院學報》,1991 年第 3 期。

17. 柳書琴《通俗作爲一種位置:〈三六九小報〉與 1930 年代臺灣的讀書市場》,載《中外文學》,2004 年第 12 期。

18. 林喦《身份認同、消費文化與新制度主義:「百家講壇」三人談》主持人語,載《洛陽師範學院學報》,2010 年 12 月第 6 期。

19. 陸山花、謝家順《從〈北雁南飛〉看張恨水的文化認同與批判》,載《中國現代文學研究叢刊》,2011 年第 11 期。

M

1. 梅向東《張恨水的「四不像」與其通俗文藝範式》,載《安慶師範學院學報》,2001 年第 3 期。

2. 孟鵬《從報紙連載小說看民初「報紙文學」的嬗變——以張恨水作品為核心》，載《國際新聞界》，2010 年第 8 期。

N

1. 南帆《人文環境與知識分子》，載《上海文學》，1994 年第 5 期。

P

1. 彭靜《張恨水小說的民俗學意義研究》，載《理論界》2010 年第 10 期。

Q

1. 錢理群《〈北極風情畫〉、〈塔裏的女人〉研究》，載《中國現代文學研究叢刊》，1990 年第 1 期。

2. 秦弓《張恨水的「國難小說」》，載《涪陵師專學報》，2000 年第 2 期。

3. 秦弓《現代通俗文學的生態、價值及評價問題》，載《南都學壇》，2010 年第 3 期。

S

1. 邵迎建《張愛玲看〈秋海棠〉及其它——沒有硝煙的戰爭》，載《書城》，2005 年第 12 期。

2. 宋偉傑《老靈魂／新青年，與張恨水的北京羅曼史》，載《中國現代文學研究叢刊》，2010 年第 3 期。

3. 宋海東《三度同舟共濟：劉半農與張恨水》，載《名人傳記》，2011 年第 10 期。

4. 石娟《疏離與對話——張恨水小說與新文學的關係》，載《南京師範大學文學院學報》，2005 年第 1 期。

5. 孫曉輝《以俗為雅，由舊求新——張恨水作品的藝術特色》，載《文史博覽》，2008 年 5 月。

T

1. 陶東風《中心與邊緣的位移——中國知識精英的結構轉換》，載《東方》1994 年第 4 期。

2. 陶東風《文學活動的去精英化》，載《文化與詩學》，2008 年第 1 期。

3. 陶東風《新文學三十年：從精英化到去精英化的歷程》，載《語文建設》，2009 年第 1 期。

4. 陶東風《祛魅時代的文化圖景》，載《文學與文化》，2010 年第 1 期。

5. 陶東風《「過日子」時代的大眾閱讀》，載《中國圖書評論》，2010 年第 4 期。

6. 湯哲聲《從「趣味主義」走向「寫實主義」——談張恨水言情悲劇小說的轉變》，載《江淮論壇》，1982 年第 6 期。

7. 湯哲聲《趨新：中國現代通俗小說文體的再改造——以張恨水「以新入俗」的小說分析爲中心》，載《蘇州教育學院學報》，2009 年第 3 期。

8. 湯哲聲《論現代北派市民小說的文學史價值》，載《中國現代文學研究叢刊》，2010 年第 4 期。

W

1. 王富仁《對一種研究模式的置疑》，載《佛山大學學報》，1996 年第 14 卷第 1 期。

2. 王富仁《影響 21 世紀中國文化的幾個現實因素》，載《戰略與管理》，1997 年第 2 期。

3. 王富仁《新國學・文化的華文文學・漢語新文學》，載《學術研究》，2010 年第 8 期。

4. 王富仁《中國現代文學批評略說》，載《北京師範大學學報》，2011 年第 3 期。

5. 王佳泉《論雅俗從來不共賞》，載《藝術評論》，2011 年第 6 期。

6. 王貞華《沈尹默致潘伯鷹的一件手箚》，載《中國書法》2005 年第 2 期。

7. 王曉明《曠野上的廢墟——文學與人文精神的危機》，載《上海文學》，1993 年第 6 期。

8. 王鍾陵《20 世紀 40 年代中國小說理論中雅與俗的懸隔與彙通》，載《社會科學輯刊》2008 年第 2 期。

9. 王晹《張恨水小說創作以俗爲雅的文學追求》，載《和田師範專科學校學報》，2010 年第 6 期。

10. 汪淩《文壇的獨步舞——無名氏論》，載《當代作家評論》，1998 年第 6 期。

11. 汪應果《無名氏談〈無名氏〉》，載《世界華文文學論壇》，1999 年第 4 期。

12. （日）丸山昇《從蕭乾看中國知識分子的選擇》，李黎譯，載《中國現代文學研究叢刊》，1990 年第 3 期。

13. 吳義勤《通俗的現代派——論徐訏的當代意義》，載《當代作家評論》，1999 年第 1 期。

14. 溫奉橋《張恨水與中國文化現代化》，載《山東師範大學》2003 年第 2 期。

15. 魏宏瑞《「世」說秦淮——地域文化視角下張恨水小說中的江南呈現》，載《名作欣賞》，2011 年第 34 期。

X

1. 蕭笛《論張恨水小說創作的文化價值取向》，載《學術界》，1995 年第 1 期。

2. 謝昭新《在中國傳統文化規約下的生命「追尋」主題——論張恨水小說的文化思想價值》，載《中國現代文學研究叢刊》，2009 年第 5 期。

Y

1. 楊聯芬《新倫理與舊角色：五四新女性身份認同的困境》，載《中國社會科學》，2010 年第 5 期。

2. 楊義《張恨水：熱鬧中的寂寞》，載《文學評論》，1995 年第 5 期。

3. 袁進《試論晚清小說讀者的變化》，載《明清小說研究》2001 年第 1 期。

4. 袁進《試論民初言情小說的貢獻與局限》，載《濟南大學學報》，2011 年第 4 期。

5. 袁瑾《矛盾中崛起——張恨水「兩重人格」論》，載《河西學院學報》，2008 年第 6 期。

6. 袁瑾《試論張恨水筆下的市民社會》，載《西安石油大學學報》，第 19 卷第 1 期。

7. 姚玳玫《雅俗制衡與中國文學的價值重建——以近現代四組歷史個案爲例》，華南師範大學學報，2007 年第 1 期。

8. 尹瑩《抗戰時期文學中的重慶書寫——以巴金、張恨水、路翎的小說爲例》，載《福建論壇》，2008 年第 12 期。

9. 燕世超《敘述的魅力——張愛玲與張恨水言情小說敘述者形象之比較》，載《海南師範大學學報》，2010 年第 4 期。

Z

1. 張濤甫《試論張恨水的名士才情與市民趣味》，載《蘇州大學學報》，1997 年第 3 期。

2. 張濤甫《張恨水的報人角色》，載《中國現代文學研究叢刊》，1998 年，第 4 期。

3. 張誦聖《現代主義、臺灣文學和全球化趨勢對文學體制的衝擊》，載《江蘇大學學報》，2007 年第 4 期。

4. 張華《論清末民初通俗小說的娛樂主義傾向》，載《山東大學學報》，2000 年第 1 期。

5. 張楠《佇足傳統，靜觀現代——張恨水小說悲劇主題論》，載《洛陽理工學院學報》，2012 年第 1 期。

6. 張豔芳《雅俗共賞的和鳴之樂——淺析〈美人恩〉的藝術特色》，載《太原城市職業技術學院學報》2010 年第 1 期。

7. 趙毅衡《兩種經典更新與符號雙軸位移》，載《文藝研究》，2007 年第 12 期。

8. 朱周斌《「新中有舊」與「舊中之新」——張恨水〈落霞孤鶩〉解讀》，載《池州學院學報》，2008 年第 6 期。

9. 周斌《張恨水與市民文化》，載《復旦學報》，1995 年第 2 期。

10. 鄭炎貴《揚棄、蛻變與崛起——析張恨水的通俗小說創作》，載《安慶師範學院學報》，1990 年第 3 期。

博士學位論文：

1. 溫奉橋《現代性視野中的張恨水小說》，山東師範大學 2003 年博士學位論文。

2. 劉少文《論報人生活對張恨水及其小說創作的影響》，吉林大學 2005 年博士學位論文。

3. 王曉文《二十世紀中國市民小說論綱》，山東大學 2006 年博士學位論文。

4. 金立群《媚俗化：中國近現代通俗文學的現代性碎片呈現——文化、媒介的綜合研究》，華中師範大學 2006 年博士學位論文。

5. 王平《清末民初的語言變革與現代文學雅俗觀的生成》，四川大學 2007 年博士學位論文。

6. 彭靜《時代、身世、作品——張恨水文學人生評析》，遼寧大學 2008 年博士學位論文。

7. 李煒《中國大眾文化敘事研究》，華中師範大學 2008 年博士學位論文。

8. 張登林《上海市民文化與現代通俗小說論》，上海師範大學 2008 年博士學位論文。

9. 李國平《上海市民的精神「大世界」》，蘇州大學 2008 年博士學位論文。

10. 胡安定《鴛鴦蝴蝶派的群體想像與自我認同》，2009 年四川大學博士學位論文。

11. 潘盛《「淚」世界的形成——徐枕亞小說創作研究》，2009 年復旦大學博士學位論文。

12. 宋琦《武俠小說從「民國舊派」到「港臺新派」敘事模式的變遷》，山東大學 2010 年博士學位論文。

碩士學位論文：

1. 張立忠《張恨水小說的市民文學特徵》，吉林大學 2004 年碩士學位論文。

2. 潘桂林《讀者意識與晚近長篇小說的雅俗流變及敘事革新》，湖南師範大學 2004 年碩士學位論文。

3. 張楊《40 年代的張恨水》，西南師範大學 2005 年碩士學位論文。

4. 陳志華《現代中國大眾文化考察》，江西師範大學 2005 年碩士學位論文。

5. 赫永芳《文人氣息和平民意識——論譴責小說家在雅俗之間的徘徊》，2006 年河南師範大學碩士學位論文。

6. 張效賢《市民意識與文人傳統——論張恨水小說的創作觀》，上海社會科學院 2007 年碩士學位論文。

7. 張瑩瑩《張恨水通俗小說的歷史過渡性研究》，延邊大學 2007 年碩士文學論文。

8. 谷大川《由「雅俗共賞」透析文學的傳媒消費》，吉林大學 2007 年碩士學位論文。

9. 吳金淼《徘徊在傳統與現實之間——張恨水小說論》，江西師範大學 2008 年碩士學位論文。

10. 任俊《大眾文化視野下張恨水小說的戰時抒寫》，重慶師範大學 2009 年碩士學位論文。

11. 譚紅豔《論張恨水對才子佳人小說的繼承和發展》，湖南師範大學 2010 年碩士學位論文。

12. 馬彥峰《論張恨水對傳統小說的現代化改造》，陝西師範大學 2010 年碩士學位論文。

附錄：張恨水主要小說年表

1、真假寶玉

　　1919 年 3 月 10 日～3 月 16 日，上海《民國日報》連載。1919 年收入姚民哀編短篇小說集《小說之霸王》。

2、小說迷魂遊地府記

　　1919 年 4 月 13 日～5 月 27 日，上海《民國日報》連載。1919 年收入姚民哀編短篇小說集《小說之霸王》。

3、皖江潮

　　1921 年，蕪湖《工商日報》連載，未載完。

4、南國相思譜

　　1919 年，蕪湖《皖江報》連載。

5、未婚妻

　　1919 年，無錫《錫報》連載。

6、春明外史

　　1924 年 4 月 12 日～1929 年 1 月 24 日，北平《世界日報》連載。1930 年 5 月，上海世界書局初版。

7、鹿死誰手

　　1925 年 10 月 14 日，北平《世界日報》刊載。

8、裝了金了

　　1925 年 10 月 7 日～11 月 3 日，北平《世界日報》刊載。

9、爸爸信來

　　1925 年 11 月 16 日，北平《世界日報》刊載。

10、雙紅燭下

　　1925 年 11 月 25 日，北平《世界日報》刊載。

11、飯館中的一角

　　1925 年 12 月 5 日，北平《世界日報》刊載。

12、甚於畫眉

　　1925 年 12 月 9 日～1926 年 1 月 8 日，北平《世界日報》連載。

13、打一個照面

　　1925 年 12 月 25 日，北平《世界日報》刊載。

14、來錯了

　　1926 年 1 月 1 日，北平《世界日報》刊載。1930 年 11 月 27～28 日，北平《世界晚報》連載。

15、找事

　　1926 年 1 月 25 日，北平《世界日報》刊載。

16、新斬兒傳

　　1926 年 2 月 19 日～7 月 4 日，北平《世界日報》連載。1931 年，上海新自由書社初版。

17、京塵幻影錄

　　1926 年 3 月 5 日～1928 年 9 月 12 日，北平《益世報》連載。1943 年 10 月，上海新新書店初版。

18、失婢案

　　1926 年 3 月 15 日，北平《世界日報》刊載。

19、別語

　　1926 年 4 月 5 日，北平《世界日報》刊載。

20、荊棘山河

　　1926 年 7 月 5 日～9 月 2 日，北平《世界日報》連載。

21、交際明星

　　1926 年 9 月 3 日～10 月 4 日，北平《世界日報》連載。

22、金粉世家

1927 年 2 月 24 日～1932 年 5 月 22 日，北平《世界日報》連載。1933 年，上海世界書局初版。

23、斯人記

1929 年 2 月 15 日～1930 年 11 月 19 日，北平《世界晚報》連載。1944 年，上海百新書局初版。

24、干卿底事

1927 年 3 月 13 日～20 日，北平《世界畫報》第 77～78 期連載。

25、雪湖雙溺記

1927 年 3 月 27 日，北平《益世報》刊載。

26、摧花碎玉記

1927 年 4 月 17 日～24 日，北平《世界畫報》連載。

27、張碧娥

1928 年 7 月 2 日，北平《世界晚報》刊載。

28、青春之花

1928 年 9 月 13 日起，北平《益世報》連載。

29、春明新史

1928 年 9 月 20 日起，瀋陽《新民晚報》連載。1932 年，遼寧新民晚報社初版。

30、天上人間

1928 年 9 月 20 日起，瀋陽《新民晚報》連載。

31、劍膽琴心

1928 年 10 月 1 日起，北平《新晨報》連載。1930 年，北平新晨報營業部初版。

32、戰地斜陽

1929 年 1 月 25 日～2 月 8 日，北平《世界晚報》連載。

33、怪詩人張楚萍傳

1929 年 4 月 1 日～2 日，北平《朝報》連載。1933 年 9 月 1 日，《金剛鑽》月刊轉載。

34、一碗冷飯

1929 年 4 羽絨 18 日～5 月 12 日，北平《朝報》連載。

35、不得已的續弦

1929 年 9 月 3 日，北平《世界日報》刊載。

36、死與恐怖

1929 年 9 月 7 日，北平《世界日報》刊載。

37、銀漢雙星

1930 年，北平《華北畫報》連載。

38、滿城風雨

1931 年 1 月 4 日～1932 年 10 月 8 日，北平《晨報》連載。1934 年 9 月，漢口大眾書局初版。

39、似水流年

1931 年 2 月 16 日，上海《紅玫瑰》六卷第三十六期連載。

40、九月十八

1932 年 4 月 24 日起，上海《社會日報》連載。後收入《彎弓集》。

41、最後的敬禮

1932 年 4 月 24 日～28 日，上海《晶報》。後收入《彎弓集》。

42、仇敵夫妻

1932 年 4 月 21 日～5 月 8 日，上海《福爾摩斯》連載。後收入《彎弓集》。

43、一月二十八日

1932 年 5 月 14 日起，上海《大陸新報》連載。後收入《彎弓集》。

44、太平花

1931 年 9 月 1 日～1933 年 3 月 26 日，上海《新聞報》連載。1933 年 6 月，上海三友書社初版。

45、難言之隱

1932 年 1 月，上海《萬歲》雜誌一卷一號刊載。

46、錦片前程

1932 年 3 月 25 日～1935 年 12 月 1 日，上海《晶報》連載。

47、第二皇后

1932 年 6 月 25 日起，北平《世界日報》連載，未載完。

48、秘密谷

　　1933 年 1 月～1934 年 12 月，《旅行》雜誌連載。1941 年 6 月，上海百新書局初版。

49、東北四連長

　　1933 年 3 月 4 日～1934 年 8 月 10 日，上海《申報》連載。後單行版改名爲《楊柳青青》。

50、現代青年

　　1933 年 3 月 27 日～1934 年 7 月 30 日，上海《新聞報》連載。1934 年，上海攝影社初版。

51、燕歸來

　　1934 年 7 月 31 日～1936 年 6 月 26 日，上海《新聞報》連載。1942 年 2 月，天津唯一書店初版。

52、小西天

　　1934 年 8 月 21 日～1936 年 3 月 25 日，上海《申報》連載。

53、平滬通車

　　1935 年 1 月 1 日～12 月 1 日，山海《旅行》雜誌連載。1941 年 8 月，上海百新書局初版。

54、天明寨

　　1935 年 1 月 1 日～1936 年 7 月 30 日，南京《中央日報》連載。

55、金碧輝煌

　　1935 年 5 月 3 日起，無錫《錫報》連載，未載完。

56、藝術之宮

　　1935 年 9 月 20 日～1937 年 6 月 5 日，上海《立報》連載。

57、新人舊人

　　1935 年 12 月 2 日～1937 年 5 月 21 日，上海《立報》連載。

58、如此江山

　　1936 年 1 月 1 日～1937 年 3 月 1 日，上海《旅行》雜誌連載。1941 年，上海百新書局初版。

59、游擊隊

　　1936 年 2 月 1 日～6 月 30 日，《申報》漢口版連載。

60、中原豪俠傳

1936 年 6 月 8 日，重慶《萬象》周刊連載。1944 年，重慶《萬象》周刊社初版。

61、夜深沉

1936 年 6 月 27 日～1939 年 3 月 7 日，上海《新聞報》連載。1941 年 6 月，上海三友書社初版。

62、風雪之夜

1936 年 8 月 1 日起，南京《中央日報》連載，未載完。

63、芒種

1937 年 6 月 7 日起，上海《立報》連載，未載完。

64、淚影歌聲

1937 年 6 月 28 日起，北平《實報》連載，未載完。

65、瘋狂

1938 年 1 月 15 日～1939 年 10 月 21 日，重慶《新民報》連載。

66、征途

1938 年 1 月 19 日～9 月 23 日，上海《晶報》連載。

67、桃花港

1938 年 4 月 1 日起，香港《立報》連載，未載完。

68、衝鋒

1938 年 4 月 27 日～8 月 22 日，重慶《時事新報》連載。1942 年 12 月，重慶《新民報》初版，改名為《巷戰之夜》。

69、新游俠傳

1938 年 12 月 15 日～1939 年 12 月 31 日，上海《晶報》連載。

70、證明文件

1939 年 1 月 1 日《文藝月刊》（二卷九～十期）刊載。

71、潛山血

1939 年 1 月 20 日起，香港《立報》連載，未載完。

72、蜀道難

1939 年 4 月 1 日～9 月 1 日，《旅行》雜誌連載。1944 年 8 月，成都百新書店初版。

73、敵國的瘋兵

1939 年 10 月 21 日～11 月 30 日，重慶《新民報》連載。

74、八十一夢

1939 年 12 月 1 日～1941 年 4 月 25 日，重慶《新民報》連載。1943 年，重慶新民報社初版。

75、負販列傳

1940 年 1 月 1 日～1942 年 9 月 1 日，上海《旅行》雜誌連載。1947 年 1 月，重慶新民報社出版，改名為《丹鳳街》。

76、水滸新傳

1940 年 2 月 11 日～1941 年 12 月 27 日，重慶《新民報》晚刊連載。1943 年，重慶建中出版社初版。

77、前線的安徽，安徽的前線

1940 年 3 月 12 日～8 月 14 日，安徽《立煌皖報》連載。

78、趙玉玲本紀

1940 年 10 月 1 日起，上海《小說月報》連載，未載完。

79、魍魎世界

1941 年 5 月 2 日～1945 年 11 月 3 日，重慶《新民報》連載。1957 年 2 月，上海文化書局初版。

80、偶像

1941 年 11 月 1 日～1943 年 3 月 28 日，重慶《新民報》晚刊連載。1947 年 3 月 24 日～11 月 23 日，北平《新民報》轉載。1944 年重慶新民報社初版。

81、第二條路

1943 年 6 月 19 日～1945 年 12 月 7 日，重慶《新民報》晚刊連載。1947 年，上海百新書店初版，改名為《傲霜花》。

82、石頭城外

1943 年 6 月 27 日～1945 年 7 月 21 日，重慶《萬象》周刊連載。1945 年 6 月，重慶《萬象》周刊社初版。

83、雁來紅

1943 年 11 月 8 日起，《昆明晚報》連載。

84、多變之姑娘

1944 年 9 月 12 日～9 月 13 日，成都《新民報》晚刊刊載。

85、鼓角聲中

1945 年 8 月 11 日起，重慶《萬象》周刊連載，未載完。

86、人心大變

1946 年 3 月 2 日～18 日，重慶《新民報》晚刊連載。

87、巴山夜雨

1946 年 4 月 4 日～1946 年 12 月 6 日，北平《新民報》連載。

88、虎賁萬歲

1946 年 5 月 26 日～1947 年 3 月 23 日，北平《新民報》連載。1946 年 7 月，上海百新書局初版。

89、紙醉金迷

1946 年 8 月 1 日～1948 年 11 月 20 日，上海《新聞報》連載。1949 年 3 月，上海百新書局初版。

90、大江東去

1947 年 1 月 24 日～1948 年 7 月 21 日，北平《新民報》連載。1943 年，重慶新民報社初版。

91、霧中花

1947 年 5 月 11 日～8 月 13 日，北平《新民報》連載。

92、五子登科

1947 年 8 月 17 日起，北平《新民報》連載。1957 年，哈爾濱《北方》月刊第四至六期轉載。1957 年，上海文化出版社初版。

93、人迹板橋霜

1947 年 12 月 5 日～1948 年 2 月 1 日，北平《新民報》連載。

94、歲寒三友

1947 年，《唐山日報》連載，未載完。

95、開門雪尚飄

1947 年，北平《世界日報》連載，未載完。

96、玉交枝

1948 年 11 月 21 日～1949 年 5 月 25 日，上海《新聞報》連載。

97、步步高升

1948 年 12 月 7 日起，北平《新民報》連載，未載完。

98、秋江

1954 年 7 月 3 日～10 月 4 日，香港《大公報》連載。1955 年 9 月，北京通俗文藝出版社初版。

99、孔雀東南飛

1956 年 8 月 2 日～11 月 13 日，上海《新聞報》連載。1958 年 3 月，北京出版社初版。

100、記者外傳

1957 年 10 月 26 日～1958 年 6 月 24 日，上海《新聞日報》連載，此書只完成上半部分。

101、逐車塵

1958 年，中國新聞社向國外報刊發稿。

102、重起綠波

1958 年，中國新聞社向國外報刊發稿。

103、男女平等

1958 年，中國新聞社向國外報刊發稿。

104、鳳求凰

1958 年，中國新聞社向國外報刊發稿。

後　記

　　五月，迷濛夜雨中的川大校園別有一番情致。此時，博士三年的學術之旅即將畫上句號。回念起，它短暫而充實，負載著艱辛又交融著愜意。

　　論文完成之際，首先要感謝我的導師王富仁老師。同樣是五月，在成都望江公園的一次交談中，王老師最終為我確定了張恨水與雅俗文學這一論文選題。此前自己無數次對文學雅俗問題混沌的思考終於在那一刻有了確定、具體的尋找方向。在論文的寫作過程中，每次遇到徘徊不前的困難時，我便壯足了膽打電話煩擾遠在汕頭的王老師。老師對許多問題的獨特理解和眼光，使我受益匪淺。記得，今年二月在汕頭，王老師曾說過，論文選題就是選擇一條路，路走對了，才能看到沿途的風景。論文完稿後，我常常想起這句話。正如我的論文，走張恨水研究這條路讓我看到了文學雅俗之辨這一大論題中許多絢爛的歷史圖景。至於它尚未被發現的，更為迷人的景致，只能有待日後的繼續探尋。

　　讀博三年中，李怡老師的無私關懷和幫助常常讓我感動。李老師敏銳、開闊的思維和眼光讓我體悟到了學術，乃至人生的另一番魅力。我論文選題的雛形正是在李老師的課堂討論上形成的。文稿中採用的雅俗兩類作家對比研究的思路同樣深受李老師啟發。課餘，李老師的睿智、豁達時常感染著我們每一個人。這些珍貴的經歷將讓我受惠一生。

　　在川大的六年求學生涯中，我的碩士導師曾紹義老師一直關心著我的成長。我是被曾老師帶上現代文學研究之路的，自此，老師便對我傾注了大量心血。對於曾老師的教誨學生將銘記於心。此外，我還要感謝陳思廣、王錦

厚、馮憲光、馬睿、毛迅、干天全、閻嘉、王曉路、趙毅衡、段從學、周維東諸位老師在求學期間對我的指導和幫助。

感謝讀博期間相識的諸位同窗好友，有你們的相伴倍感快樂、溫馨。

一路走來，感謝父母對我默默地支持和無私奉獻。

2012 年 5 月於川大